U0931914

Caring

告別抑鬱

給患者及親友的幫助

霍華德．斯通 著
陳永財 譯

基道出版社

▼

Caring 系列

告別抑鬱

給患者及親友的幫助

Defeating Depression

Real Help for You and Those Who Love You

作者

霍華德．斯通 Howard W. Stone

譯者

陳永財

責任編輯

羅慧琪

裝幀設計

奇文雲海．設計顧問

■

出版 / 發行

基道出版社

香港沙田火炭坳背灣街 26 號富騰工業中心 1011 室

LOGOS PUBLISHERS

Unit 1011, Fo Tan Ind. Centre, 26 Au Pui Wan St., Shatin, Hong Kong

電話：(852) 2687-0331　傳真：(852) 2687-0281

網址：http://www.logos.com.hk

承印

海洋印務有限公司

●

10/2010 初版

Cat. No. LP761

ISBN: 978-962-457-406-7

Original Edition "*Defeating Depression: Real Help for You and Those Who Love You*"

Published by Augsburg Books

Printed in Hong Kong

刷次	10	9	8	7	6	5	4	3	2
年份	2024	2023	2022	2021	2020	2019	2018	2017	2016

頁 321 至 323，和頁 335 中關於香港及台灣的資料，乃中文版的附加資料，承蒙原出版社允許。

致謝

幾位朋友慷慨地花時間閱讀本書的手稿，並提出細心和深思的批評。我十分感謝比德韋爾（Duane Bidwell）、葉達（Joey Jeter）、弗雷澤（Ryan Fraser）、克麗思汀・波（Christine Po）、威廉・波（William Po）和菲德勒（John Fiedler）對手稿的寶貴貢獻，正如你現在看到那樣。最後我想表達我對凱倫・斯通（Karen Stone）的深深感激，她花了很多個小時修改文本，令它更容易閱讀。

這本書提出的很多觀念都來自我日常的輔導實踐。因此這本書包含真實的個案。由於輔導必須保密，所有個案描述的人名及其他能夠辨別身分的地方都經過修改，以保護私隱，然而並不扭曲所描述的經驗的主要事實。

目錄

第一部分

是抑鬱症還是其他問題？

導論

怎樣使用這本書

在這個導論，你會：

- ✓ 找到以下問題的答案：抑鬱症是甚麼？抑鬱症不是甚麼？
- ✓ 讀到作者自己患抑鬱症的經驗。
- ✓ 明白這本自助書籍可以引導你管理和勝過抑鬱症。
- ✓ 發現這本書是同時寫給抑鬱症患者和他們的家人及好朋友。
- ✓ 簡略看一下本書各章的簡單介紹，以便決定從哪裏開始閱讀。
- ✓ 學習怎樣使用可在每章找到的「行動」和「給家人」欄目。

你是否鬱悶？你是否大部分時間都感到情緒低落，不尋常地疲倦或者憂愁？你是否對自己以前享受的活動失去興趣？你有沒有家人或好朋友患抑鬱症？

或許你不能確定。究竟是抑鬱症，還是其他問題？以蘇菲（Sophie）為例。她在工作時大踏步走入休息室，倒一杯優質咖啡，向同事高聲呼喊：「今天已經是場災難。我上班途中得到一張超速駕駛的告票，我丈夫會十分**憤怒**，因為這已經是我今個月第二張告票了。然後我的祕書打電話回來，說她病了；我辦公室的窗子透風，令我冷傷風；**而且**今天老闆決定考核我的表現！我很抑鬱。我真想放棄，回家算了。」蘇菲真的有抑鬱症嗎？似乎不是。她有精力，而且頭腦清醒。她確實感到緊張。在她那樣的處境，大部分人都會感到有點情緒低落、焦慮或不適。她告訴朋友自己抑鬱，但之後加上一句開玩笑的結束語。這會過去。

和蘇菲不同，或許你或你所愛的人真的抑鬱，正在尋找具體可以做的事情，將抑鬱症驅走。

這本書是為你而寫的。

今年，美國每十個成年人中便有一個，會感到抑鬱症的可悲吸走我們的精力，令我們的靈魂枯乾。這種痛苦的出現次數正在穩步增加，而且過去半個世紀一直都是這樣。

這本書是關於「重抑鬱症」（major depression）的。這是一個醫學名詞，指持久、深刻的受影響情況，而不是短暫感到憂愁或心緒不寧。重抑鬱症也稱為**憂鬱**（melancholy）或**憂鬱症**（melancholia；這本書會交替使用這三個詞語）。

抑鬱症有四方面：生理、認知、行為和人際（用比較簡單的詞語表達是：你的身體、思想、行動和關係）。在這本書，我會提出一些方法，讓你有效地應付抑鬱症的這幾方面。我會讓你看到，你可以採取甚麼具體步驟減輕痛苦，增加生命中的快樂和滿足。你毋須繼續忍受抑鬱症的影響。**那不是你的錯**，但**只有你**可以做一些事情對付它。

我也有過你的經歷。

那已經是超過三十五年前的事了。那時我在漫長、無眠的深夜坐在牀上，將日記放在腿上。我太太睡在我旁邊，我寫下以下這些話。

我迷失在一個偌大的地下洞穴裏，那裏有無盡交錯的通道。我本來可以看見的遙遠光線，很快縮減成閃光，現在已經消失。較早時我努力嘗試走出來，要再次找到白天的光輝，但現在已經不可能，我也不再在乎。我非常非常疲倦。

我的手在日記上幾乎自動地移動。我只是一個觀察者。那「洞穴」很逼真，我們的睡房只是一個影子。我繼續寫下去：

我沒有精力轉身找尋出路。反正都會徒勞無功。我對自己正在走的方向沒有真正的盼望。沒有真正理由繼續走下去，但我害怕停下來；我可能永遠不會再走動。

我感到十分寒冷。我雙手因為寒冷而麻痺，並且因為我在黑暗不平的地面跌倒，而有傷痕和凝結的血塊。

人們（那些想我好和不想我好的人）令我討厭。他們想從我身上得到一些東西，或者想為我做點事（但卻是我不想的）。敲門聲和電話聲都令我發抖。我希望他們所有人都離開。我甚麼都不想做。沒有事情令我興奮。

上帝不在。或許上帝在其他地方有更重要的事情要做。

為甚麼我應該繼續走下去？我看不見光，看不見盡頭，看不見出路。前面是無用的旅程，疲累的步伐緊接著疲累的步伐，通往那未知的更深處。為甚麼不倒在地上，讓麻木的睡眠來襲？我跌跌撞撞地繼續走。

寫這些東西時，我已經患了抑鬱症幾個月，而十分憂鬱的日子並未結束。那感覺雖然很糟，但卻不是令人無力的；我繼續正常地工作，與朋友有社交，探訪親人，也沒有離婚。但這一切都沒有帶來喜樂。洞穴的影像和沮喪，主宰了我的內心世界一段長時間。

身為治療師，我幫助過很多抑鬱症患者脫離深淵。現在我從他們的角度看抑鬱症。我現在不單知道接受我輔導的人受苦，我也至少在某程度上知道他們的痛苦是怎樣的。

抑鬱症不是個能夠忘記的經驗。我不能抹去伴隨著抑鬱症的深刻憂傷和錐心的痛苦。那是使人痛苦的，但不是關門時夾傷手指那種劇烈的痛楚。對我來說，抑鬱症更像有些可怕事情發生時胃部的不適——除了它是持續下去，日復日，似乎沒完沒了。它是不會緩和下來的。

你壓傷手指時，它腫起來。你可以讓朋友看那瘀傷，得到一點同情。抑鬱症的痛楚同樣真實，但卻不會顯露出來。你可能不會得到很多同情。我太太關心我；她知道我正在掙扎，但她不能明白那強烈的程度。她當時只有二十多歲，是全時間的研究院學生，還有是一個讀幼稚園的孩子的母親。她圍繞我的情緒轉，感到很緊張，但從沒有（感謝上帝！）和我一起進入那洞穴。

我很幸運。那是我惟一一次嚴重的重抑鬱症發作。

但到了今天，我偶然仍會感到憂鬱站在門外。有時它輕輕敲門；在其他時間它用力敲門、推門、嚷著要進來。接著我想像它是一個黑暗的形體，肩膀抵著我內在世界的大門，用盡全力推。

有時我只是感到一般的心情不佳。或許我焦躁或不尋常地沒有耐性。有時我持續的輕微關節炎的痛苦來襲，我開始為自己感到難過。(我能夠打短柄牆球或網球時，我會留意到自己在球場的活動速度減慢了一點。)我可能感到不能解釋的沉悶，沒有甚麼——包括我的工作，釣魚的旅程，與太太的長途散步，探訪女兒和外孫女，或甚至我收集古董收音機這嗜好——能夠引起我的興趣。

幸好我知道任何這些迹象都可以表示抑鬱症正在埋伏。重要的是留意、保持警覺，拒絕讓這些感覺佔上風。同樣重要的是採取行動，所以我實行本書列出的一兩個活動(參考本書每章列出的「行動」)。

我多年前向自己這樣承諾——給自己這份禮物。這些步驟不單在我身為心理學家和輔導員的四十年期間，幫助過那些向我求助的人，也幫助過我。我從自己的經驗知道它們是有效的。

你明白嗎？在很多方面，對於抑鬱症，我們可以做的不是消除它，而是管理它。我不能保證我永遠不會再抑鬱。我不能阻止憂鬱症敲我的門。但我可以壓倒它、擊退它、減低它對我家人和我生命的影響。你也可以。你愛的人也可以。

一本自助書籍

如果你拿起這本書，或許你對抑鬱症已經有點認識。或許你對這課題一無所知，想收集一點關於它的資料。在這裏你會找到一些資料，既是給抑鬱症患者，也是給那些面對所愛的人患上抑鬱症的人的。

這是（自豪地）一本自助書籍。要管理和打敗抑鬱症，需要的正是**自助**。

你真的可以做得到！	不為抑鬱症的狀況做點事，就是為自己和與自己親近的人帶來痛苦。服食藥物或見心理治療師往往並不足夠。為了從抑鬱症得解脫，你必須自己採取行動。沒有人可以替你做。

我會建議一些特定的行動，是你可以用來減輕痛苦的。一旦你開始做這些練習，你便會發覺它們很有趣——甚至可以是刺激和充滿樂趣的。為甚麼？因為你**會**成功，一次一個小任務。你會取得新技巧，幫助你減少抑鬱症的影響。

對於你的過去，我們不會花很多時間。你不會分析你自己或鑽牛角尖。你所做的任何自我反省都會集中於將來——集中於你可以有甚麼不同的做法，你怎樣可以有不同的想法，你怎樣可以與別人交往得更好，以對付你的抑鬱症。幫助你自己吧。

怎樣使用這本書

以你喜歡的任何方式閱讀這本書：由頭讀到尾，一次讀一章，一次讀一頁。如果你想的話，速讀這書，然後花時間每天重讀一節和做那些練習。

從「在這一章你會」開始，那是一個簡單的大綱，讓你知道你在接下來的內容會找到甚麼。如果在讀過大綱後，你覺得那一章不會討論你關心的事情，大可以跳過那章讀下一章。你隨時可以回頭再讀那章。

容許自己在書上寫字(如果那是你的書)。做記號，在頁邊寫筆記，標示吸引你的想法。遇到書中描述你想做、藉以減輕你的抑鬱症的事情，將那頁摺角。

你讀這本書時，要停下來做書中建議的練習。不要對自己說:「那是好主意——我會遲些嘗試。」現在就立刻做。

與好朋友或家人討論你讀到的內容。在教會小組或支持小組中使用這本書。要求牧者或支持小組組長用這本書來進行小組討論。

與跟你最親密的人分享書中的某些段落——或者更好的是，分享整本書。他們也需要閱讀這本書！即使他們不會做其他任何事情，這樣也可以幫助他們明白你經歷甚麼，知道你嘗試完成甚麼。有時很難向從沒有經歷過抑鬱症的人解釋抑鬱是怎樣的。

你認為很難要求別人幫助嗎？將行動步驟的一頁抄下來，或者寫下你的需要。將那張紙交給朋友。

你現在可能沒有甚麼衝勁。你可能認為要求別人幫助是種苛求。唔，要記得抑鬱症是苛求你——也苛求別人！很多人想你好一點。他們樂意，甚至渴望幫助你。他們看見你採取行動時會更樂意幫忙。

你最有用的工具會是一本記事簿或日記。以下是一些使用這工具的建議：

☐ 閱讀時，將日記和筆放在旁邊。

☐ 閱讀時，寫下你已經做得很好的事情。

☐ 寫下可以改進你生命的方法。

□ 閱讀個案歷史時，記下每個個案與你的情況相似的方面。

□ 閱讀個案歷史時，記下你比例子中的人已經做得**更好**的事情。

□ 閱讀個案歷史時，將那個人所做的（正確或錯誤的），而你又可以應用到自己情況的事情列出來。

□ 不要甚麼也不做便放下這書（即使是現在）。

這本書是怎樣編排的

《告別抑鬱》分為三部分。第一部分——「是抑鬱症還是其他問題？」——會幫助你回答這個問題。在第一章，你會找到一個簡單快捷的測驗，幫助你查明你或你認識的人有沒有抑鬱症的癥狀。第二章討論抑鬱症個案在過去五十年快速增加，但也指出它實際上遠於有歷史記載以來已經出現。

第三章，〈抑鬱症的各方面〉，描述抑鬱症癥狀的四個類別：認知、行為、人際和生理。第四章幫助你查明你或你認識的人有沒有抑鬱症或其他身體疾病。第五章討論將來，在一切似乎無望時怎樣有盼望。我們怎樣由沉迷於過去，走向認為將來可找到盼望的新觀點？

第二部分——「抑鬱症的四方面：你可以做甚麼」——各章，詳細描述人們怎樣可以克服他們的抑鬱症。每章詳細講述抑鬱症患者和他們的家人或朋友可以採取甚麼特定行動，以減輕抑鬱症四種特徵的其中一種。

第六至八章提供處理抑鬱症生理一面的方法，包括使用抗抑鬱藥物的實際資料。第九至十一章提出那些患抑鬱症的人怎樣可以改變自己的思想，從而覺得好一點。這裏包括一些特定的方法，驅走令很多憂鬱症患者都害怕的強迫性負面思想。

抑鬱症的第三方面——行為——是第十二至十四章的焦點。這幾章描述你可以採取的特定行動，藉以減輕抑鬱症的負累。

第十五至十七章裏，承認抑鬱症為個人和他們所愛的人帶來相當的痛苦，談及抑鬱症的第四方面：它對長期親密關係的影響。這幾章會提供方法，讓密友和家人可以幫助抑鬱症患者，也幫助自己。

本書第三部分——「對抑鬱症的幫助」——提供關於幫助抑鬱症患者和他們家人的資源資料。第十八章討論憂鬱症患者其中一個最可悲的結局——自殺，並就面對自殺危機時的應變行動提供實際的指引。第十九章研究抑鬱症和靈裏枯乾的相似之處，而第二十章則評估個人價值觀對抑鬱症的影響。第二十一章提出如何和在何處尋找外面的資源，幫助你或你所愛的人對抗抑鬱症。最後，第二十二章提出，如果你患抑鬱症，這事毋須成為你的標誌。你可以繼續過快樂、有意義和滿足的生活。

每章裏的實際幫助

在每章的結尾，你會找到「行動」和「給家人」欄目。「行動」欄目包括那一章建議的行動步驟的樣本或概要。其中都是簡短、可完成的步驟，是你可以——也應該——立即採取行動的。

不要期望在一天或一星期內便完成一切。你需要時間，但這是能夠完成的。如果一個行動步驟似乎要求太高，便**不要嘗試**！只做你知道自己可以成功完成的事情。我想你成功。你一旦在一件小事上成功，在第二天或下一個星期繼續嘗試做其他事情便顯得容易得多。如果將「行動」的清單抄下來帶在身邊有助提醒自己，便大可以這樣做。最重要的是，每當你看見「行動」欄目，在繼續閱讀下去前，先照指示做。要保持你的動力。

每章都有一個「給家人」欄目（在這裏和本書其他地方，「家人」是廣義地指那些親近、關心和樂意幫助人的人）。如果你閱讀這書，是因為你想幫助患抑鬱症的人，你當然要讀完整本書，但要特別留意「給家人」欄目。欄目中包括你可採取的特定行動，藉以引導那人朝向更有盼望的將來。

如果你是抑鬱症患者，你可能想請與你親近的人讀「給家人」欄目，在你努力幫助自己脫離深淵時，讓他們的行動更能幫助你，或者至少減少傷害。或許你只是想讀「給家人」欄目，請一些樂於幫助你的人做其中列出的一些事情。

有人告訴你，你要輕鬆起來，然後不理會你的抑鬱症狀況時，那並不帶來幫助。如果你告訴自己要快樂起來，也完全沒有好處。為甚麼你沒有感到好一點？原因是你需要更多技巧和指示去管理你低落的情緒。這書為你提供所需要的資料、技巧和工具，助你克服抑鬱症。

請好好使用它們。

行動

你對自己的生活感到滿意嗎？

完成以下這個簡短的測驗，[1]可大致找出你在生活裏的快樂程度和滿意程度。為每句話寫下 1 至

10其中一個數字，以表示你的同意程度，10表示完全同意，1表示完全不同意。

______ 幾乎所有方面，我都過著與理想接近的生活。

______ 我的生活狀況十分好。

______ 我完全滿意自己的生活。

______ 到目前為止，我在生活中得到自己想要的重要東西。

______ 如果我可以再活一次，我仍會這樣生活。

______ 總分

若你的總分是：	你是：
30～35	非常滿意，遠高於平均數
25～29	十分滿意，高於平均數
20～24	頗為滿意，是美國居民的平均數
15～19	有點不滿意，低於平均數
10～14	不滿意，明顯低於平均數
5～9	十分不滿意，遠低於平均數

若你得分很低：

✓ 你可能需要重新調整你的目標。它們是否符合現實？它們是否需要達致完美？

✓ 你可能將中性的事件或情況置於負面的框架內。

✓ 你可能需要尋找更有意義的活動。從很細微的地方開始（例如：到市中心的學校做義工，讀故事書給小孩聽）。

若你得分高於平均數，但仍然感到抑鬱：

✓ 做一個徹底的身體檢查，如果還未這樣做的話。

✓ 詢問你的醫生抗抑鬱藥物對你是否會有幫助。

✓ 或許你的標準太低。你的生命目標是否容易達到，但不夠挑戰性，不能令你感到有意義和成就？

給家人

以下是第一個「給家人」的建議：

與家人或朋友開始談論抑鬱症。你可以類似的問題開始：「抑鬱是怎樣的？」或者「雖然我也曾經在一段短時間感到鬱悶，但我知道那和你現在的經驗不同。告訴我你在抑鬱中經歷甚麼」。

保持談話簡短。不要演講或告訴對方他／她應該有甚麼感覺。只要嘗試明白他們經歷甚麼。**要十分好奇**。如果對方在談論或告訴你關於抑鬱症的事情時有困難，不要勉強。告訴他們：「或許你可以遲些告訴我那是怎樣的，或者將你的經驗寫下。」然後便停止，改天再回到這話題。這個練習會帶來幫助，是因為每個人對抑鬱症的經驗都不相同。你會明白你的家人或朋友有甚麼經驗。你的家人也會明白你關心他們。

註釋：

1 Emmons E., R. Diener, and Griffin S. " The Satisfaction with Life Scale," *Journal of Personality Assessment* 49 (1985) : 71～75.

1

你是否抑鬱？

在這一章你會：

✓ 讀到關於抑鬱症是甚麼和不是甚麼的更詳細討論。
✓ 明白為甚麼如果你懷疑自己患了抑鬱症，便應該去看醫生。
✓ 做一個快速測驗，查看你或家人是否患抑鬱症。
✓ 讀到關於抑鬱症的不同程度分類，以及輕微、中度及嚴重抑鬱症之間的重要分別。
✓ 明白由於抑鬱症沒有單一成因，花時間尋找患抑鬱症的具體原因通常是徒勞無功的。

你或你關心的人是否患上抑鬱症？能夠得知是重要的。如果你經歷的是短暫的憂愁，由生命中的危機引致，你會放心，知道它會過去。如果看來是抑鬱症的情況，實際上是由身體疾病引致的，找出原因可以救你的生命（參第五章）。明白你陰鬱情緒的本質和嚴重程度，是打敗或防止抑鬱症必需的第一步。

內森（Nathan）的前妻離開他時，他感到沮喪。他不想離婚。他們惟一的孩子和他前妻卡米拉（Camilla）一起搬到差不多一千二百里外的城市。

卡米拉以前一直照顧著內森；她燒飯、清潔、繳付帳單、處理財政和計劃假期。現在內森感到無助和無能。一千里內都沒有他的親人。他工作上的朋友嘗試支持他，他教會的會友在他離婚的最初幾個星期也一起陪伴他。但他家裏再沒有舉行舞會（那是卡米拉的專長）。他和好朋友去釣了幾次魚，但他們以卡米拉和一般的離婚事件來開玩笑。內森不能接受他們懷著好意的玩笑。

內森以為隨著時間過去，他能夠適應。但他只是感到更糟。離婚後四個月，他仍然因為任何令他想起卡米拉的事物而哭泣。他也失眠。他十分掛念太太。

內森是否患上抑鬱症？或許不是。這樣重要的關係破裂後，四個月不是一段很長的時間。他的哀傷仍然頗為新近。他沒有一個羣體和他一起哀傷；他獨自流淚，在家裏，在車上，有時在男洗手間裏。內森對婚姻失敗的反應是正常的，但由於他孤獨面對，他正走在抑鬱症的邊緣。他需要改變自己的一些生活方式，尋找支持他的關係，並開始一兩種健康的活動，避免自己患上嚴重、長期抑鬱症。

人們經歷重大的損失，例如配偶或愛人去世、離婚、傷殘或其他重大損失後，通常會感到低落和沮喪。這是正常的。事實上，沒有憂愁或哀傷的反應才是不正常。

如果你的情況是這樣，便沒有特別理由相信你有重抑鬱症——除非你情緒低落了一段異常漫長的時間，而且似乎不能夠擺脫這情緒。繼續讀下去，找一些可以阻止憂愁接管你生命的提示吧。

不是／是

抑鬱症並**不是灰心**——於飽受身體痛楚、不幸或壓迫的生命中所經歷的。它不是犬儒或憤怒。它不是短期的愁悶，或一次短暫的極度憂愁。幾乎所有人都會經歷情緒低落的時間。

抑鬱症不是罪。那**不是**你的錯。如果你正在與抑鬱症搏鬥，你需要技巧應付它，以行動控制它；你**不**需要背負罪疚感。這個看法為正面的改變鋪路，因為你一旦明白怎樣處理抑鬱症，你便可以走向更有盼望和生產力的將來。

抑鬱症不一定指感到憂愁或情緒低落。很多人都會經歷情緒的起伏：精力旺盛和精力不足的時候；有時大有作為，有時幾乎沒有做過任何事，拖延或浪費時間。生命不是處境喜劇，角色總是樂觀、聰明和機智的。你需要明白和接受自己會有情緒低落的時候；大部分人都是這樣。重要的是你怎樣應付這狀況。

很多人嘗試否認自己沮喪的感受。他們可能表現堅強，控制一切，永遠都那麼樂觀。他們可能拒絕承認發生在自己身上的事情。其他人可能承認感到抑鬱，但卻因為這種感覺而怪責自己。他們可能認為自己是生病、懶惰、一無是處、失敗者，甚至更糟的人；他們期望自己的生命會好像電視裏的啤酒廣告中，那些荒謬地心情愉快的年青人那樣。

抑鬱症（在這書裏也稱為憂鬱症或憂鬱）是一種獨特的失調（disorder），因為它影響整個人——你的身體和思想、感覺、人際關係和行為。可能導致和引起抑鬱症的因素眾多。由於它是那麼複雜，你需要因應自己的特別情況，製定用來克服抑鬱症的步驟。

甚麼時候見醫生

重要的是，要緊記抑鬱症的一些癥狀也是一些身體疾病的特徵。幾年前，我認識一位男士，他形容自己情緒低落、疲倦、體重減輕和面對婚姻衝突。他曾患抑鬱症，但體重急速下降和他感到的一般不適，表示他的問題可能不是出於抑鬱症或婚姻衝突。身體檢查顯示他患了癌症，需要立即接受手術。他康復後，抑鬱症的癥狀消失了。不過婚姻衝突沒有消失。經過幾節婚姻輔導後，他和太太開始建立一段雙方都更滿意的關係。

要點！	如果你有任何抑鬱症癥狀，你就需要接受詳細的身體檢查，並告訴醫生你的癥狀。你的身體很可能沒有毛病，但你**必須**檢查清楚。如果談論你患抑鬱症會令你太害羞或尷尬，找人代勞，或者寫在一張紙上，交給醫生。

先做這個問卷才繼續下去

以下是一個快速的核對清單，讓你可以找出你或你所愛的人有沒有抑鬱症的癥狀。十分重要的是，要記得這核對清單只是一個初步的篩檢測試。它的目的只是找出抑鬱症的癥狀，而不是為重抑鬱症作診斷。因此，它不能取代正式的治療性或精神科評估。

要記得只有醫生或心理健康方面的合資格專業人員

才可以給予完整的評估，包括透過身體檢查排除任何身體疾病或狀況，為抑鬱症（或任何其他精神病）作準確的診斷。

問卷

若過去兩星期裏，至少部分時間你的狀態和感覺跟以下句子的描述一致，請於旁邊的方格加上剔號。

☐ 很多個早上我都太早醒來，難以再入睡。
☐ 我對自己以前喜愛的事情失去興趣。
☐ 我發覺自己逃避與人接觸。
☐ 很多時候都需要經一番努力才能離家出門。
☐ 我發覺自己愈來愈容易為了小事而煩躁，甚至憤怒。
☐ 我很多時都感到疲倦，沒有精力做我需要做的事情。
☐ 我的體重增加或減輕（在過去六個月裏超過十磅，如果是女性或個子小的男性，則少於十磅）
☐ 我覺得自己好像不能控制自己的生命。
☐ 一星期中的大部分日子，我總會感到鬱悶、憂愁或不快樂。
☐ 我的睡眠模式改變了。
☐ 有時我想，如果我不在場，其他人會生活得更好。
☐ 我的胃口不如以前。
☐ 我就是不能好像以前那樣完成工作。
☐ 我不如以前那麼快樂。
☐ 我很多時都為自己以前不會在意的事情而感到內疚。
☐ 我經常覺得自己對任何人來說都是沒有用的，包括我自己。
☐ 相比一天裏的其他時間，早上我感到更糟。

☐ 我不如以前那麼思想清晰，也更難集中精神。
☐ 我覺得無論我做甚麼，事情總會出錯。
☐ 我以前曾患抑鬱症。

現在將你記下剔號的數目加起來。

✓ 0～3：你讀這本書是為了幫助別人，或者嘗試預防抑鬱症。
✓ 4～6：你可能正於患上抑鬱症的邊緣。請繼續讀下去，開始做每章末列出的行動步驟。
✓ 7～9：你很有可能患上抑鬱症。將這裏所談論的意見實踐出來。考慮接受身體檢查。
✓ 10～12：抑鬱症似乎已經困擾你一段時間。如果你採取行動，並堅持到底，改變不但是可能的，而且是可預料的。要確保自己在期間溫柔地對待自己。看醫生，查明你的感覺是否與身體的問題有關。
✓ 13～20：除非其他因素影響你提供的答案，否則你似乎患上嚴重的抑鬱症。開始實行這裏所談論的改變。看醫生及／或心理治療師，讓他或她幫忙引導你，處理你的憂鬱（關於選擇治療師的指引，參第二十二章）。

要記得，這個測驗只是查明抑鬱症的**癥狀**。如果你的得分介乎中等至高分（7 分或以上），我建議你做更精密的測驗，及／或見醫生或輔導員，藉以查明你是否真的患上抑鬱症。

曾氏憂鬱量表載於附錄一

你可以使用幾個量表，幫助你查明自己是否患上抑鬱症，以及患抑鬱症的程度。它們包括貝克憂鬱量表（Beck Depression Inventory）、[1] 曾氏自評憂鬱量表（Zung Self-Rating Depression Scale）、[2] 拉斯金憂鬱量表（Raskin Rating Scale for Depression）[3] 和漢氏憂鬱量表（Hamilton Rating Scale）。[4]

最終必須由你作判斷。如果你覺得自己跟以前不同了，或者不想做你以前會做的事情，你可能正與抑鬱症搏鬥。或者，它至少正在你門外敲門。

真的是抑鬱症嗎？

你毋須稱它為抑鬱症、憂鬱症或憂鬱。（要注意精神科醫生所指的憂鬱症，是非典型抑鬱症裏的一種特定類型，這個區分不在本書範圍以內。）在這書中，這三個名稱會交替使用；**憂鬱者**指患抑鬱症的人。如果你想，可以稱它為鬱悶。無論它的稱呼是甚麼，這個病和人們在生活裏偶然經歷的低落時期都十分不同。精神科醫生用**重抑鬱症**這個詞，將它與正常、會消失的憂愁區分。診斷重抑鬱症的準則，包括以下九個癥狀：

☐ 幾乎每一天都有情緒低落、憂愁和煩躁的時間
☐ 在日常活動裏，快樂或興趣都減少
☐ 體重大幅減輕或增加，或者胃口改變
☐ 睡眠模式有重大改變（最常見是很早醒來）
☐ 活動量明顯增加或減少（通常是減慢）

☐ 疲倦和失去精力
☐ 感到自己一無是處或內疚
☐ 難以集中精神
☐ 想到自殺或死亡

根據美國精神病協會（American Psychiatric Association）所提出的，一個人於至少兩星期內，有這些癥狀中最少五項，並在大部分日子裏情緒低落或快樂/興趣減少的，就是患上重抑鬱症。[5]

你可能說：「且慢。在清單中檢視各項目，未能道出我獨特經驗的始末。」你是對的，但這些準則是一個好的起點，以查明抑鬱症是否出現了。它們顯示可能出現的問題。

情況有多糟？

你可以衡量自己的抑鬱症的嚴重程度嗎？是的，你可以。真正的抑鬱症分輕微、中度和嚴重程度。如果你知道自己的情況只是輕微或中度，你可能感到鼓舞，但如果你的抑鬱症是嚴重的話，你需要知道這情況，使你可以得到所需的幫助，脫離這困境。大多數人都只是輕微抑鬱，可以藉著這書建議的一些練習得到很大的益處。

不同程度的抑鬱症

輕微

患輕微抑鬱症，你可能會感到憂愁或鬱悶。這種感覺時而出現，時而消失；有時你可能頗快樂。你可能對工作或嗜好失去興趣，失眠、或者比平常稍為疲倦或不安。不適的感覺可能因稱讚和笑話、新工作、假期、或一個好消息，而暫時（或永久）得改善。輕微抑鬱症的其他癥狀，藉定期的劇烈運動、重新評估目標、改變飲食習慣和類似的方法，可能會好轉。

中度

如果你患上中度抑鬱，你往往在更多時候感到很憂愁和低落。你冷淡對待嘗試令你快樂的人。情緒低落的情況通常在上午較嚴重，隨著一天的時間過去，可能會緩和。很多中度抑鬱的人會離開朋友和家人，而他們與人的關係可能出現問題。

嚴重

那些與嚴重抑鬱症搏鬥的人，似乎生活在淒涼和荒蕪的星球上。在嚴重的抑鬱症中，你常常感到非常無望和淒慘。你的憂愁令你痛苦。你感到無望。你時常極度放慢下來，不能清晰思考，又感到疲累和消極。你與人的關係和你一般的工作，都受到嚴重影響。患上嚴重抑鬱症，通常需要接受治療和服用藥物。

沒有單一成因

我們不要嘗試確定個別抑鬱症個案的具體成因。這是不需要的。大概也是不可能做到的。抑鬱症的成因可能是遺傳的因素，以前曾患抑鬱症，對社會的不公義感到擔心或憤怒，不切實際的期望，扭曲了的思想方式，一段麻煩的關係，不健康的飲食習慣或使用藥物，以及很多很多其他成因。

生命充滿風險。你申請一份工作時，冒不被聘用的風險。你焗蛋糕或繪畫時，冒別人不喜歡它的風險。你愛某人時，冒愛人離開你，而你被拒絕的風險，或者你的愛人死去，而你變得孤單的風險。

引致抑鬱症形成的，不是人們的際遇。很多人在找工作一事上一再失敗，但也沒有患上抑鬱症。父母死去，孩子惹上官非，兄弟姊妹自殺，配偶離開，房屋燒毀，生意失敗——受傷的人繼續前行。人們在交通意外或自然災害中失去整個家庭，雖然他們的哀傷是難以理解的，亦永遠不會完全離開他們，但他們沒有被抑鬱症打倒。

那麼，為甚麼有些人在十字路口被陌生人指摘，覺得被鄰居冷落，所得的工作表現評估好壞參半，便墮進抑鬱症的深淵？壞事發生時，感到不快樂是完全正常的；但因而變得抑鬱，卻完全是另一回事。

我們對抑鬱症的想法，影響我們怎樣回應。首先，那是**失調**（disorder），而不是好像癌症的疾病（disease）。沒有抑鬱症的血液測試，它不會在磁力共振顯影（MRI, magnetic resonance imaging）中顯示出來。事實上，談及以眾數表示的抑鬱症（depressions）可能更好，因為沒有單一的成因或癥狀界定它。

事實上，如果你有機會看憂鬱症患者接受輔導的錄影帶，你會看到抑鬱症各色各樣的狀況。對一些人來說，憂鬱症主要影響他們的人際關係。其他人經驗到不快的情緒。還有些人不再做以前常做的事情。很多人曲解在他們周圍發生的事情；他們將正面的事件當作中性的，將中性的事件當作負面的。

即使你患輕微的抑鬱症，你都會聽過人們促請你要開心起來。他們可能告訴你，只要你夠努力嘗試，或者十分想改變，你便會改變。不要理會他們！讓我從開始便留下這個記錄：**希望改變是不足夠的**。可以肯定的是，這十分重要，但你也需要製定特定的計劃，並採取合適的行動，去克服你的抑鬱症癥狀。

你已經想改變你的抑鬱症狀況。我怎麼知道？因為你拿起這本書。這是一個好的開始。在這本書，你會找到一些方法、提示和技巧，是你可以用來製定計劃去控制你的憂鬱，征服抑鬱症的影響，進入滿足和充滿盼望的生命的。

行動

做這一章較早前所載的快速核對清單。你可從中找出自己有沒有抑鬱症的典型癥狀。這核對清單只是一個初步的篩檢測試，但它可以讓你知道，你是否受到抑鬱症困擾。如果你仍未做這個問卷，現在就做吧！

給家人

✓ 做這章提供的抑鬱症問卷兩次。

✓ 第一次，自己做這問卷。可以知道你是否開始落入抑鬱症中，這是好的，因為與抑鬱的人一起生活，令你特別容易患上抑鬱症。

✓ 第二次，替你所關心的家人回答問題。盡力成為那人五或十分鐘。這樣可以幫助你辨別抑鬱症是否真正的問題所在。

✓ 現在花點時間在家裏討論你在問卷上所記的答案。聆聽別人有甚麼想法和感覺。開始談論這家庭可以怎樣回應抑鬱症對家庭的影響。

註釋：

1 A. T. Beck, *Depression* (New York: Harper and Row, 1967) .

2 W. W. Zung, " A Self-Rating Depression Scale, " *Archives of General Psychiatry* 23 (1965) : 63～70.

3 A. Raskin, Schulterbrandt J., Reatig N. and McKeon J. J., " Differential Response to Chlorpromazine, Imipramine, and Placebo: A Study of Sub-Groups of Hospitalized Depressed Patients, " *Archives of General Psychiatry* 23 (2) (1970) : 164～173.

4 M. Hamilton, " A Rating Scale for Depression, " *Journal of Neurology, Neurosurgery, and Psychiatry* 23 (1969) : 56～62.

5 American Psychiatric Association (APA) , *Diagnostic and Statistical Manual of Mental Disorders*, 4th ed., rev. (Washington, DC: American Psychiatric Association, 1994) .

2

不斷增加的抑鬱症個案

在這一章你會：

✓ 明白你並不孤單；抑鬱症不單在北美，在全世界也十分普遍。

✓ 明白到如果人們過去曾患抑鬱症，會較容易再次患上這種病。

✓ 從歷史角度看抑鬱症。

✓ 找出抑鬱症是甚麼，以及它怎樣發展。

✓ 集中看精神科醫生所說的**重抑鬱症**，這和有幾天感到鬱悶，或因為配偶死去而哀傷是頗為不同的。

✓ 發現患抑鬱症並不表示你軟弱、道德上有缺欠或可鄙。

憂鬱。絕望。抑鬱症。無論甚麼名稱，它似乎好像流行病

抑鬱症個案正在增加。或許在任何時間，都有多達二千萬人患某種形式的抑鬱症。[1] 在你讀這書時，數字也正在上升。在任何一年，每十個美國成年人中，幾乎便有一個有明顯的抑鬱問題。[2] 一個近期研究指出，只

有絞痛（心痛）比抑鬱症對身體帶來更大的損害，但以住院日期計算，抑鬱症是所有失調狀況中最多的。[3]

抑鬱症個案的增加是全球性的；對西歐、北美、中東和亞洲的居民的研究，顯示驚人的增幅。[4]抑鬱症個案在美國增加得那麼快，以致要解釋其原因是十分困難的。

真的有更多人患抑鬱症嗎？還是只因為他們在精神健康問題方面得到更好的教育，對承認自己的抑鬱癥狀有較少保留，更願意尋求治療？畢竟，相比幾十年前，今天的社會較能接受人們因為精神健康問題而去見治療師或牧者。雖然可能是這樣，但有很多數據（包括在不同國家進行的研究）顯示，患抑鬱症的人口比例愈來愈高，增長速度甚快。自從第二次世界大戰結束以來，在任何地方，抑鬱症個案都增加了**三至十倍**。

雖然憂鬱症個案數字在所有年齡組別中都穩步增長，但有明顯轉移向年青人的情況。抑鬱症可以在任何年齡發生，不過現在大多於二十或三十多歲時出現。

抑鬱症愈早開始，在有生之年所帶來的痛苦便愈大。超過一半經歷過一次抑鬱症發作的人，都會有第二次發作。超過百分之七十嘗過兩次抑鬱症之苦的人，都會有第三次發作。幾乎有百分之九十曾患三次抑鬱症的人，會有更多次發作。有些人在多年正常、沒有癥狀的生活之後，第二或第三次抑鬱症發作。至於其他人，抑鬱狀況的出現則愈來愈頻密。[5]那些沒有得到某種幫助的人（他們是佔大多數的），可以預期他們的抑鬱症會維持六至二十四個月。

由於抑鬱症特別在成年、建立事業、照顧孩子的年間來襲，它不單影響個人，也影響婚姻、家庭、工作和羣體。它是精神和情緒失調裏的普通傷風。

不要因此而泄氣！不要放下這書。不要說：「有甚麼用？反正我很可能有另一次發作。」**還有希望**。你可以做一些事情對抗你極差的情緒；這本書就是關於這方面的。我會告訴你好些細小、能夠實行的步驟，是你可以用來減輕抑鬱症的影響，並減低你被另一次發作所擊倒的可能性的。

這書的目標是答案和解決方法，不是困難。

抑鬱症是新現象嗎？

憂鬱並非在現代突然出現的。有歷史記載以來，你都可以找到對抑鬱症的描述和對它的成因的解釋。在莎士比亞（Shakespeare）的《威尼斯商人》（*The Merchant of Venice*）中，安東尼奧（Antonio）抱怨說：[6]

> 你說那令你擔心，這令我擔心；
> 但我怎樣染上它，找到它，或者碰上它
> 它用甚麼東西造成，它從哪裏來，
> 我需要知道；
> 這樣缺乏才智的憂愁構成我，
> 我要費盡心思認識自己。

林肯（Abraham Lincoln）描述他與抑鬱症搏鬥：「我現在是最可憐的人。如果把我的感受平均分給整個人類家庭，地上不會有一張快樂的臉。我會否好轉，我不知道；但我有可怕的預感，我不會好轉。」[7]

約伯記講述一個關於巨大的憂鬱、絕望如龐然大物的故事。約伯這個好人遭受悲劇和不幸的考驗，是一個人的一生中似乎不可能遇到的，他處於人生的最低谷。在痛苦的深處，他不能想像自己的人生會變得更好。他描述自己的痛苦：「我的眼睛因憂愁昏花；我的百體好像影兒⋯⋯我的日子已經過了；我的謀算、我心所想望的已經斷絕。」（伯十七 7～11）

以下方格包含一個小小的樣本（沒有特定次序），列出眾多患抑鬱症的歷史人物。有些人描述自己的抑鬱症狀況；其他人的診斷，則是從他們的生平資料和著作所得出來的。為甚麼名單上有那麼多藝術家？在你貿然斷定富創意的人較易患抑鬱症前，要緊記他們有表達思想和情感的天賦。或許，他們也比普通人較不會因為情緒問題而感到羞耻。

歷史上的抑鬱症患者

克倫威爾（Oliver Cromwell），十七世紀英國政治家

歐姬芙（Georgia O' Keeffe），藝術家

福斯特（Stephen Foster），作曲家

安徒生（Hans Christian Andersen），作家

邱吉爾（Winston Churchill），英國首相

莫奈（Claude Monet），藝術家

愛倫坡（Edgar Allan Poe），作家

狄金生（Emily Dickinson），詩人

拿破崙（Napoleon Bonaparte），將軍、皇帝

福克納（William Faulkner），作家

貝多芬（Ludwig von Beethovan），作曲家
米開安基羅（Michelangelo），文藝復興藝術家
狄更斯（Charles Dickens），作家
甘地（Mohandas Gandhi），印度民族主義者和精神領袖
羅素（Bertrand Russell），數學家
馬丁路德（Martin Luther），神學家和改教者
牛頓（Isaac Newton），物理學家
戴維斯（Jefferson Davis），聯邦總統
海明威（Ernest Hemingway），作家、諾貝爾獎得主
巴頓（George Patton），將軍
莫札特（Wolfgang Amadeus Mozart），作曲家
克莉絲蒂（Agatha Christie），作家
高更（Paul Gauguin），藝術家

那是甚麼？

究竟抑鬱症是甚麼？它怎樣形成？"Melancholia"（憂鬱症），是古時用來指抑鬱症的詞語，字面意思是「黑膽汁」，古希臘人相信它來自腎臟或脾臟，產生憂愁和煩躁。今天我們仍會説「發脾氣」（venting one's spleen；即用言語接連發洩負面情緒）。

在大約二千五百年前，希波克拉底（Hippocrates）觀察抑鬱症：「憂鬱症患者的血液受到膽汁和黏液污染時，就發展出他們的疾病；他們的精神狀況受到干擾，很多人甚至變成瘋子。」他寫到一個病人：「她一直顯

得呆滯；失去胃口，失眠，失去主動性，感到憤怒，不滿，表現出受到憂鬱情緒影響。」

希波克拉底沒有將短暫的孤單感或鬱悶感覺，等同於憂鬱症：如果「恐懼或憂愁持續一段長時間，那痛苦就是憂鬱症」。[8] 他的話寫於數千年前，但卻好像只是昨天才寫成。

“Depression”（抑鬱症）這個現代詞語的字面意思是「低處」。誰不曾在生命中經歷低處？正如有正常和病態的哀傷，也有正常和病態的抑鬱。在一些環境下，例如喪親，經歷一段抑鬱的時期是正常和自然的。那是醫治過程必須的一部分。事實上，對那些為自己的生活方式感到不快樂的人，低落的時期可能是有益的，因為這些時期可以為正面改變提供所需的動力。

重抑鬱症

這本書集中討論精神科醫生所說的重抑鬱症。重抑鬱症不是有幾天感到鬱悶。它不是為配偶的死亡而哀傷。它和精神病不同，後者是嚴重的精神失調，個人與現實失去聯繫。

這本書不會探討雙極化情緒失調（bipolar disorder；有時稱為躁鬱症〔manic-depressive disorder〕），但由於它與（單極化〔unipolar〕）抑鬱症有關，我會在這裏簡單描述一下。患有雙極化情緒失調的人，通常會經歷重抑鬱的時期，期間散佈瘋狂活動及情緒高漲的時候。他們有時可能感到好轉，以為自己回復正常，但實際上他們是處於失調的躁狂階段。他們躁狂時，會表現開朗的情緒、偉大的意念、不停地說話、思想飛快，以及分心。他們可能很衝動和焦慮不安。這種躁狂的時期之後，通常是回到抑鬱的時期。百分之九十五被診斷出有雙極化情緒失調的病人，都有抑鬱的時期；由於他們從一個極端去到另一個極端，他們接受的治療是獨特的，且在這書的範圍以外。不過，這書描述的很多方法，對處於抑鬱階段的雙極化情緒失調患者都有幫助。

抑鬱的經驗是複雜的，而且可以很多種方式去看這種經驗。希林格爾（Mary Louise Bringle）警告人們不要將抑鬱症過分簡單化：[9]

> 生物簡化論者說：「你不能給我一顆藥丸令我康復嗎？」靈性簡化論者說：「一定是上帝的旨意要我受苦，我要找出為甚麼我受到懲罰。」社會政治簡化論者總結說：「如果我不是居住在這個壓迫的社會，便不會有那麼多事情令我抑鬱」，社會心理簡化論者哀歎：「如果我不在這種壞關係中，重蹈過去壞關係的破壞性的覆轍，我便不會那麼不快樂。」

所有這些回應看起來都是真實的，但沒有一個掌握到抑鬱症的複雜性。過分簡化是危險的，因為其中忽略受抑鬱之苦的人真正所經驗的太多方面。

這是其中一個原因，解釋無論性別歧視、種族歧視、年齡歧視和其他形式的社會不公義的壓迫多麼真實，無論言語、身體和性方面的虐待的歷史多麼可怕，無論可悲的環境多麼令人心痛，為何**在處理抑鬱症時**，

焦點必須是盡可能**為自己的安好負責任**。

對那些已經有受害人心態的人來說，為自己的憂鬱症怪責其他的事或人，是太容易、太單向、太方便的。但這樣很少會帶來醫治。

甚麼引致抑鬱症形成？

抑鬱症是否由個人的環境——也就是個人的成長、家庭、朋友或身處的社會——所引致？還是它是生理問題，是生物化學失衡、基因等的問題？沒有明確的答案，除非答案是「兩者皆是」。（第六章會更詳細討論這件令人費解的事。）

在生理上，有些人確實似乎比別人更容易患抑鬱症；事實上，抑鬱症是情緒的折磨中最以器官為根據的一種。但如果抑鬱症有生理成因，不是應該給患者抗抑鬱藥物，而不是採納這書提倡的改變嗎？

唔，是的。但答案同時是否定的。研究顯示，不同的抗抑鬱藥物至少對百分之七十五的抑鬱症患者有幫助，但有百分之二十五的患者不能靠藥物得到幫助——不願意服藥或者因為副作用而不能服藥的人。還有，單倚靠藥物並不是好的做法。即使是一些生活方式的微小改變，例如這書描述的那些，也可以帶來舒緩，無論個人的抑鬱症是由環境或生理，還是兩者造成的。

不是你的錯……但你可以處理它！

這似乎是自相矛盾，不是嗎？雖然如此，但這是事實。或許你讀過其他關於抑鬱症的書籍。大部分都強調抑鬱症不是你的錯。那不是任何人的錯。不應該怪責你。不應該為抑鬱症而感到羞恥。它可能是一種疾病，好像糖尿病；或是一個狀況，好像血液循環不良或斜視眼。它可能是由基因引起的。患抑鬱症並不表示你軟弱、在道德上有缺失或可鄙。

這是非常重要的，必須緊記。你可能想把它刺在額頭上，刻在門口之上，用唇膏寫在浴室的鏡上，把它貼在擋泥板上：**不能怪任何人**。

記得抑鬱症不是你的錯，不是任何人的錯，這為甚麼是那麼重要？因為抑鬱症的其中一個特點是無望。你愈怪責自己或別人，人們愈勸你快樂起來，控制一下情緒，外出買一頂新帽子，你便愈沉進無助和憂鬱中。你愈感到羞耻，就愈不可能尋求幫助。

公眾人物公開談論他們與抑鬱症搏鬥時，富幽默感的人可能以此開玩笑，而犬儒的人則可能質疑他們的動機，但結果都是正面和有價值的。對抑鬱症抱開放態度，能夠使它不再神祕和除去有關的責備。比我或任何作者可以告訴你的，開放的態度以更深刻的方式道出：**抑鬱症不是令人羞耻的東西**。

坦承自己患抑鬱症的名人

華萊士（Mike Wallace），新聞主播／分析員

史泰隆（William Styron），作家

巴巴拉．布殊（Barbara Bush），前總統夫人

葛瑞爾（Germaine Greer），作家和行動主義者

艾德靈（Buzz Aldrin），太空人
包可華（Art Buchwald），作者和幽默作家
克拉克（Dick Clark），電視節目主持人
阿諾德（Roseanne Arnold），演員、喜劇演員
高伯瑞（John Kenneth Galbraith），經濟學家
霍金(Stephen Hawking)，物理學家
卡維（Dick Cavett），電視圈名人
克萊頓（Michael Crichton），作家
克里斯（John Cleese），演員
費雪（Carrie Fisher），演員
端納（Ted Turner），傳媒大亨
雪兒（Cher），表演者
聖羅蘭（Yves Saint Laurent），時裝設計師
保羅・西蒙（Paul Simon），音樂人、作曲家
艾頓・莊（Elton John），音樂人
丹吉菲爾德（Rodney Dangerfield），喜劇演員
夏里遜・福（Harrison Ford），演員
桃麗・芭頓（Dolly Parton），音樂人
莎莉斯（Monica Seles），職業網球手
奧爾德里奇（Lionel Aldridge），足球員
葉利欽（Boris Yeltsin），俄羅斯前總統

如果你嘗試怪責某人，便是浪費寶貴的精力，這些精力可以用來尋找解決辦法，發掘你的長處和能力，尋求幫助，改變。只有一個十分微小的問題。如果你告訴

自己的信息只是：「不是我的錯，不是由我引起的，不應該怪責我」，你可能會傾向回應說：「不是我的錯，因此我沒有辦法解決它。」

啊，你會大錯特錯。錯誤和責任之間有細微的分別。你可能小時候已受害。你的基因可能令你傾向抑鬱。你的腦部可能出現或遺傳了化學物質的失衡（chemical imbalance）。但這世上只有你可以改變你極差的情緒。當然，不是你的錯，但這並不表示它不容你控制。

如實接受這些你不應受責備的保證：提醒你，你沒有理由感到羞恥，隱藏你的臉，戴上快樂的面具，將問題留給自己。但你也不要以為，你不應受責備就表示你是無能為力的。**患抑鬱症不是你的錯，但你——而且只有你——能夠處理它**。

想像你單獨到樹林遠足。這沒有甚麼問題；遠足是健康有益和使靈性充實的。但在繞過一棵倒在路上的樹時，你跌進一個舊的捕熊陷阱，那是一個很深的洞，上面蓋滿樹枝。那不是你的錯，也不是佈下陷阱的人的錯——他怎知道陷阱有天會在遠足徑旁邊？

誰可以將你從洞穴中救出來？除非你準備等其他遠足者經過，否則便要靠你自己了。這是一條偏僻的路，你不能寄望有人救你。你可以翻土，找一塊石頭出來，用它或手指挖一些立足點。你可能發現跌進洞穴中的枯死幼樹，可以用來作梯子逃生。你落入困境，並不是你的錯——事實上，那不是任何人的錯——但你有責任離開困境。

其他人可能教導你要表現得無助，但你現在已經長大。人們可能佔你便宜，但你有能力以不同的方式回應他們。你腦部的化學物質可能與你對抗，但新藥物可以幫助你。你可能經歷一些失敗，但那時是那時；現在是現在。

你的信念可能妨礙你享受生命的能力，但信念可以（也確實會）改變。你的母親可能與你疏遠，不愛你，但那是她的問題；那毋須成為你持續的咒詛。壞事在好人身上發生。壞事曾經在你身上發生。你和我都希望這些事沒有發生。不過，你對這些壞事的想法，會決定接著有甚麼事發生。

改變是無可避免的。你不單**可以**改變——你也**會**改變。問題是：你會根據你自己的價值觀和目標而改變嗎？還是你會隨風向改變，由外在壓力控制，自己不作有意識的選擇或控制？

向前走吧。抑鬱症個案可能正在增加，但你沒有理由成為一個統計數字。在以下各章，我們會研究一些方法減少抑鬱症的影響。一小步一小步地，你可以——你也會——重新控制你的生命。

行動

抑鬱症**是**甚麼？我們不確切知道。但有一件事是肯定的：它不是新現象。想一想任何**成功**面對抑鬱症的家庭成員、朋友或同伴。他們怎樣對抗它？回顧一下這章列出的那些經歷過抑鬱症的人。選幾個你熟悉的，思考一下他們怎樣勝過抑鬱症。這些人做了甚麼？他們怎樣克服？**現在，開始思考你可以怎樣勝過抑鬱症**。甚麼具體事情以前曾帶來幫助？現在你覺得甚麼會對你有幫助？寫筆記，或者將你的想法寫在日記內。

給家人

要緊記，不應該怪責任何人。

✓ 記得抑鬱症不是任何人的錯，為甚麼是那麼重要？因為抑鬱症的其中一個特點是無望。

✓ 你愈怪責自己或別人，就愈難幫助你患抑鬱症的家人或朋友，他們也會愈深地陷入無助和憂鬱中。你愈感到羞耻，愈不可能給他們幫助。

✓ 因此要緊記：不應怪責任何人——**每個人**都可以提供幫助。你一旦將「不應怪責任何人」這句真言牢牢地存放在心裏，便可以開始用我在以下各章所描述的那些方法，幫助你愛的人征服抑鬱症。

註釋：

1 M. D. Yapko, *Hand-Me-Down Blues* (New York: Golden Books) , 16.
2 D. Regier, Narron W. E., Rae D.S., Manderscheid R. W., Locke B. Z., and Goodwin F. K., " The de facto US Mental and Addictive Disorders Service System, " *Archives of General Psychiatry* 50 (1993) : 85～94.
3 J. Fawcett, " The Morbidity and Mortality of Clinical Depression, " *International Clinical Psychopharmacology* 8 (1993) : 217～220.
4 R. Dayringer, *Dealing with Depression* (New York: The Haworth Press, 1995) , xvi.
5 U. S. Department of Health and Human Services, *Depression in Primary Care: Vol. 1: Detection and Diagnosis*. Clinical Practice Guideline No. 5 (1993) , 21.
6 William George Clark and William Aldis Wrignted., *The Complete Works of William Shakespeare* (New York: Grosset & Dunlap, 1911) , 181.
7 Alexander Lowen, *Depression and the Body* (Baltimore, MD: Penguin, 1973) , 21.
8 H. Tellenbach, *Melancholy* (Pittsburgh, PA: Duquesne University Press, 1980) , 5.

9 Mary Louise Bringle, " Soul-Dye and Salt: Integrating Spiritual and Medical Understandings of Depression, " *Journal of Pastoral Care* 40: (1996) , 331.

3

抑鬱症的各方面

在這一章你會：

- ✓ 停下來思想一個可能令你驚訝的重要事實：抑鬱症似乎完全是關於感受的，但可惜以我們的情感作為資料和理解的源頭，是不可靠的。
- ✓ 將你對抑鬱症的成因和徵兆的見解組織起來，可以分為四方面：生理（你的身體）、認知（你的思想）、行為（你所做的）和人際（你與人的關係）。
- ✓ 明白性別和抑鬱症之間的關係，以及為甚麼女性患抑鬱症的可能性比男性幾乎高一倍。
- ✓ 知道抑鬱的人經歷屬靈生命上的某種死寂或枯乾是完全尋常的，從而找到靈性上的安慰。

成為你是怎樣的？

你好像雪花；沒有其他人和你完全一樣。有些人對於憂鬱症的主要經驗，對你來說可能只是次要問題，反過來也一樣。要克服抑鬱症，首先需要明白你以甚麼獨特的方式經歷生命中的低潮。接著你便能夠集中在你個人的重要問題上，沿著你個人的大路前進，不會迷失在橫街中。

其他人的憂鬱症經驗不會和你的完全相同——但

你不是惟一忍受這些感受的人。想一想當你讀到一篇文章或看到一個電視節目，是有關抑鬱症患者的。或許你曾對自己說：「是的！那就是我！我那樣做！」

你是獨特的，但並不古怪。與抑鬱症搏鬥的人都表示有相似的癥狀。一個人不大可能會呈現所有癥狀。一個人可能總是感到筋疲力盡，與別人談話也有困難，但睡眠狀況卻不受影響。另一個人可能十分憂愁，在以前喜歡的活動裏不再找到滿足感，但卻幾乎沒有其他抑鬱的徵兆。

感受的問題

抑鬱症可以似乎是完全關乎感受的，不是嗎？你往往感覺很糟。有時你感到愉快，但你沒有留意它，或你不信任它。其他時候，你可能完全沒有感覺。

感覺很糟

有時抑鬱症令人難受。它可能令人身體不適。你可能會經驗無法忍受的頭痛，難以解釋的身體小毛病、關節和肌肉痛、噁心、抽筋、胃痛等等。

它也可能令人在情感上受傷害。或許你總是感到憂愁，為了小事或無緣無故哭泣，憎恨自己，感到孤單和與朋友及家人疏遠，對以前不怕的事情感到害怕。你可能經歷驚恐發作、懷疑、憎恨、憤怒，或沒有原因、錐心的哀傷。

沒有感覺

有時抑鬱症的狀況好像麻木的狀況一般。你沒有感覺。你並不特別感到憂愁；事實上，你不肯定自己是否有任何感覺。沒有事情使你大怒，也沒有事情令你興奮。對你應該愛的人，你也感覺不到自己有多少愛意。電影、旅行、聚會、慶祝，都不能令你感興趣——你寧願留在家裏。你對生命沒有多少期望，也沒有多少得益。

或許你寧願沒有感覺。或許太長時間以來，「感覺」都表示「感到痛苦」，你現在（有意識或無意識地）寧願你情感的神經末梢死去。這似乎更安全。但感到痛苦即是仍生存。你可以逃避它，但**每個人**都感到它存在。

你說「每個人」？你觀看周圍各處，看到人們似乎蒙福。他們愛的人都仍然在生。他們有足夠金錢。他們微笑。他們有好的工作。他們走出世界，好好發揮作用。他們似乎自信和快樂。

但永遠不要忘記：這些人也感到痛苦。他們感受過得不到愛、不被尊重、沒有人注意。他們經驗過身體的痛楚、憤怒、被拒絕、失敗和疏離。這些人和你有甚麼分別？

好吧，或許他們有更多錢，但也不一定。他們可能夠幸運，選擇了一生都忠誠和愛他們的伴侶。或者他們離了婚，但繼續上路。他們可能天生有能力幫助他們容易地過活，但同樣可能的是，你和他們一樣聰明和有天賦。

為甚麼這些人沒有困在意志消沉的泥沼中？可能他們的基因沒有較易患抑鬱症的傾向。可能現在他們比較順利。可能他們簡單地接受痛苦是生活的自然部分，沒有停留在那裏，懷著盼望面對將來。

有點感覺

噢！你生命中有些痛苦。你真的想停止所有感覺，作為痛苦以外的選擇嗎？很可能不是，如果你在閱讀這本書的話。有點感覺——任何感覺——就是活著。有時感覺是痛苦的。有時是平靜、快樂、憤怒、焦慮、愉快、愚蠢、浪漫、憎恨、充滿愛、盛怒、發狂、猶豫、害怕、自信或憂愁。

我們有時都會沒有感覺。或許每天某些時候（例如清晨，如果你好像我的話，你一定不是早起的人），我們都沒有感覺。但如果你受困於沒有感覺的慣性裏，你便不是完全地活著。你沒有作出貢獻，你沒有發揮功用，你沒有運用你的天賦，你沒有經驗生命的全部。你曾否對自己說：「我不如死去算了」？**喂**，你需要重新開始有感覺。

感到愉快

不是每天的每一分鐘，但至少有些時間，**你可以感到愉快**。這似乎是不可能的。最初可能不會經常發生。可能不會維持很久，直到你學懂怎樣做，但你做得到。那不是不可能的。我們應該在大部分時間都有愉快的感覺，雖然不是所有時間都這樣。感到快樂、滿足、滿意、富生產力和得到愛，不單是可能的，也可以發生在你身上。是的，你可以學習有愉快的感覺。繼續讀下去吧。我會讓你知道可以怎樣做。

感覺可以騙人

抑鬱症可能顯得全是關乎感覺。事實上，與憂鬱症搏鬥的人有時看來幾乎是膜拜他們的感覺。可惜，以我們的感覺作資料和理解的源頭，是不可靠的。你愈容許你的感覺控制你，它們便會變得愈不可靠。

每個人都是這樣，但如果你抑鬱，情況便會給放大。感覺制服你，而你又選擇相信它們時，你便排除很多重要資料在外，例如事實、觀察、專家意見和能夠改善你觀點的證據。你的感覺可能是由你身體的生理改變產生的。這些感覺可能遭負面思想扭曲。它們可能要你做某些行為（留在牀上，放棄嘗試，經常哭），令你的情緒更低落。

要勝過抑鬱，**你必須學習健康地不去信任你的負面感覺**。跟你對關於抑鬱症的書籍的期望不同，我們不會談那麼多有關感覺的事；相反，我們會集中在抑鬱症的特點上，是你有一些能力去改變的。

那些低落的情緒的成因和呈現，可分為四個類別：生理（你的身體）、認知（你的思想）、行為（你所做的）和人際（你與人的關係）。評估你自己的抑鬱症狀況時，重要的是看這四方面。專注於一個明顯的方面，而忽略其他幾方面，可能會錯失一個重要關鍵，去征服你的抑鬱症。

存在：抑鬱症的生理方面

在我的情況，最早顯示抑鬱症出現的，是我打短柄牆球時的情況。我在球場走動或打球時，不能如平時那樣快速。在我感受到「低落」的情緒或有負面思想前，我的身體已經顯示抑鬱症的影響。

抑鬱症不單有生理**成因**（這些會在第六至八章討

論）；它也有生理**影響**。這些影響包括身體的很多系統都整體減慢。你減慢時，情緒也可能變得較低落。或許是你身體的問題引致情緒低落；哪一樣先出現，並不完全清楚。

言語

抑鬱的人説話可能比平時慢，聲調會較低。嚴重抑鬱的人有時以平淡、沒有生命氣息的單調聲音説話（如果他們説話的話）。

精力

有些憂鬱症患者説，他們總是感到筋疲力盡，甚至在休息後也是這樣，也沒有精力做所需做的事，以對付他們的低落情緒。

疾病

其他人忍受持續的疾病，但身體並沒有明確的問題，或可能受頭痛、便祕或腹瀉之苦。

焦慮

你晚上檢查門鎖多少次？你是否緊張，擔心別人不喜歡你，或你會被解僱，或你有致命的疾病？你是否害怕一些模糊、不可名狀的壞事會發生？有些人的抑鬱症是伴隨著不安和恐懼的，雖然肯定不是所有人都會這樣。

胃口

對很多患抑鬱症的人來説，從進食而來的感官的喜樂消失了。即使美味、香辣的食物，也似乎淡而無味和無趣。他們可能吃得很少，體重大幅減少。其他人則可能在抑鬱時吃得更多，狼吞虎嚥吃大量食物，但卻沒有得到多少感官上的快樂。

性慾

憂鬱症可以令人性慾減低；嚴重抑鬱的人可能完全失去性慾，視性為入侵他們的私人世界。

睡眠困難

你有沒有在凌晨時分仍然清醒？很多抑鬱症患者都有睡眠障礙。失眠十分普遍，特別是早上很早醒來，不能再入睡。早上醒來是抑鬱症患者尤其最常見的睡眠困難。事實上，它是那麼常見，以致每個評估抑鬱症癥狀的人都需要問：「我的睡眠模式有沒有改變？我有沒有很早醒來，不能再入睡？」

少數抑鬱的人睡得比正常為多——每天多達十四至十六小時，甚至更多，不過往往不是在正常的就寢時間睡覺。我認識一些人在凌晨一兩點入睡，醒來時剛好可以送孩子上學，然後再睡到孩子下課回家時。

思想：抑鬱症的認知方面

我已經指出，信任你的負面情緒可以是危險的。可惜對抑鬱症患者來說，在情緒低落時，你也可能無法信任你的思想。抑鬱症影響人們的思想；他們傾向扭曲和錯誤詮釋現實。人們往往說，你的感覺就是你的現實。抑鬱的人對周圍一切都有扭曲了的看法——而那些扭曲通常都是負面的。

事件

憂鬱症患者以失敗、威脅、遺棄或剝奪，來詮釋發生在他們身上或他們周圍的一切事情。對瑪格（Margo）來說，如果朋友不回覆她的電話，那表示朋友迴避與她通話，拒絕她這個朋友。她的狗因為年紀老邁而死去時，是上帝在懲罰和遺棄她。瑪格去一個辦公室聚會時遇上交通擠塞，她便認為每個人都會十分憤怒，會説她壞話，不會再邀請她。與別人的業務往來，中性、甚至是正面的，她都視為災難。

自我

抑鬱的人往往視自己為沒有用、可悲、不幸、得不到喜愛或無助的。與別人比較時，他們覺得自己有缺乏。他們通常沉溺在自責和自我批評中。他們往往放大自己的錯誤——正如魯迪（Rudy）的情況那樣，他因為一時疏忽而冒犯了一個客人，然後很快就走到老闆的辦公室，遞上辭職信。內疚的感覺好像烏雲一樣，停留在他們頭上。

將來

憂鬱症患者可能視將來為過去和現在的一切壞事的延續。或者他們完全不能看見將來。他們往往發覺很難集中精神。他們可能猶疑不決，花很多時間嘗試作出選擇，找尋完美的解決方法或惟一正確的路。他們主要專注於過去。他們感到無望，負面地看將來，視之為持續的苦難和痛苦，感到受困。對他們來説，時間明顯不能醫治所有傷口。

他們看不到一個處境的細節(「朱莉〔Julie〕不回覆電話;她一定是外出購物了」,「我的狗在十四歲時死去;我很掛念牠,但對一隻狗來說,那已相當長壽了」,「我打了一通電話,其中所作的判斷很差,因而失去一個客戶,但我可以從錯誤中學習,下次做得好些」),卻有時全面地思想(朱莉不是外出購物;她在篩選來電,不想和我談話)。當全面的思想混合了責備和對現實的負面的扭曲時,可能令憂鬱症患者花很多清醒的時間,沉思各種可怕的可能性(參第九至十一章)。

人們對他們不能控制的事情有不好的經驗時,這種負面思想便往往開始產生。在短得驚人的時間內,他們不再嘗試改善情況。他們假設自己會失敗,放棄任何希望。他們視目標為使人氣餒或懾服的,看不到任何微小、可以實現的步驟去實現他們的目標,因而轉身離開。

這個觀念以微小但明顯的方式表達出來,當時我們居住在亞利桑那州(Arizona),我們的女兒克麗絲汀(Christine)在讀小學六年級。我們從車房將汽車倒後駛出來,準備到不遠的加利福尼亞州(California)探望祖父母;克麗絲汀的任務是將車房的門拉下來鎖上。我們從車上看出去時,她向上望向繩子,那條繩子已經斷了,懸掛在上面,跟她可觸及的範圍約相差十寸。她停下來,轉身,給我們一個請求的表情。這時我們其中一人很容易就可以下車,說:「親愛的,那對你來說太高了」,然後代她做那件事。但我們卻坐在那裏向她微笑。我向她舉起手,手掌向上,彷彿在說:「試一試吧!」

克麗絲汀的第一個反應是惱怒,但看見我們沒有任何幫助她的行動，她找到某件東西，站在上面將門拉下來。任務完成，她自信地跳上車子，臉上完全沒有前一刻所流露的無助和煩躁。

宗教

根據我個人和臨牀的經驗，那些與抑鬱症搏鬥的人以同樣負面和無望的態度看上帝和宗教。雖然宗教不單建基於認知，但抑鬱的人有時特別受到懷疑所困擾，甚至會完全失去他們的信仰。要與詩人一起說：「我的指望在乎耶和華」，對他們有困難。較早時無數逆境、甚至悲劇都不能動搖的堅定信仰，在抑鬱症的壓力下可能會崩潰。

自殺

抑鬱症患者對世界的看法，可以引致自殺的思想產生。如果生命好像無盡和不能減輕的長期苦難，一個人可能會錯誤地視自殺為有好處的做法。

實行：抑鬱症的行為方面

在一天結束時，你是否往往感到自己所完成的事沒有多少？在一天的早上或任何時間，你是否會為找精力去起來行動而掙扎？你以前參與的一些正常活動，是否開始顯得毫無意義？

做得較少

抑鬱症患者一般都是做得較少。他們較少展開自發的活動。他們可能花更多時間坐著，凝視空間，或者無聊地看電視，翻雜誌，或打瞌睡。如果他們實行好像禱告、默想或讀經等屬靈操練，也是沒有熱誠的。有時他們完全放棄屬靈的活動。

逃避

和較低活動量有關的是，傾向迴避或逃避生活平常的模式或日常事務。例如：我抑鬱時，我所有的日常活動都顯得沒有用、沉悶和沒有意義。我有我的「大眾（Volkswagen）麵包車」感覺。我想將睡袋和釣魚用具拋進露營用的麵包車，匆匆到湖邊或山上去。不要有任何限制；我想起來時就起來，想釣魚時就釣魚，想睡覺時就睡覺，做我那刻喜歡做的事。「我想」成了我的真言。

失去意義

在小說《綠色旅程》（*A Green Journey*）中，哈斯勒（Jon Hassler）[1]讓我們了解日常活動的意義失落，這是抑鬱症患者經常經驗到的。蘭迪（Randy）是一個抑鬱的年青人，他剛結了婚，在保住工作方面有困難。他太太珍妮特（Janet）的新工作是在學校任職祕書，她做得十分成功，對蘭迪的抑鬱感到疑惑。

> 有時，珍妮特獨個兒在校長辦公室，沒有甚麼工作做時，心裏會想起蘭迪，嘗試找出他抑鬱的原因。是她有錯嗎？是他父母的錯嗎？不，他鬱鬱不歡的日子出現又消失，與他頭腦以外的事情似乎沒有關係。珍妮特想到，一個房地產經紀學徒失去對房地產的信念，這是多麼不幸啊。

「珍妮特，擁有物業是甚麼意思？它實際上是甚麼意思？」最初這些話令珍妮特覺得有趣，後來卻變得討厭，他覺得一切平常事情都荒謬。不單是珍妮特感到厭煩。在辦公室裏，蘭迪問到在生命的更大背景下，稅項和利率帶來甚麼分別，令他父親大吃一驚……

誠然，今年不是賣房子的好時機（利率上升，就業率下降），但蘭迪不能在最好的時機將A級牛奶賣給該死的乳品廠，正如蘭迪的父親在十二月對蘭迪的母親的解釋，當時他辭退蘭迪，安排蘭迪到四號公路的「煎鍋漢堡」（Burger Skillet）做夜班廚師。

在一月，蘭迪失去「煎鍋漢堡」的工作，不是因為他應付不了晚間緩慢的交易，而是因為他看不見在生命的更大背景中，漢堡包會帶來甚麼分別。

不能應付

抑鬱的人不單對日常活動失去興趣，他們也沒有能力應付每天的實際問題。人們本來能夠更換水龍頭的墊圈，為孩子尋找遺失了的手套，或者處理網上商店攪亂了的訂單，現在卻感到這些簡單的問題難以解決。他們可能會一哭就幾小時。他們可能表現得像要放棄一般。

過度活動

雖然最常見的行為反應是不活動，但也要記得有少數抑鬱的人不是做較少工作，而是變得過度活躍、進取，或者有強迫性的行為。因為他們想像出來的錯事，他們可能向雜貨店職員和各司機高聲呼喊或咒罵他們；他們可能連續幾小時踱來踱去，或者將書架上已經很整齊的書，或茶几上已經很整齊的雜誌，不斷重複弄整齊。某種意義上，這種過度活動實際上是不活動，因為它沒有生產力、是浪費的，有時甚至有害。（抑鬱症的行為方面，載於第十二至十四章。）

關係：抑鬱症的人際方面

抑鬱症對你有很大影響，但它對你周圍的人也有影響（尤參第十五至十七章）。低落情緒有沒有影響你的婚姻或家庭生活？它有沒有阻礙你花時間與朋友或親人在一起？人們有沒有嘗試給你安慰或建議——無論是好像「你應該看醫生」這樣的好建議，還是好像「振奮起來吧」或「希望找到一線希望？」，這些懷著好意但簡單化的陳詞濫調？對你的冷漠、憂愁、或你缺乏精力，有沒有人表達關心（或煩厭）？

負面

蒂龍（Tyrone）在州際公路駕駛時，一隻小鳥飛到他汽車的護柵。他第一句說的話是：「啊，我的散熱器報銷了！」他老闆退休時，蒂龍向所有願意聽他說話的人表示自己會失業。他太太告訴他，自己會去探訪姊妹兩個星期。蒂龍哭起來。「我早已知道你不再愛我。你想離開我，但我不怪你。我令你的生活太苦。」

好像蒂龍這樣的憂鬱症患者，傾向負面地看自己、事件和將來。[2] 這負面視角擴展到關係之中，誇大壞事而忽略好事。

付出較少

抑鬱症患者的心靈和身體能量也降低，因此在關係中較少付出。他們不能夠實行人們互相給予的、小小栽培的行為——微笑、通電話、打招呼、深思的意見。他們可能對周圍的人大發脾氣，有時是突然間這樣做，而且是沒有明顯原因的。

煩躁、疏忽和負面的人，是不受歡迎的同伴。缺乏耐性和體諒的人可能避開抑鬱症患者，因為他們不明白，或者因為他們感到不安，不知道怎樣提供幫助。

倚賴

有些抑鬱症患者變得十分倚賴。他們感到無助和無望，更可能倚賴別人，為他們提供他們認為無法供給自己的東西。

例如：喬安娜（Joanna）拒絕離開家裏，花大部分時間留在牀上，或坐在殘舊的躺椅上。她女兒帶飯給她，替她清潔房子，安排人替她剪草和剷雪，並替她支付帳單。家人尋求外面的幫助時，喬安娜不再照料自己的個人衞生；她惟一繼續自己做的事情是去廁所。

退縮

其他與抑鬱症搏鬥的人，經歷失去情感依附（emotional attachments）——包括與別人聯繫的渴望，以及因為他們不與別人交往，他們也失去建立關係的實際機會。以羅伊娜（Rowena）為例，她篩選所有電話，只接電話推銷員的來電，不聽任何她認識的人的來電。她逃避邀約。如果她在路上見到自己認識的人迎面走來，便會立即走到街道的另一邊。在她完全不上教堂前，她總坐在後面，在崇拜結束時匆匆離開。

會與人交往的抑鬱症患者，往往有人際間的問題。他們可能不以負責任的方式向別人表達自己的感受。他們可能感到難以堅持自己的意見，或者走向另一個極端，可能很容易便大發脾氣。

一個有點極端的例子，朱尼爾（Junior）抑鬱時，會揮動拳頭、咒罵人，如果其他司機駕駛得太快或太慢，在黃燈前停下或衝過黃燈，用手提電話或駛入他的行車線，他偶然會向他們豎起中指。一部自動提款機吞了他的信用卡時，他將提款機打爛。在家裏，當他發現一隻碟上有乾了的蛋時，便將碟子打爛；下雨後大門卡住時，他在門上踢出一個洞；孩子太吵鬧時，他向他們大叫。

家庭問題

我們往往很難判斷，究竟是抑鬱症引致家庭問題出現，還是家庭問題引致抑鬱症形成。但我們知道，抑鬱症可能在重大的婚姻衝突後出現，而人們在重要的關係結束後，特別容易患抑鬱症。

拉爾夫（Ralph）的妻子厭倦了他沮喪的樣子，遺棄了他，拉爾夫變得更消沉，不能從深淵中走出來。他患上了很多身體上的小病，有些是真的，有些是想像出來的。最終，拉爾夫死於腸臟扭曲（雖然他告訴他的兄弟，是他的心碎了）。

幾個研究顯示，婚姻或家庭問題往往在抑鬱症的時期前出現。[3]做更多研究會有助了解這個雞和蛋的問題，但有一件事是清楚的：相比那些在婚姻裏頗為順利的人，遇上婚姻問題的人較有可能出現抑鬱症癥狀。如果一個女人視自己與丈夫的關係為令人不滿意的，她有百分之五十的可能性會患抑鬱症。[4]

對孩子的影響

父母患抑鬱症可以對孩子產生嚴重影響，很多在學校裏有問題的孩子，或被帶去接受輔導的孩子，都被發現他們的父親或母親患憂鬱症。幾個研究直接觀察父母和子女的互動，顯示抑鬱的父母較少回應子女，較難解決父母和子女之間的衝突。[5]

性別和抑鬱症

女性患抑鬱症的可能性幾乎是男性的兩倍。性別的差異不單在美國出現，也在世界各地很多其他文化裏出現（只有幾個發展中國家，如津巴布韋、新幾內亞和伊拉克例外）。抑鬱症在三十多和四十多歲的女性中特別普遍。為甚麼女性比男性更常抑鬱？現在仍未完全清楚，但有幾個可能的原因。

生理方面的原因

對接受抑鬱症的生物學/化學/基因理論的人，賀爾蒙失衡是最普遍的解釋。研究結果多種多樣；現在仍未清楚賀爾蒙的變化是否觸發抑鬱症形成。（參第六章有關賀爾蒙的一節。）

社會方面的原因

女性患抑鬱症的數字較高的第二個理論是社會性（societal）的。根據這個觀點，女性經歷抑鬱症是因為男性和女性之間的權力差距。有些理論家相信，性別歧視令女性貶低自己，令她們更容易患抑鬱症。[6]

不過，研究仍然未顯示，性別歧視確實引致抑鬱症形成。我們需要找出，為甚麼其他受壓迫羣體患上憂鬱症的數字沒有比平均水平更高。我們也需要研究查明，為甚麼某些發展中國家的女性，例如津巴布韋和伊拉克（其中女性享有更少個人權利）的，比北美和西歐的女性較少患抑鬱症。

心理上的差異

思考和應付行為（coping behaviors）是第三個解釋。研究顯示，女性處理壓力的方法與男性不同；不過她們似乎並沒有比男性經驗更多壓力。事實上，女性對生命裏帶來壓力的事件的看法，似乎和男性相似。

這個理論裏一個令人更有希望的不同，是與應付的方式有關。有些研究人員發現，女性傾向談論自己的感受和沉思自己情緒低落的成因。男性則可能去打籃球、修理引擎，或者做一些事令自己分心。[7]

這些差異對抑鬱症有影響嗎？到現時為止，沒有決定性的證據顯示，為甚麼女性比男性更多經歷抑鬱症——只知道她們就是這樣。

神枯

抑鬱症也影響靈性（參第十九章）。抑鬱症患者在屬靈生命中經歷某種死寂或枯乾，並非不常見的事。他們可能感到上帝遺棄了他們。他們可能停止禱告，避免參加崇拜，放棄閱讀神聖的經典。

莉比（Libby）是虔誠的天主教徒，她在發現任何抑鬱的癥狀前感到這種神枯（spiritual desolation）。她的信仰是她生命意義的主要來源。她與上帝的溫暖關係變得冰冷時，她感到孤單和被遺棄。接著其他憂鬱症的癥狀出現；我們不清楚是她的靈性枯乾觸發抑鬱症形成，還是這靈性枯乾是最早出現的癥狀。可幸莉比的神父幫助她看到，大部分敬虔的人，甚至是專注於靈性生命的修士和修女，都會經歷同樣的枯乾，有時感到上帝缺席。莉比學習去接受，即使她不能**感受**到上帝同在時，上帝也與她一起。

你並不孤單。是的，抑鬱症令人難受。你的存有的每一方面都受到不快的情緒影響。但很多人克服了抑鬱症，你也可以克服它。你可以有不同的思想，不同的行動，不同的關係。你的憂鬱症不是你人生的最後一章。繼續讀下去吧。

行動

成為你，會是甚麼樣的？

- ✓ 拿出一本記事簿或日記，現在開始用文字回答這個問題：成為你，會是甚麼樣的？你不需要將答案交給任何人看，所以毋須擔心寫錯字或語法上的問題。只需要把它寫下來。
- ✓ 寫下你的抑鬱症經驗是怎樣的。
- ✓ 你的抑鬱症對哪方面影響最大——你的思想、行為、身體還是關係？寫下來。

✓ 隨身帶著筆記簿幾天，當你有另一個想法時，可以立即寫下來。

給家人

不要等別人問你；在時間許可下儘量找多點資料。

✓ 按這章描述的抑鬱症的四個特點做評估：身體、思想、行為、關係。哪個最影響你所愛的人？怎樣影響？對家人又有甚麼影響？對你有甚麼影響？你可以用自己的日記寫下答案。

✓ 收集關於抑鬱症的資料。跟第二十二章裏列出的一些資源聯絡。看那章的網頁，致電有關當局，或者與機構談談，如你本地的精神健康協會。記下筆記。

✓ 製定一張幫助者清單，是你或抑鬱症患者（或兩者）在需要時可以向他們求助的。預備好清單，以備需要時使用，或者在你所愛的人突然願意尋求外來協助時使用。關於怎樣找到好幫手（牧者、治療師、精神科醫生），參第二十二章的提示。

✓ 將關於抑鬱症的有用書籍、文章或錄音帶放在家裏各處，讓抑鬱症患者（在有動力時）拿起來看或使用。很多抑鬱症患者不想讀到關於抑鬱症的東西，但一扇打開的窗或好奇心可能會在你最意想不到時出現。因此，重要的是要將資源放在方便使用的地方（參附錄二的有用書籍及文章的清單）。

註釋：

1 Jon Hassler, *A Green Journey* (New York: Ballatine Books, 1985) , 44～46.
2 Brown G. Beck, Steer R. A., Eidelson J. I., and Riskind J. H., *Cognitive Therapy of Depression* (New York: Guilford Press, 1979) .
3 F. W. Ilfeld., " Current Social Stressors and Symptoms of Depression, " *American Journal of Psychiatry* 134 (1977) : 161～166. S. R. H. Beach and Nelson G. M., " Pursuing Research on Major Psychopathology from a Contextual Perspective: The Example of Depression and Marital Discord," in *Family Research*, Vol. 2., ed. by Brody G. and Sigel I. E. (Hillsdale, NJ: Lawrence Erlbaum, 1990) , 227～260.
4 S. R. H. Beach and Nelson G. M., " Pursuing Research on Major Psychopathology from a Contextual Perspective: The Example of Depression and Marital Discord, " 227～260. M. M. Weissman and Klerman G. L., " Sex Differences in the Epidemiology of Depression, " *Archives of General Psychiatry* 34 (1985) , 98～111.
5 T .Field, B. Healy, S. Goldstein, and M. Guthertz., " Behavior-State Matching and Synchrony in Mother-Infant Interactions of Non-depressed Versus Depressed Dyads, " *Developmental Psychology* 26 (1990) : 7～14; D. Gordon, D. Burge, C. Hammen, C. Adrian, C. Jaenicke, and D. Hiroto., " Observations of Interactions of Depressed Women with Their Children, " *American Journal of Psychiatry* 146 (1989) : 50～55; Radke-Yarrow, M., E. Nottlemann, B. Belmont, and J. D. Welsh., " Affective Interactions of Depressed and Non-depressed Mothers, " *Journal of Abnormal Child Psychology* 21 (1993) : 683～695.
6 C. C. Neuger, " Women's Depression: Lives at Risk " in *Women in Travail and Transition*, ed. M. Glaz and J. S. Moessner (Minneapolis, MN: Fortress Press, 1991) , 150.
7 S. R. H. Beach, E. E. Sandeen, & K. D. O'Leary, " A Randomized Clinical Trial of Inpatient Family Intervention: V. Results for Affective Disorders, " *Journal of Affective Disorder*, Vol. 18 (1990) : 15.

4

化裝舞會：抑鬱症和其他疾病

在這一章你會：

✓ 明白有甚麼其他狀況往往與抑鬱症同時出現。

✓ 知道更多關於酒精和抑鬱症的事情。

韋羅妮卡（Veronica）不認為自己有抑鬱症。對她來說，抑鬱症跟精神病太相似了，而她知道自己沒有精神病。

但韋羅妮卡也知道有些事情不妥。她晚上睡得很少，工作時卻經常打瞌睡。她是個聰明的女子（她祖父叫她「小機靈」），但現在她的思想顯得模糊。每當有事情出錯——即使有如雞蛋掉到地上，或沒有石油氣等日常小事故——韋羅妮卡都會發呆，想不到應該怎樣做。

韋羅妮卡是否抑鬱？有時抑鬱症和其他狀況同時出現。看幾種和抑鬱症有關——或偽裝成抑鬱症——的失調吧。

焦慮

你心裏不安。你總感到心慌。你手心冒汗，你的心跳得很快，你的頭很重，你肩膀疼痛，你雙膝顫抖。或者你不能集中精神。你可能呼吸困難，說更多話，或說更少話。或許你有潰瘍、結腸炎或消化不良。你從一個任務跳到另一個任務，或甚麼也不做。這些都是焦慮在身體方面的癥狀。

甚麼是焦慮？它和恐懼十分相似。你察覺到某種威脅——失敗的威脅，尷尬的威脅，失去工作的威脅，或者某種不知的、沒有明顯原因、你也不能說出是甚麼的威脅。你不相信你有能力應付那危險。或許你不知道威脅從何而來，或何時來到。

你那些居住在洞穴的祖先遇過十分真實的威脅，例如老虎的攻擊，腎上腺素流入他們的血管，他們不是逃走，便是攻擊那野獸。你血液中有腎上腺素，但沒有野獸要攻擊，也沒有地方可以逃跑。你只是害怕。你也可能是抑鬱。

大約有百分之二十五的抑鬱症患者，在抑鬱期間有高度焦慮。百分之十到二十的患者經歷恐慌——突然、強烈的恐懼。他們可能呼喊、奔跑、躲藏或顫抖得很厲害。他們的驚恐感覺是真實的。[1]

抑鬱症可以引致焦慮，焦慮也可以引致抑鬱症形成。人們焦慮的時間愈長，愈有可能也有抑鬱。事實上，有些研究人員視焦慮和抑鬱為一種失調，一體的兩面。[2]而且，有些抗抑鬱藥物可能引致副作用，帶來焦慮的一些癥狀。其他抗抑鬱藥物則減少焦慮（參第九章對這些藥物的討論）。

你的醫生站在你那邊	**如果你患抑鬱症：**告訴醫生。如果有需要，帶同可以代表你說話的家人或好朋友。如果你正服食抗抑鬱藥物，同時也經歷一般的焦慮、恐慌或恐懼外出到公眾地方，**你必須告訴醫生，你有這些感覺**。有藥物可以同時對付這兩個問題的。

飲食失調

受飲食失調困擾的人很可能有或患上抑鬱症。對很多人來說，好消息是醫治抑鬱症的藥物往往對飲食失調也有幫助。一個受食慾過盛問題困擾多年的女士說：「我開始服食百憂解（Prozac）後，清腸胃（編按：即以嘔吐或吃瀉藥等方式，清除吃下的食物和熱量）的衝動減到能夠控制的地步，最終我不再大吃大喝和清腸胃。」

進食是必需和重要的。在我們的生命中，它供應能量、營養、友情、審美的愉悅和享受。當進食本身取而代之變成目的（而不是為了營養、友情等）時，它便變成問題。

有飲食失調的人對食物執迷。他們下班後回家，可能打算在晚上做一些家務，但卻開始進食——很快一晚便過去了。他們可能拒絕社交約會的邀請，留在家裏吃東西。他們對進食有不好的感受，這令他們更想進食。這是一個反映抑鬱症的惡性循環。

飲食過量/超重

飲食失調有三個主要的類型。令人驚訝的是，最常見的飲食失調**顯然**是飲食過量——不是厭食或食慾過盛。它的主要癥狀是肥胖。

事實上，正如衛生局局長最近宣佈的，因為超重而損害自己健康，患上如糖尿病、心臟病、中風、甚至癌症等各種疾病的人，比所有食慾過盛和厭食的人的總和更多。與吸煙相比，飲食過量和超重似乎可能引致更多健康問題和短壽。

神經性厭食症

你在《人物》(*People*)雜誌的封面上看見他們：骨瘦如柴的名人，看起來與飢民十分相像，配上昂貴的髮型和浮誇的衣服。令自己捱餓的人(有時甚至餓死)不是苦修士。他們的克己不是屬靈操練。實際上，厭食是一種對食物的執迷。受它折磨的人可能不大吃東西，但他們往往會為別人煮大餐，計劃精美的菜單，仔細讀食譜，並偶然大吃大喝和清腸胃。

食慾過盛

在某些方面，食慾過盛和厭食相似。兩者都涉及對食物的執迷。兩者都可以引致健康出現問題。不過，食慾過盛的人傾向大吃他們希望吃的食物，然後清腸胃，方式是做過量運動、嘔吐、服食大量瀉藥、或者令自己在一段時間內嚴重地吃得過少。他們的體重往往是波動的，但通常都在正常範圍內。

飲食失調和抑鬱症

飲食失調往往與抑鬱症互相配合，因為它們容許人：

✓ 逃避現在

✓ 迴避責任

✓ 無視現實

✓ 拖延任務

✓ 相信他們的負面思想

✓ 離羣

有飲食失調的人不一定是抑鬱的，但對食物的執迷肯定會令對付抑鬱症的難度提高。

參二十一章	**如果你除了抑鬱症的癥狀外，還有飲食失調的問題：**我強烈建議你參加匿名進食過量者（Overeaters Anonymous）的聚會，這個計劃以戒酒無名會（Alcoholics Anonymous）的原則為藍本（www.overeatersanonymous.org）。如果你有需要，約見治療師，幫助你製定策略控制你的飲食失調和抑鬱症。如果進食令你更飢餓，考慮在飲食中減少攝取糖、澱粉質和酒精，因為這些食物會引致胰島素釋出，流入你的血管，從而減低血糖含量，製造無法滿足的飢餓感覺。[3]

強迫性神經官能失調

抑鬱症其中一個最特別的特點是，執迷地想著過去的事件。患強迫性神經官能失調(Obsessive-Compulsive Disorder〔OCD〕；或稱「強迫症」)的人，比有飲食失調的人更有可能抑鬱。

積尼．高遜(Jack Nicholson)在電影《貓屎先生》(*As Good As It Gets*)中扮演一個有強迫性神經官能失調的人，贏得奧斯卡獎項。他的角色尤德爾(Melvin Udall)從不踩到人行道的縫隙上，吃早餐時帶自己的餐具到餐廳，不能忍受他死板的日程被改變。我們漸漸明白他畢竟不是那麼刻薄的人，他只是個病患者，盼望將來會更美好。

這症有時被稱為「懷疑的病症」，因為強迫性神經官能失調的患者會懷疑自己，懷疑沒有問題的事情，為細崗而苦惱，不斷為所有事情而擔心。

維基(Vicki)正是一個這樣的懷疑者。她不斷擔心衛生紙不夠。她用來放亞麻布製品的壁櫥放滿衛生紙。洗滌槽下面的貯物櫃塞滿衛生紙。她也將衛生紙放在閣樓和牀下。雖然已有這麼多，但每當維基外出購物，她仍然懷疑家裏的衛生紙是否足夠。無可避免地，她又買一包十六卷的衛生紙。

強迫性神經官能失調可能只是抑鬱症的另一個面孔。美國食品及藥物管理局授權用來醫治抑鬱症的很多藥物，也可以幫助患強迫性神經官能失調的人。

如果你懷疑自己患強迫性神經官能失調及/或抑鬱症：
約見你的主診醫生，接受檢查及與他或她談論這事。

如果你害怕毫不隱瞞地談及你古怪的衝動和執迷，把這些事寫在卡紙上交給醫生，或者帶同一個朋友前去，代你說話。做這本書的練習，特別是第十二章的。一旦你知道還有其他選擇，你的執迷和強迫性行為便不會長期將你困住。

哀傷

哀傷不是抑鬱——雖然哀傷的人通常經歷抑鬱的癥狀一段時間。不過，未能充分除掉的哀傷，有時可以引致抑鬱症形成。

哀傷的人往往描述，在損失後有陣陣好像抑鬱症的癥狀，出現又消失，強烈和頻密程度都逐步減低。不過，同時患憂鬱症的哀傷者卻不能從痛苦中得到多少解脫。那痛苦持續多個月，甚至多年。

應該期望在大約一年內可以回復正常的運作，和相對平穩的情緒。你會偶然感到憂愁，一生都掛念那人。但如果你不照顧你個人的需要；如果你避免社交接觸；如果在一天的相當時間內，你的損失都佔據著你的思想，你便需要思考自己是否患上抑鬱症，需要採取行動。

如果你哀傷：你有患抑鬱症的危險。向親密的朋友、牧者、醫生或心理治療師訴說你的感受。你愛的深度不會單因為你所愛的人死去而到盡頭。它只是改變。

讀這書的每個段落，做那些練習。問自己：我所愛的人想我餘生都活在哀傷中嗎？還是他／她想我將以

前花在我們美好關係中的精力，轉向其他人或任務或事業，是可以從我的愛中得益的？

醫學上的病症

我沒有忘記韋羅妮卡！她走進我的辦公室，開始列出她的癥狀時，我問她有沒有甚麼事情還未告訴我。她說：「當然有。我總是完全筋疲力盡的。甚至在睡得很好後，我仍然疲倦。」

還有其他嗎？有沒有疼痛或痛楚，頭痛之類？韋羅妮卡想了一會說：「唔……我的肩膀經常疼痛，好像我睡覺時壓著它們，或者花太多時間用電腦一般。」

韋羅妮卡需要見醫生。我們一起列出她的癥狀，給她的醫生看。她將那清單摺起放入錢包。我將電話推向她，她就立即安排預約。

韋羅妮卡體內一條通往心臟的血管嚴重栓塞。她的醫生要求她接受一個稱為血管成形術（angioplasty）的手術，將塞了的血管打通，然後服藥、休息、改變飲食習慣，以及做適度、漸進的運動計劃。

是的，韋羅妮卡有抑鬱症的癥狀。但那不是因為她的基因構成，或因她所做、思想或感覺的任何事。流到她心臟的血不足以維持正常的能量水平和清晰的思想。

一些醫學上的病症會引致好像抑鬱症的癥狀（例如失眠、體重減輕和缺乏精力）。隨便提其中幾種：糖尿病、賀爾蒙失調、感染、惡性腫瘤、神經系統的疾病、膠原性和自身免疫的失調，例如狼瘡或愛滋病，和心血管疾病。[4] 所有這些和其他疾病，都可以引致一系列跟抑鬱症相仿的特點出現。

如果你懷疑自己患抑鬱症，或是醫學上的病症：去見醫生，做一個詳細檢查。我提醒你，大部分經歷低落或抑鬱情緒的人都並非有醫學上的毛病，但重要（而且可能會拯救生命）的是，找出真相。

要確保你寫下你有甚麼感覺，以致你不會忘記與醫生談論這些感覺。例如：

✓「我很多個早上都在凌晨四時醒來，不能再入睡。」

✓「我大部分時間都感到疲倦和沒精打采。」

✓「我以前喜歡外出吃晚飯或看電影，但現在我只想留在家裏。」

如果你不讓別人知道，便沒有機會得到解脫。告訴合適的人，你便可以得到幫助征服它。

心臟病／心臟手術

我外父在一晚之間六次嚴重心臟病發作，接著在凌晨接受打開心臟的手術。手術期間他明顯輕微中風（那損害後來在腦部掃描中顯示出來）。他需要很長很長時間復原。他失去記憶、情緒低落和筋疲力盡。那和抑鬱症十分相似。在接著的兩年，以前的他漸漸重新出現。

百分之四十到六十五的心臟病患者會有抑鬱症，實在令人震驚。心臟出事後，拯救人命是主要的目標。可惜一旦病人穩定下來，正在康復時，健康專業人員有時卻不大留意病人對這危險事件的情感和心理反應。

伊桑（Ethan）心臟病後有這個問題，他終於來接受輔導。他告訴我，他自己獲救，應該感激和快樂，但他卻感到低落和無望，因此感到內疚。手術後，醫生說他可以回復圓滿的生活（除了他以往吸煙的習慣外），但他在生活中完全體會不到圓滿。

如果你有心臟病又感到抑鬱：要和伊桑一樣，明白你的感受是正常的。和你的心臟科醫生談這個問題。你當然需要做對你的心臟有益的事情，但同樣重要的是，做對你的情緒和心靈有益的事情。

癌症

比利（Billie）有乳癌。那是會迅速蔓延的腫瘤，需要採取積極進取的治療，包括化療和放射性治療。她努力建立積極的精神狀態，但不能擊退消沉的意志。那不是恐懼或憤怒，怕自己會早死；比利只是感到低落、疲倦、對生命提不起勁、已經死了。偶然她考慮放棄治療，「向不能避免的事情讓步」。

不單她是這樣。大約有四分一癌症病人患重抑鬱症。[5]有些治療癌症的藥物的副作用是會產生抑鬱症的癥狀。幾個和我傾談過的癌症病人說，他們接受化療時很容易情緒低落。他們說，對死亡的恐懼，加上噁心和筋疲力盡，令他們很難對抗憂鬱的感覺。

如果你是癌症病人：與家人和朋友談論你的經驗，也與你的腫瘤科醫生（癌症專家）傾談。他們知道癌症的抑鬱副作用和怎樣治療。現時大部分腫瘤科醫生都不單留意醫治癌症，也關心病人的生活質素。你所關注的，不會令你的醫生震驚或驚訝。

請留意，百分之七十五到八十的癌症病人**沒有**經歷抑鬱症。患癌症並不表示你會抑鬱。事實上，癌症病人患抑鬱症的比率，和其他嚴重疾病的病人大致一樣。

酒精和抑鬱症

不是所有飲酒的人都會遭遇抑鬱症，也不是所有與憂鬱症搏鬥的人都飲酒。不過，事實仍然是，酒精是鎮靜劑（編按：是抑制或減少服用者身體或思想某方面的運作和活動的藥物），而憂鬱症患者飲酒，是冒生命危險。**酒精似乎令情況急劇轉差。**

作家哈斯勒在《綠色旅程》[6]向一個T描述這由酒精促成的抑鬱症的漩渦。蘭迪轉而去售賣軟水器，做得不錯，直到他突然感到軟水器根本毫無意義。面對在那個星期結束時就會被解僱，蘭迪有點幸運。他賣了一個豪華型號（賺了一百四十元佣金）給一個剛搬到這城市、富吸引力的單身女子。他太太珍妮特身在愛爾蘭，於是他駕車到一間路邊飲食店「銅狐狸」（The Brass Fox）去慶祝：

> ……他坐在一張不穩的桌子旁邊，點了一杯啤酒和一個漢堡包。售出那部軟水器和那個買家都令他興奮。他想知道為甚麼自己不留下來吃晚餐。因為他已經結了婚，那就是原因：一件事往往引致另一件事發生。但為甚麼（在第二杯啤酒喝到一半時，他問自己），如果他那麼確定自己是已婚的，為甚麼他的太太獨自飛到地球的另一端？……她真的需要離開，因為蘭迪是個如此

悶悶不樂的丈夫。是的，他比那更糟——他是個卑鄙的傢伙。如果他不卑鄙，他會和她一起去——她求過他去。可憐的珍妮特。她應該有個更好的丈夫。他又情緒化又令人煩惱，而且大概非常沉悶。他喝了第三杯啤酒，點了第四杯。

他會好轉的，可惡，他會改變的……蘭迪點了第五杯啤酒。他喜歡啤酒。啤酒令他精神頹靡。他今晚危險地接近快樂。

那些已經與抑鬱症搏鬥的人，常常學會不信任快樂。酒精在其中協作，在短期內舒緩一些緊張狀態，然後令情況惡化。它影響中樞神經系統，似乎增加患抑鬱症的可能。

酗酒康復中心的職員表示，大部分酗酒而又患抑鬱症的人在停止喝酒後的幾星期內，經驗到他們的癥狀消失。

過量喝酒是否會引致抑鬱症形成？還是抑鬱症引致人濫用酒精？這又是另一個雞和蛋的問題，沒有明確的答案。兩者肯定有關連。在評估二十四個關於酗酒和抑鬱症的研究中，研究人員發現在評估期間，百分之十到三十酗酒的人也經歷抑鬱症。[7]有些受抑鬱之苦的人給自己酒精作為藥物。

評估自己喝酒的情況時，你面對重大挑戰，因為很多（或者大部分）問題酒徒都否認問題存在。身為喝太多酒的抑鬱症患者，你其中一個首要任務是開放地面對你的問題。即使是喝少量或偶然才喝酒的抑鬱症患者，也需要考慮完全放棄酒精，直至抑鬱的時期過去。那些酗酒的抑鬱症患者，必須永久戒酒。

網上資源	**如果喝酒令你在家庭或工作裏遇到問題，或者如果你或別人關注你喝多少酒：**值得評估你對酒精的使用。你可以接觸任何本地的酒精或藥物資料中心，幫助你進行評估。你可以使用網上的自我評估問卷，例如：www.health.org/gov-pubs/workit/efs2.aspx 或 www.caron.org/drug_alcohol_assess.asp。你也可以瀏覽戒酒無名會的網頁 www.alcoholics-anonymous.org。

如果你只看這章的一小部分，便要留意就你（或你所愛的人）的問題看醫生的重要性。如果你有抑鬱症的癥狀，你絕對需要找出你的不快情緒究竟真是抑鬱症，還是身體的疾病偽裝成抑鬱症。知識就是力量。知識可以救你的生命。

行動

諸如健康問題或喪親等狀況，對你低落的情緒有甚麼影響？

✓ 關於你的情況和健康，在你的日記記下更詳細的記錄，作為回應第三章「行動」欄目中「成為你，會是甚麼樣的？」。

✓ 你有沒有經歷哀傷、心臟病或疾病、酗酒的問題，或是進食、購物或賭博等強迫性行為？這些狀況怎樣影響你的抑鬱症狀況？

✓ 清點你身體的疾病。你身體有沒有地方感到不適、刺痛或沒有知覺？你是否健忘，或會無故跌倒？你的視力有沒有改變？如果有，每天記下病癥，時間和詳情（起牀後、午餐後的一刻、走路時等）。

✓ 如果你對自己的身體狀況有問題，即使是最微不足道的，去請教你的家庭醫生。現在，就放下這本書，打電話約見醫生。

給家人

很多狀況和病理的狀況都可以偽裝成抑鬱症——有些是暫時和很容易治療的，另一些是嚴重甚至可能致命的。

✓ 說服你所愛的人接受徹底的身體檢查。可能的話，陪他／她一起去。告訴醫生你留意到的病癥（或者寫在紙上交給醫生）。重要的是將身體疾病的可能性排除。與醫生討論其他病理的狀況對個人情緒的影響。醫生也會決定應否用藥。

✓ 如果你所愛的人不肯去見醫生，又怎辦呢？**不要勉強**。一個做法無效時，立即放棄，然後嘗試另一種做法。例如：如果你們的主診醫生或習慣是一樣的，安排一起或接續做每年的身體檢查，即使距離你上次檢查不足一年。或者以最友好的方式問那人：「為我這樣做吧。」

✓ 那人（或家庭）有沒有蒙受重大損失？與導師或牧師談論哀傷對個人情緒的影響。如果需要的話，約見治療師，找出甚麼是哀傷，甚麼是抑鬱症（參第二十二章）。

✓ 如果你的家人有喝酒的問題或飲食失調，考慮建議如匿名進食過量者或戒酒無名會的十二步計劃。Alanon或Alateen是為有酗酒問題的人的家人而設的類似組織。瀏覽戒酒無名會的網頁www.alcoholics-anonymous.org。

✓ 要幫助抑鬱的家人，你需要得到支持和幫助。得到幫助和支持，可以令你更能夠幫助抑鬱的家人。

註釋：

1 U. S. Department of Health and Human Services, *Depression in Primary Care: Vol. 1: Detection and Diagnosis* (Clinical Practice Guideline No. 5, 1993) , 47, 21.

2 U. S. Department of Health and Human Services, *Depression in Primary Care: Vol. 1*, 48.

3 A. Agatston, *The South Beach Diet* (New York: Rodale Press, 2003) , xx.

4 U. S. Department of Health and Human Services, *Depression in Primary Care: Vol. 1*, 55.

5 U. S. Department of Health and Human Services, *Depression in Primary Care: Vol. 1*, 62.

6 J. Hassler, *A Green Journey* (New York: Ballatine Books, 1985) , 103 ～ 104.

7 U. S. Department of Health and Human Services, *Depression in Primary Care: Vol. 1*, 45.

5

「盼望」是將來的詞語

在這一章你會：

- ✓ 反思我們每個人都活在三個時間區域裏：過去、現在和將來。
- ✓ 發現**投射**（projection）的重要性。
- ✓ 學習**易構**（reframing）的好處。

「盼望浮動。」——歐文（John Irving）

你盼望時，你感到你的麻煩可以結束或變得能夠應付。

你盼望時，你看到前面的可能性。

你盼望時，你將精力投資在刺激、有前途的將來。

過去、現在、將來

我們都活在三個時間區域裏：過去、現在和將來。

過去是我們已知的事實。沒有人可以改變它。它包含我們的環境和教養，我們的文化，我們的身體，我們的基因構成、性格、好和壞的記憶，和我們已經作出的選擇。

現在是我們行動之處。此時此地，我們在處境、能力和過去選擇的限制下運用自由。(雖然一些幸運、成功的人可能告訴你一些話，但我們不一定能夠成為我們想成為的人，即使「我們努力嘗試」。)我們作出選擇，自由地行動，但我們是從可供我們選擇的一些選項中這樣做。

將來全是可能性。那是我們運用我們的自由時，我們可以變成的樣子。我們不是機械人。我們的可能性不是預定的。我們可以想像，而在生命已知的事實以內，可以變成新的東西。我們預期將來，察覺到我們是自由的——不過是有限的——去變成我們應該變成的人。我們承擔模塑將來的責任。

藉著現在不採取新行動，憂鬱症患者容讓他們不快樂的過去限制和主宰他們將來的可能性。抑鬱症的真正痛苦不單來自負面的過去，也來自失去一個正面的將來。

可惜很多抑鬱的人花很多精力專注於不快樂的過去。這是個嚴重的錯誤。如果你抑鬱，你需要感受盼望——固然要承認你的過去所帶來的已知事實，但也要直接踏進將來。

你怎樣踏進將來？藉著運用你的自由——也就是藉著採取行動。現在就開始。

有好消息！好些簡單的方法和技巧可以創造對將來的盼望——即使你感到抑鬱時。以下你會從清單裏找到一些你可以做的事情，現在就開始，開始製造個正面、充滿盼望的將來。

將來

幾年前，我們和女兒及她的家庭一起到訪美麗的阿爾卑斯山的(Alpine)城市博爾札諾(Bolzano)，那裏的考古博物館（Museum of Archaeology）展示至現時為止發現到的最古老乾屍。當遠足者在一九九一年發現他的屍體時，奧伊茲（Oetzi；以發現他的奧伊茨〔Oetz〕山谷命名）仍然穿著他的綁腿、短袍和用草織成的斗篷。大約五千三百年前，這個四十五歲的男人徒步越過阿爾卑斯山，（近年的基因測試顯示）他明顯遇到敵人，在一場血腥的搏鬥中倒下。幾乎肯定是突然而來的大風雪以冰和雪覆蓋著他，這些冰雪保持在那裏數千年，令他的身體幾千年來都幾乎完整地保存著。注視他幾乎和他倒下時一樣的模樣，實在不可思議。

我講述這個故事，因為我想你想像一下停留在一個時間中是怎樣的。閉上眼睛，想像你自己好像奧伊茲一樣凍僵了（但沒有死）。你的生命不會有任何改變，你不會以任何方式轉變。你不會與任何人交談，你不會受任何人或任何東西影響，你肯定不會看電視或讀書或看雜誌。現在張開眼。

你做得到嗎？你會立即看到不改變是不可能的。影響不斷壓向我們——我們閱讀的東西，我們在電視看到的東西，我們的工作、活動、朋友和家人。

雖然有相反的證據，但抑鬱的人往往以為他們好像奧伊茲一樣，凍僵在時間之中。他們肯定過去的壞經驗註定會無止境地重複。他們看不見可能有美好或有盼望的將來。

他們錯了。即使是加拿大西北部的一個隱士，設陷阱和搜尋自己的食物，自己伐木建造棲身處，也不能避免改變。那隱士必須反應，對動物、食物供應、蔚藍或烏雲密佈的天空、雨水、雪、乾旱和他自己衰老的身體。因此他受制於改變，甚至洞見、成長和進步。

不會有太多荒野間的隱士。我們大部分人都有工作，向別人負責，照顧別人，因而影響別人，也受別人影響。

重要的是，抑鬱症患者要明白，他們不能保持不改變。**改變不單可能；更是無可避免的。**如果你患抑鬱症，你的任務是作正面、有盼望的改變，推動你走向更美好的明天。

我們每個人對時間都有某種看法，這影響我們的經驗。這種看法是**學習得來**的。有些人專注於過去，或許因為他們成長時重視傳統。其他人注目將來；他們受教導知道定目標和製定計劃的價值。還有些人花大部分時間回應當下的緊急事件，救火或滿足他們即時的需要。他們面向現在。

根據我的臨牀經驗，大部分抑鬱症患者都面向過去。他們十分需要展望和開拓正面的將來。他們也需要採取步驟朝向那將來。

這不是忽略過去或不能活於現在，而是要擁抱盼望。藉著展望正面的將來和採取行動，令那將來出現，一個人便開始征服抑鬱症。

心理學家米歇爾．亞克（Michael Yapko）也相信，讓你的時間面向出問題，也可以引致抑鬱症形成。他寫道：「太典型的是，抑鬱思想裏所看見的將來，只是現在令你抑鬱的事情增多」。[1]

沉浸在過去沒有多大的價值，除非在某種程度上，它顯示你做得好的事情（並可以再做）和你可以學習做得更好的事情。

過去不可改變。但你可以學習新方法回應壞事。你可以改變你的態度，或你對壞情況的評估。或者你可以簡單地開始有不同的行動。

構築盼望

生命由始至終都是一個不明確的景況。在那不明確的處境下，我們需要將意義投射到自己生命的事件上。有些人所投射的是，生命是美好的。有些人在自己生命的畫面上所投射的是，需要忍受的痛苦。少數人完全不投射任何意義：「生活很沉悶，接著你便死去。」

我們聆聽別人講述自己的生活時，聽到他們的投射。抑鬱不是回應生命經驗——包括它的麻煩——的惟一方式。

讓我以一個例子說明：妮娜(Nina)約了朋友吃午餐。但那朋友沒有出現。她用手提電話致電給他，但他的辦公室和家裏都沒有人接聽。她想，究竟發生甚麼事。情況並不明確，她可以想出很多理由解釋他為甚麼不出現。

正面的： 他去買生日禮物給我，忘記了時間。
他做運動保持體形，但現在在州際公路上塞車。

中性的： 他最近很忙，以致完全忘記了這約會，在工作的地方與同事外出吃午餐。通常忘記的是我。
他有緊急的工作，沒有時間打電話給我。或許他母親又要進醫院。

負面的：他並非真的喜歡我。
他與別人外出吃飯，而不是與我。
對於男人，我是失敗者。我永不會有一段有意義的關係。

以上的解釋，哪個正確？**我們不知道**。我們沒有足夠資料得知。抑鬱症患者必須學習收集準確的資料，以那些資料作為他們假設的基礎，而不是相信他們自己的投射。

妮娜可以以友善的方式問她的朋友，他在哪裏，那麼她就可以**知道**而毋須投射。她可以看到自己傾向負面地看事情，暫延對事件的詮釋，直到她有足夠的資料得出更準確的結論。事實上，妮娜可以學習正面地看不明確的情況，藉以平衡她的負面看法。

憂鬱症患者需要培養對「不明確」的容忍。這是艱巨的任務，因為不能容忍「不確定」是抑鬱症的常見特點。有時人們藉著得到他們可以取得的所有資料，並根據所有現存的資料作決定，去學習接受不明確。在其他情況，他們則好像妮娜一樣，明白很多時都沒有足夠、準確的事實支持即時的解釋。他們需要等候，或者選擇樂觀地看事情——換句話說，要構築盼望而不是構築抑鬱。

如果你傾向負面地思想，你需要開始練習正面地構築事件。有時你會錯——有時玻璃杯真**是**空了一半——但你會感覺好些，而對你身邊的人來說，你也會成為更令人快樂的人。

明白就是形成意義

你曾否讀過一篇文章，是你認識每個字，但即使花上一生也不會明白這文章的意思？認識那些字並不足夠；你需要有能力去解釋它們。解釋是尋找意義的行動。我們身為人，幾乎不可能看著一些東西而不作出解釋。無論喜歡與否，我們的解釋都受著我們的偏見影響。

例如：我們大部分人在希臘或阿拉伯的報章裏都不會找到意義，因為那些不熟悉的字母並不提供任何熟悉的聲音，沒有我們共享的意義的線索。在這樣的情況下，我們與生俱來要解釋的衝動遭到阻撓。在任何層面去理解，就是從知覺中組織意義。

抑鬱的人從他們注意到的影像、文字和事件組織意義時，會做一些和自我催眠相似的事情。他們不斷告訴自己和別人，自己感到多抑鬱，和自己的生命有多麼糟。他們一再以負面的方式構築他們看到和聽到的事情。他們為身處的環境的大部分事件構築壞的意義。令人受傷害的記憶，以及真實或想像出來的錯事以倍數增加。難怪集中於過去的事件的心理治療，在治療抑鬱症方面不是十分成功；它只令那惡性的催眠狀態愈發嚴重。

從一開始，重要的是以更正面和有盼望的看法取代這負面的觀點。

我從自己的經驗提出一個例子。在我的事業初期，在一間輔導中心的前任主任突然辭職時，我臨危受命成為了中心的主任。第二個月，帳單到期時，我發覺機構的財政狀況比別人告訴我的遠遠更差；事實上，我們所有的金錢只夠支付一半帳單和薪金。（在接著的一年，我自己往往延遲支取薪金。）

最初，我從負面的構築來看那情況。我感到失望和灰心。我第一次學習做行政人員，並成為全時間的治療師，但除此以外卻要解決機構的財政困難。那不是我所設想的。

一位朋友幫助我將情況易構。她提出我可以坐下來，抱怨情況多麼糟，或者可以視它為一個機會，讓我學習管理、財務和籌款的新技巧。在完美的世界，我可能不會選擇學習那些技巧，但將來它們對我或許會很有用。

這新構築沒有令我很興奮。最初我對抗它，但我的朋友分析，我對財政愈有認識，對我個人的經濟便愈有幫助（她知道當時我的個人經濟有點問題）。

我永遠不能接受那機構的困境是一個黃金機會，雖然回顧起來確實是這樣。我只是改變自己的看法，以致足以用足夠的精力接受一個艱難的任務，幫助引導機構回到財政健全的狀態。當我（不情願地）將困難易構為機會時，盼望便出現。

簡單來說：我們可以將生命中的事件解釋為是中性、好或壞的。即使是嚴重的問題，也可以變為成長的機會和更大的力量，如果我們正面地構築它們。你正面地構築一個情況時（即使你不如客觀的外人那樣準確地觀察它），你會感到好些，得到更多精力去做需要做的事情。那是明智的事情。

易構盼望

易構將麻煩事變成力量。它建構新方法去組織和查看經驗——不是透過樂觀的鏡片，而是透過現實的清晰鏡片。

表達**構築**的另一個詞語，可能是**視角**。構築是我們看事件或環境的方法，它們模塑我們的現實。事件的意義，視乎經驗它的人的構築。不同的人可能以不同的感受、思想、行為和態度，回應相同或類似的情況。

易構經驗是指重新解釋它，以符合事實的方式，在精神及/或情感上作解釋。易構可以改變事件的整個意義。

哈羅德（Harold）因為女兒特蕾西（Tracy）很少打電話給他而不高興。他以為女兒不愛自己，不關心自己的情況。哈羅德擔憂：我不是很關心女兒的父親，特蕾西一定憎恨我過去忽略了家人。

他易構這個狀況時，有甚麼事情會發生？哈羅德留意到他女兒很努力工作，而且還有很多其他責任。他自己卻有時間。為甚麼他不去打電話給女兒？

哈羅德嘗試一下。接到他的電話，特蕾西似乎很高興。他們的談話結束時，特蕾西說：「再打電話給我吧——我喜歡和你談話！通話由我付款吧！」哈羅德那新的現實構築告訴他，雖然女兒有點疏忽，但卻不是出於怨恨或缺乏愛。沒有規則說兒女必須主動打電話。哈羅德與特蕾西談話的機會，只受到他的電話費所限制。但當然，他總可以打電話，卻由女兒付款！

好吧，我知道你在說甚麼。特蕾西也可能是個自私或充滿怨恨的女兒。並非所有真實情況都和這書所描述的一般那樣好，那是事實。但這種負面的思想本身是抑鬱思想的例子。人們一旦正面地解釋這些情況時，你會因它們的結果經常都得證實是好的而感到驚訝。除非你嘗試，否則你永遠不會知道。

易構幫助抑鬱的人從他們負面觀點的假設之下找尋例外。他們一旦對舊構築的任何部分存有輕微疑惑——他們一旦認為可能有另一種方式看那事件——他們便會發現回到以前的負面觀點是較困難的。他們會開始設想一個並非由該問題主導的將來。

在一個正面易構的有用例子中，宗教作家帕爾默（Parker Palmer）描述他與抑鬱症的戰鬥是「靈的學校」（"school of the spirit"）。[2] 當時帕爾默正會見一個屬靈導師，是一個個人屬靈生命的導師吧，他的導師提議：「你可以不斷想像抑鬱症是敵人的手，嘗試把你壓碎。但如果將它想像為朋友的手，嘗試將你壓向堅實的地面，使你可以安全地站立其上，那又怎樣呢？」

帕爾默描述這新構築怎樣幫助他以不同的方式看他的憂鬱，和他與上帝的關係。「對於我，以上帝作為地面成了十分有力的影像……如果你感到自己正在下跌，那很可能因為你不是以上帝為起始點——而是從離開地面的地方開始。」

請不要將這影像詮釋為，憤怒的上帝到來，以抑鬱症的挫折糾正一個犯錯的孩子。但對於有些人，思考上帝可能利用抑鬱症來達到某些目的——例如將人帶到堅實的地面——可能是有幫助的。對有信仰的人來說，上帝不單在順境時存在，祂也在受苦的時候存在（參第二十章）。這只是一個例子，顯示怎樣以更正面的方式易構一個壞情況。

抑鬱症：經驗的負面構築

每天、每小時和每分鐘，我們都遭受無數影像和資料所轟炸。這是我們生物性的本質，也由我們高科技、高速、由信息驅動的社會所增強。

要在一天或甚至一分鐘裏留意每一項攻擊你感官的資料，是不可能的。我們要按必要性過濾和選擇收到的信息，藉以穿過資訊的森林。

我們選擇正面或負面地構築事件時，我們因此從來都不是以我們能夠得到的所有資料來工作。吸收一切資料是不可能的。

對我們接受甚麼、濾走甚麼，我們有沒有任何選擇權？我們當然有。近年的研究顯示那過濾過程是內置的，但我們可以改變我們潛意識的過濾網。[3] 易構可以幫助抑鬱症患者看到一個情況中的正面元素——看見他們由於自己的悲觀世界觀而濾走的資料——從而以更有自信，並更現實的角度看事件。

當然，某些事件比其他事件更難正面地給構築。它們似乎不會帶來多少好處。邁可（Michael）便面對這樣的挑戰。他接受了新工作，賣了從祖父母繼承的房子，舉家搬到另一個地方，將他們畢生的積蓄投資在一間新房子上。因此，當邁可知道他的新老闆即將申請破產時，他感到沮喪也是可以原諒的。

兩年後，邁可只是在他那間陷入困境的公司堅持著。他賺到的金錢，只是當初答應給他的一半左右。但他太太的事業在他們的新城市中卻發展得很好。孩子在學校裏健康成長。邁可毋須長時間工作（生意不好），可以集中於為家人帶來高質素生活的一些點綴上。他開始時的負面構築是可以理解的，但卻不是故事的全部。

對那些患憂鬱症的人來說，那陰暗的前景好像一片雲，包圍著他們，掩蓋他們的所有經驗。他們十分需要接受一些正面的資料——即使在開始時需要一些努力才能夠相信。

吉迪恩（Gideon）經歷好些挫折和損失。他感到很難相信任何正面的構架。正如我往往向處於同樣困境的人所提議的那樣，我促請吉迪恩以正面地看他的情況彷彿是真實的，在一段時間裏行動。他是否相信並不要緊——他只需要當那是真實的來行動。

最初吉迪恩有點猶疑。他有一種犬儒、理智的傾向，認為我勸他接受類似「積極思想的能力」的東西。但轉向正面的構架和用過於樂觀的眼光看事物不同。你不需要生氣勃勃。

吉迪恩永不會是將經驗美化的人，但藉著「彷彿」的行動，他明白正面和負面的構架同樣有可能發生。有可能正面的更真實。至少它是一種更具人性的方式去看事件。

一個研究發現，抑鬱的人傾向忽略他們為自己生命所帶來的正面的改變，選擇集中在未完成的事情上。[4] 你將焦點轉向過去或現時的正面改變的時候，便會發現成功或有幫助的行動，是你忘記或忽略了的。你會記得過去的情況，是你解決了難題的情況。你可能會留意你現時可以好好應付困難的一些方法。

旅行一天

為著她最好朋友的堅持，梅雷迪恩（Meredith）來見我。她穿著那種單調、保守的衣服，是你稍後會記不起來的。她坐在椅邊上，頭稍微低下來。她吞吞吐吐地說話，聲音裏帶著疑問，彷彿要徵求我同意，她很多句子都以例如「你不會有興趣……」或「我大概正浪費你的時間……」作開始。梅雷迪恩幾次（以不同的字詞）向我保證，她在這地上是微不足道的。那小時快要結束時，我向她講述這故事：

我記得多年前我在加利福尼亞州認識的一個人。我們叫她羅絲（Rose）吧，雖然這不是她的真名。在很多方面，她的情況都和你的相似。她認為自己一無是處，可以競逐成為全年最逆來順受的可憐蟲。她衣著保守，因為她不想突出於人羣之中或者冒犯別人。她從不到好餐廳吃飯，因為那裏的食物可能太特別了。

我問羅絲有沒有想過去旅行，到具異國風情、遙遠的地方。她告訴我：「啊，有的，我一直都想去旅行，但對於我會遇到的一切嶄新和不同的情況，我感到害怕，而我不認為自己能夠應付得來。所以我從來沒去過旅行。」

我回應羅絲說：「我想你想像自己今天出發去旅行。你不是去孟加拉（Bangladesh）或布魯塞爾（Brussels），而是留在同一個城市，住在同一間屋，睡在同一張牀。但和任何遊客一樣，我想你在不同的餐廳吃飯，到你從未去過的地方，並與你從未遇過的人談話。

「而且，由於遊客不一定穿平時在家鄉穿著的衣服，我想你到百貨公司買一些輕鬆、舒適的旅行服飾，要顏色鮮艷的，在旅途中穿著。」

最初羅絲認為自己做不到。但我們就這事談了一會兒，然後她決定買穿著一天的新衣服，在那晚到一間中國餐館。

羅絲去了旅行一天，但在那星期的其餘日子，她穿同樣的舊衣服，在家裏吃飯。第二個星期她來見我時，形容那些日子與她那天的「旅行」相比起來，是樂趣較少且失望較多的。羅絲十分喜歡旅行這個觀念，於是她一直去旅行；我上一次聽到她的消息時，她仍在旅程中。她說那旅程刺激、驚險、有時可怕，但她感到沒那麼抑鬱，也比以前更有生氣。

不知讀者你是否想展開這樣的旅程？如果你想的話，你會去哪裏和做甚麼？如果你是故事中人，你會做甚麼？你今天會怎樣開始那旅程——甚至在你放下這本書之前？

這本書建議的很多技巧和活動，都是可以在短時間內實行和有效的。這是其中一個，而它也是有趣和刺激的。何不嘗試一下？

給繼續閱讀這書的你的一點小建議

以下幾章會集中討論在第三章提到的抑鬱症的四個特點——人際、行為、生理和認知。你繼續閱讀時，尋找配合你的抑鬱症特點的改變方式吧。例如：如果你有婚姻問題，人際取向（十五至十七章）會是一個好的開始之處。

治療抑鬱症的研究顯示，應付抑鬱症的最好方法是，以超過一個抑鬱症特點為目標。最好選擇幾個改變方法——你肯定可以成功做到的事情——為了對付你憂鬱症的多個方面。

癥狀的任何一方面有所改變，會自然影響其他方面。例如：思想（九至十一章）和行為（十二至十四章）往往一起發揮作用。而生理的改變（六至八章），例如服用抗抑鬱藥物，常常會對個人有幫助，無論他們的抑鬱症典型特點是甚麼。

三腳架比彈簧單高蹺更穩定。將你的努力三角化——嘗試三種新技巧，或者甚至只是兩種，如果有處方藥物便加上藥物——確保結果會更明顯和持久。我提議你選擇似乎最具吸引力、能容易完成，以及適合你獨特的癥狀和狀況的方法。

如果你抑鬱，你很可能被困於以往的日子，感到現在享有很少自由，只看到暗淡的將來充滿更多苦難。要成為有活力的人，不受抑鬱症主宰，你的目光就要超越你眼前的環境或過去的負累。就是在預期將來時明白到你有自由——無論多麼有限——去成為你可以成為、應該成為、值得成為的人。那是為模塑那將來而負上責任。

即使在抑鬱症的深淵中，你仍然有盼望。盼望是承認以往的日子，但也在現在採取行動，藉以進入有各種可能性的將來。行動就是重新捕捉盼望，從而恢復對自己的信心，對生命的信心，以及對將來的信心。

行動

展開一次虛擬的旅程。

✓ 思想一件你想以不同的方式去做的小事。在本地的社區學院修讀晚間課程，在泰國餐館吃飯，帶你的狗到服從學校，穿不同的衣服，或者不帶孩子，在周末去一趟旅行。

✓ 無論你想做甚麼不同的事情，要付諸行動！不要承諾會永遠那樣做；只要嘗試它以作判斷。如果不合適，嘗試其他事情。

給家人

照顧你自己和家人。

✓ 做導論結尾「行動」欄目的生活滿意程度測驗。如果你的得分比平常的低很多，便顯示你需要照顧自己的需要。

✓ 盡可能維持家庭生活正常。繼續一般的家庭活動。

✓ 留意在這樣的時候，你會更容易患上抑鬱症。如果你讓自己受到影響，便不能幫助你所愛的人。

✓ 如果你已婚，而你的婚姻關係不如以前那麼令人滿足，你可能會受到試探，嘗試婚姻以外的關係（肉體或情感上）。這是配偶患抑鬱症時盡可能過正常生活的另一個原因。

✓ 不要離開患抑鬱症的配偶或孩子——即使對方似乎離開你。

✓ 繼續參與你喜歡的嗜好、運動、以及會所或教會活動；去看電影，到外面吃飯，煮美味的菜——做給你滿足、盼望或意義的任何事情。

註釋：

1 M. D. Yapko, *When Living Hurts: Directives for Treating Depression* (New York: Brunner/ Mazel, 1994), 85.

2 P. Palmer, "Action and Insight: An Interview with Parker Palmer," *The Christian Century* (March 22～29, 1995): 327.

3 T. D. Wilson, *Stranger to Ourselves: Discovering the Adaptive Unconscious* (Cambridge, MA: Belknap Press, 2002).

4 Weiner-Davis, M., S. de Shazer, and W. J. Gingerich, "Building on Pretreatment Changes to Construct the Therapeutic Solution: An Exploratory Study," *Journal of Marital and Family Therapy* 13 (4) (1987): 359～363.

第二部分

抑鬱症的四方面：你可以做甚麼

6

身體和腦部：抑鬱症的生理一面

在這一章你會：

✓ 找出你的身體在抑鬱時期通常出現甚麼狀況。

✓ 思考身體的形象怎樣影響情緒。

✓ 學習認出抑鬱症的「相似者」。

✓ 留意飲食習慣的改變也可以改變情緒。

✓ 參考抑鬱症患者最好避免進食的食物，以及那些可能有助緩和抑鬱症狀況的食物。

你曾否弄傷身體某部位，而另一部位感到痛楚？蟲子咬你一口，有沒有令你整隻手臂都痕癢？

不久前我買了一部細小、一九四○年代的工匠牌（Craftsman）金屬車牀。它的運作原理和陶輪一樣，在你將物件模塑成圓柱體時轉動那物件。（我有收集和修復古董收音機的嗜好，我需要這工具製造已經買不到的金屬零件。）我一令那車牀運作，便練習轉動一小塊黃銅。我的手太接近那塊正在轉動的金屬。一下重擊！除了我的手即時感到痛楚外，我整隻手臂都感到疼痛。我感到頭暈和雙腳顫抖。

我（和你）的身體是一個系統。不管它其中一部位遭遇何事，無論是多麼輕微，都影響整個系統。這包括在腦中發生的事情：思想、感受、態度和衝動。

五十年前，抑鬱症一般被視為心理和精神失調。現在，大部分醫學和精神健康專家都同意，抑鬱症有重要的生物因素。生理機能——身體和腦部的物理方面——也促使抑鬱症形成，雖然我們未完全知道它的影響有多大。

我們怎知道這事？抑鬱症在家庭中持續出現是一個線索，至少有時是這樣。如果父母其中一人有憂鬱症病歷，子女比一般人更容易患抑鬱症。如果父母兩人都有抑鬱症的經歷，子女患抑鬱症的機會更大。研究同卵雙生兒在出生後分開生活的研究人員發現，如果雙生兒其中一個人患抑鬱症，另一個也很可能變得抑鬱，雖然他們在不同的家庭環境中長大。[1]

抑鬱症的成因是甚麼？

伊莎貝爾（Isabel）生了五個孩子。每次生了孩子後不到三十六小時，她便恢復正常生活——煮食、清潔、照顧孩子、繼續從事她的兼職電腦技術員工作。她生第六個孩子時，事情卻沒有那麼順利。最初幾個星期，她很容易哭。她沒有興趣照顧小埃米利奧（Emilio）——或許也同樣沒興趣照顧她的其他孩子。洗碗盤堆滿碗碟。每個人都動手煮食、整理和清潔（大致地）。但家裏的神經中樞停止工作了。沒有事情運作得暢順。伊莎貝爾心想，家裏沒有她會否更好。

每個人都告訴她，她只是年紀稍為大了一點，需要對自己有耐性。她丈夫和十多歲的孩子令她穿上衣服，帶她到外面，在她說寧願睡覺時他們不接受這回應。到了埃米利奧一歲生日時，她已經大致回復正常，只是變得平和一點。

伊莎貝爾一旦從低谷中爬出來，可以清醒地思想時，便記起一些關於她母親的事情。伊莎貝爾的妹妹出世後，希爾達（Hilda）有兩年時間都疲倦和沮喪。家人感到羞耻；他們沒有公開談及這事，而伊莎貝爾的祖母照顧家庭。希爾達的情況漸漸好轉，但她經歷了幾次相似的低潮。伊莎貝爾的抑鬱症是遺傳自她母親的嗎？那與生育有關係嗎？

抑鬱症的成因很多，而且很複雜。不同人和不同情況的成因都有不同：

- 有些人在很少或完全沒有外在刺激下變得抑鬱。他們可能表示有身體上的病癥，例如失眠和疲倦，而不特別感到憂愁或低落。
- 有些人可能長時間忍受很多困難，然後才患上抑鬱症。
- 有些人從不會被抑鬱症打倒，無論他們的人生多麼艱難。那不單是因為性格或堅毅。那可能是在基因方面的幸運。

為了幫助我們明白抑鬱症在生理上的成因，讓我們看一看在身體裏有甚麼事情發生。

抑鬱期間有甚麼事情發生？

有很多事情發生——大部分（但不是全部）發生在你的腦部（參第三和第八章）。腦部是了不起、動態的器官，容許我們與環境互動，並管理我們的身體和情緒。但腦部也會改變，有時在加諸它的要求下轉變。好像在多年勞苦後背部彎曲，在抑鬱的重壓下，腦部也可以出現生理上的改變。

例如：

□ 改變發生在突觸（〔synapses〕；腦細胞之間的空隙）和神經傳遞素（〔neurotransmitters〕；帶信息經過那些空隙的化學物質）。腦部負責思考的部位產生的蛋白質改變，變得更活躍或更不活躍。

□ 有時腦部某些部位不正常地運作。可能是腦幹（〔brain stem〕；控制身體功能和情緒）和額葉（〔frontal lobes〕；控制更高層次思維）之間的溝通受到干擾。可能更多血液流向腦部某部位，更少血液流向另一部位。

□ 有更高水平的甲狀腺釋放激素（thyroid-releasing hormone）。賀爾蒙褪黑激素（hormone melatonin）的水平可能改變。中性類固醇（natural steroids）可能增加或減少。

從這些例子，你可以看到，某些賀爾蒙的和化學的失衡可以影響我們的情緒。而反過來也一樣，我們的情緒可以影響我們的身體和腦部。

且慢，還有更多！研究正開始將情緒低落聯繫到特定的「抑鬱症基因」。可惜這如對腦部的研究一樣，抑鬱症與基因的聯繫的研究仍然處於相當初期的階段。不要等候對抗抑鬱症基因的治療出現；很可能數十年後才會發現及試驗基因治療的。

對腦部功能、生物化學、基因的科學研究和很多其他的研究，都表明抑鬱症是情緒疾病中與身體有最大關連的。你可能想到，好吧，如果抑鬱症至少某程度上是與身體攸關，為甚麼要實行這書建議的改變？為甚麼要讀這書？為甚麼我不直接去找醫生，取抗抑鬱藥的處方？那不是已經足夠嗎？

並非總是這樣。不同種類的抗抑鬱藥物至少對大約百分之七十五的服用者有幫助。還有百分之二十到二十五的人是不能從藥物得到幫助的。這也潰漏了不願意服食任何藥物的人，或者因為有副作用而不能服用抗抑鬱藥物的人。

即使你的抑鬱有生理上的成因，單倚靠對身體的治療也不是好的做法。服抗抑鬱藥物是一種有效但被動的治療。對於你自己的康復，你需要積極參與。這書所描述的很多行動步驟，不單幫助你克服你的抑鬱症，也會預防抑鬱症於將來病發（或者減低其影響）。藉著管理你的生命，一次一點兒，你會改善自己的情緒。更重要的是，你會對自己有信心和對將來有盼望。

你的身體容易患抑鬱症嗎？

納迪娜（Nadine）探訪一個中學的老朋友時，朋友的兒子高聲說：「你比我媽媽瘦很多！」令她感到尷尬。納迪娜很快回答說：「唔，是的，我們的身體都不同，而這是件好事。如果我們都長得一模一樣，那便很悶了。」

我們的身體不單看起來不同，它們對類似的事件也有不同反應。例如：承受壓力，一個人會頸痛，其他人則患緊張性頭痛、結腸炎、潰瘍、失眠或高血壓。有些人似乎比其他人更容易受壓力影響；在別人會鎮定渡過的情況下，他們卻變得十分焦慮。

正如有些人似乎與焦慮連接一起，有些人則似乎與抑鬱症連接一起。幾乎任何負面或中性的事件，無論是何等小事，都可以成為使他們陷入抑鬱的起因。

沒有那麼脆弱的人，可以經歷悲劇、損失、失敗或侮辱，而只是承受輕微哀傷或短暫的憂愁。喬(Joe)或凱西(Kathy)回應同事發怒的樣子或憤怒的言語時，可能想到：「她今天不舒服而已。」但對於在生理上容易受抑鬱症影響的格雷爾(Greg)來說，即使這樣輕微的冒犯，都可以引發自責、疑惑、在社交上隔離和沮喪的惡性循環。分別不一定在於他們的精神健康或疾病或他們做過的事情；而是已植根於他們的身體構造中。

曾經有一個接受我輔導的人，她想為與丈夫租用的流動住宅找一張新的長沙發。麗塔(Rita)已經儲蓄了幾個月，累積了買沙發所需的一半金錢。接著她丈夫突然以高利息的五年付款計劃買了一部全新的哈雷．大衛森(Harley Davidson)電單車。

在麗塔的情況中，你會怎樣反應？憤怒是正常的，或許會大叫和抱怨一下，或者以這新哈雷電單車作為藉口，用信用卡買沙發。但對麗塔來說，那令她迅速陷入沮喪中。

在接著幾年，我見到麗塔經歷過幾次抑鬱。每次都以一些大部分人視為短暫事件的事情開始；那些事情可能令人失望，但在事情的大計劃中卻是毫不重要的。麗塔的身體似乎與抑鬱症連接起來。或許是她腦中組織的一些化學物質失衡，令她難以正常地回應生命中短暫的壓力。

麗塔是其中一個不單需要藥物的人。她準確地服用抗抑鬱藥，但也在生命中作出重大的改變，令她度過超過二十年不受抑鬱症困擾的日子。麗塔偶爾仍會聽到抑鬱症敲她的門，但現在她立即積極起來。她做她學到的東西，能夠令敲門聲沉寂，將憂鬱排斥在外。

留心！這裏有一個陷阱。知道抑鬱症跟生理的聯繫可能令人感安慰。可惜這知識也可能成為一種方法，將不負責任的行動合理化。我見過因遺傳而容易抑鬱的患者靜止於自己的狀況中。他們無助和被動。他們拒絕改變自己的生活方式。適合這些人的汽車保險桿貼紙會寫著：**無事可做，所以我不會做任何事。**

我們所有人都必須——無論我們的抑鬱症是否基於生理上的因素——努力改變我們的行動、思想和關係，讓我們不會因為現在或將來的抑鬱經歷而情緒低落。我們也有責任盡我們所能，減少抑鬱症對我們家庭、朋友和同事的影響。更合適的標語會寫著：**有些事可做，所以我會做一些事。**

我身體的形象

在雜貨店排隊付款時，我們雙眼掃視雜誌架上的雜誌，封面上有柔軟的年青女子和健康、肌肉發達的男子。那是由廣告、時裝和娛樂界包裝和出售的「理想」形象。站在全身鏡子面前，我們很少人可以比得上他們。這個理想並不真實。我們需要愛惜我們的身體，如實地接受它們，抗拒將它們與雜誌封面作比較。

多年以來，我輔導過好些抑鬱症患者，他們覺得自己肥胖、沒有吸引力、不為別人所接受。很多人告訴我他們節食了很多次。他們體重確實減輕後，那磅數又再回來。

甚麼可以幫助身體形象低的人？第一，我促請他們**不要**節食——只是要更活躍。他們應該選擇一項有趣、他們能夠成功地做到的體能活動。任何令人活動的事情都可以——騎自行車、跳舞、跑步、散步、游泳、使用球拍的運動、單對單的籃球時段、有氧健身運動、逛商場、健身或園藝。有些人只決定走樓梯而不乘升降機，或者將汽車泊在停車場較遠處。

我認識的一位女士為不能外出散步的日子想到一個富創意的解決辦法：她稱之為「沒有效率地做家務」。她不是一次清潔一個房間，而是同時清潔所有房間，從一間房間跑到另一間，從一層走到另一層。到她的房子清潔好時，她已經做完運動！

個人一旦變得更活躍，如果他們想針對自己的體重做點事，我通常會建議他們參加匿名進食過量者或體重監察（Weight Watchers）等團體（視乎他們進食過量的性質而定）。

我不建議抑鬱的人立即減肥，因為**超過百分之九十的人在減肥後會再肥胖起來**。如果你抑鬱，你實在不需要另一次失敗。最好以更正面的思想框架，在你已面對與抑鬱症有關的問題，並進行其他改變之後才減肥。

疾病和醫藥

我們同意抑鬱症並非「完全在你的頭腦中」。它有可能完全不在你的頭腦中。很多疾病都可以引致疲累和類似抑鬱症的病徵，包括感冒、癌症、哮喘、慢性疲勞綜合症、嚴重敏感、偏頭痛、心臟病、瘧疾、傳染病、腦腫瘤和很多其他疾病。

類似抑鬱症的疾病

有些身體疾病是那麼令人疲累，以致病人感到不能夠做任何事，因此可能被誤診患上抑鬱症。低甲狀腺可以引致類似抑鬱症的病徵，正如庫欣氏病（Cushing's disease）也可以。健康上的大事（心臟病、心臟手術、中風）也可以帶來類似抑鬱症的感覺或行為。

令情況更糟的藥物

有些處方藥物可以引致抑鬱症或類似抑鬱症的副作用。這些包括醫治血壓高的藥物（例如利血平〔Rescrpine〕、甲基多巴〔Methyldopa〕、肼屈嗪〔Hydralazine〕和普萘洛爾〔Propranolol〕）和抗柏金遜症（anti-Parkinson）的藥物（例如左多巴〔Levodopa〕和溴隱亭〔Bromocriptine〕）。如果藥物引發類似抑鬱症的徵狀，你的醫生可能可以找到另一種沒有這副作用的藥物。或者你的醫生可能認為某種藥物的抑鬱副作用超過它的好處，要你完全停止服用。

有時某種藥物的組合會引發抑鬱症，或令抑鬱症惡化。例如：雷蒙娜（Ramona）的身體有好些毛病，正在見四個醫生。每個醫生都給她幾種藥；我見她時，她服食超過十二種藥物。她不知道告訴醫生自己還有服食其他藥物的重要性，而有些藥物互相影響，引致昏睡、憂愁和失眠。雷蒙娜一旦讓主診醫生負責協調她的藥物，她的抑鬱很快便由嚴重轉為輕微，是她稍為改變生活方式便能夠應付的。

大眾化的藥物和飲食

在某些情況，因為服用很容易買到和大眾化的藥物，例如酒精和咖啡因，抑鬱症變得複雜。

酒精是鎮靜劑。即使喝酒帶來短暫的舒緩（或不省人事），長遠來說，它只會令你更憂鬱。很多人真的喝到情緒低落。

咖啡、茶、很多汽水、補充體力飲品、大部分巧克力和一些減肥藥都包含咖啡因，它似乎影響某些人的抑鬱症狀況。它令人情緒短暫提升，然後更低落。（喜愛巧克力的人要留意：一杯熱可可的咖啡因不比一杯不含咖啡因的咖啡多，對你更可能是好的。）甚至過量的糖和澱粉質也可以起藥物的作用，引致胰臟受過分刺激，產生大量胰島素，令血糖低、煩躁和類似抑鬱症的感覺或行為出現。

或許是困難的，但值得！	我強烈促請抑鬱的人完全戒除酒精，或者減少到一星期兩杯 —— 在情緒特別低落時則**不要**喝酒。這也適用於改變情緒的藥物，例如巴比妥酸鹽（barbiturates）和大麻。

冠軍的早餐

很多人慣常以幾杯咖啡、多士和果醬，以及一杯橙汁（單糖含量驚人地高）開始一天。或者他們可能只喝可樂 —— 有時在德薩斯州（Texas）被稱為冠軍的早餐。

在早上稍後，他們可能再添一兩杯咖啡，或一杯可樂和冬甩或丹麥酥。因此在睡覺大約八小時內沒有進食後，在接著的五小時裏他們除了糖和咖啡因外便沒有吸收到甚麼。

你需要蛋白質。有些人可以單以至少十八克蛋白質，沒有冬甩、甜卷或其他糖類食品，以及沒有咖啡因飲品開始一天，而控制大幅度的情緒波動。（很多人藉著跟從心臟科醫生阿加斯通〔Arthur Agatston〕在《享瘦南灘》〔*The South Beach Diet*〕的建議，整天避免澱粉／糖類食物，而有更穩定的體力水平和不會渴望進食。）

沒有時間吃早餐？快餐店的一個普通漢堡包或烤雞三明治的蛋白質，比多油脂和多糖的早餐更多，而「壞物質」卻更少。你毋須吃那麵包。高蛋白質、低糖奶昔、一碗低脂的農家鮮乾酪（cottage cheese）、一份昨晚剩下的牛排、或幾片捲午餐肉都可以起作用，毋須花時間預備煮早餐。

這簡單的改變不會對所有人都有幫助，但值得嘗試幾星期或更長時間。即使你的情緒沒有大幅度提升，你也應該發現你的思想更清晰。

更頻密地進食。很多人從糖尿病患者——需要頻密、份量少地進食去控制胰島素——學到這方法。你一天吃六小餐而不是兩三大餐，可能達至更穩定的能量水平。（仍然重要的是，確保你吸收充足蛋白質和很少或沒有單糖。）由於欠缺能量是抑鬱症其中一個最常見的特點，這個簡單的策略可以讓你更容易管理你的憂鬱症。

不要期望奇迹出現。單單改變飲食習慣不能醫治大部分人的抑鬱症。常規是，改善進食習慣和轉換藥物及其他行為的改變密切相關，帶來改進。但仍然有些人好像加里（Gary）一樣，他幾年前來接受我輔導。他的抑鬱症沒有明顯的成因。這些簡單的飲食調節，加上定期運動，已經足以大大舒緩他類似抑鬱症的癥狀。加里只需要一些身體上的改變，以糾正他不正常的身體節奏。

行動

嘗試飲食上的改變。

實行兩或三個星期。不是要終生都這樣做；只是嘗試一下。做以下任何或所有事情：

✓ 吃高蛋白質、低碳水化合物早餐。吃農家鮮乾酪、蛋或瘦肉。限制糖的份量——至少直到下午。

✓ 考慮一個進食計劃，是集中進食很多瘦蛋白質和「好」的碳水化合物，例如紅/黃/綠色蔬菜。不需要控制份量；要記得你現在不是嘗試減肥。

✓ 撤除咖啡因。喝不含咖啡因的咖啡或茶。確保你的減肥梳打沒有咖啡因。不吃巧克力糖（這對我很困難）；你可以一杯人造糖的可可飲品得到黑巧克力的健康好處。

✓ 在這試驗期內停止喝酒精飲品——或者限制自己每星期喝一個份量（例如六安士葡萄酒）。

現在以日記記錄你於抑鬱症的經驗裏所留意到的任何改變——即使很細微、不明顯的改變。如果經過兩三個星期後，你感到完全沒有分別，便可以按你的喜好一如以往般飲食。不過，如果你留意到有改善，即使不明顯的，要繼續新的進食計劃。

考慮與營養師討論你的進食習慣，或者上網尋找更多關於控制情緒的正確飲食的資料。

賀爾蒙

你記得十三歲是怎樣的嗎？你有沒有孩子、學生或親戚正經歷青春期？在生命的這個時候，高漲的賀爾蒙以產生大幅度波動的情緒聞名，由荒唐、咯咯地笑的興奮到痛苦的眼淚、生氣、勃然大怒和用力關門。賀爾蒙對情緒有強力（在這裏是戲劇性）的影響。賀爾蒙也可能引致抑鬱症形成，或者令抑鬱症惡化。

賀爾蒙不正常

少數抑鬱的人在下丘腦、垂體、腎上腺、甲狀腺或生長賀爾蒙的分泌方面，有一種或以上的不正常狀況。因為醫學原因或改善運動表現而服用類固醇的人，也容易情緒失調，包括患抑鬱症。

生理週期

有些研究人員將抑鬱症和生理週期聯繫起來，雖然其他研究不能在兩者間確立確定的關係。即使沒有全面明確的證據證明生理週期和抑鬱症有直接聯繫，但你可能從你特定的個案中找到聯繫。

參考以下行動欄目的特定建議，找出你的賀爾蒙有沒有影響你的情緒。你的醫生可以幫助你決定賀爾蒙補充劑能否幫助你。

行動：只適用於女性

如果你懷疑你情緒低落可能與你的生理週期有關，你可以測試一下兩者有沒有關係。

- ✓ 記錄你兩三個月裏的生理週期、情緒和行為。女性通常會在月經開始前兩個星期感覺最差。
- ✓ 如果你在生理週期期間有些時候經驗較多抑鬱的癥狀，你可以預備自己迎接那些低潮時間。
- ✓ 如果你看到生理週期和你的憂鬱之間有聯繫，見醫生，藉以決定是否需要服藥。
- ✓ 你也可以因為可能是正常的賀爾蒙問題而停止怪責自己或別人。

生育

另一段很容易因賀爾蒙而引致抑鬱症形成的時期是生育之後，那時女性的身體經歷賀爾蒙水平的快速改變。我仍然記得我們女兒出生後我走到病房的情形。我太太在哭。「我不知道為甚麼我哭泣。我應該高興。我們有一個美麗、健康的嬰孩。」我們當時仍未聽過產後抑鬱症；如果我們聽過，便會感到放心。

對大部分女性來說，生育後的抑鬱症只維持幾天，感到想哭或鬱悶，但有少數女性會於每個孩子出生後深深落入沮喪之中，有自殺念頭，而且維持幾個月。一個這樣的女性表示，當醫生終於認真看待她的問題，在她第二個嬰孩出生後立即給她注射適量的賀爾蒙，她便再沒有產後抑鬱症的問題。

不是全在你的頭腦內。不要讓任何人說服你，以為就是如此。抑鬱症也在你的身體內。雖然我們不可能決定有多少百分比是由環境引致，有多少百分比是由於生理的問題，但假設抑鬱症對幾乎每一個人來說都是關乎思想**和**身體的，是安全的做法。

下一章會討論一些微小的行動——實際的事情，是你可以**現在開始**做，為你的身體帶來好處，放鬆思想，從而令你更有精神的。

給家人

為家人帶來飲食上的改變。

如果你是主要負責煮食的人（或者你是決定去哪裏進食的人），你可能可以影響家人改變飲食習慣。作為兩三個星期的試驗，嘗試這章早前的「行動」欄目中提議的飲食改變。簡單來說，那包括：

- ✓ 吃高蛋白質、低澱粉質、低糖、低飽和脂肪的早餐。
- ✓ 撇除咖啡因。
- ✓ 不喝酒精飲品，或限制每星期喝一至兩杯。

要有彈性。不要令飲食計劃顯得那麼嚴格，以致你會想放棄。如果你留意到你所愛的人的情緒有改善，那怕只是輕微的，也要繼續新計劃。你可以從營養師、例如《享瘦南灘》等書籍或互聯網上，得到關於飲食的其他資料。

註釋：

1 C. DeBattista and A. Schatzberg, " Somatic Therapy, " in *Treating Depression*, ed. I. Glick (San Francisco, CA: Jossey-Bass, 1995), 153～181.

7

身體治療

在這一章你會：

✓ 集中在一個你很可能已經知道的事實：抑鬱時，人們往往難以入睡，而且特別容易在大清早時醒來。

✓ 找到一些可以採取的特定、具體步驟，讓自己睡得更好。

✓ 得知怎樣放鬆，如果焦慮是你抑鬱症的一部分，採用這裏提供的一個或更多個放鬆的方法。

現在你知道抑鬱症於身體上的癥狀有很多。你從自己的經驗或從你所愛的人身上已觀察到這些癥狀。也有相對簡單、可實行的身體治療，是可以幫助你克服低落感覺的。這章會提出其中一些。

睡得更好

接受三重分流心臟手術後，菲伊（Faye）逐漸恢復精力。能夠生存，她感到很高興。她恢復得差不多，可以問醫生她能否重新工作，但抑鬱症的經歷正攻其不備。她錯誤地以為女性不會患心臟病，男性才會。那並不公平。先有心臟病，然後是手術，現在又有抑鬱症。

我見到菲伊時，她的情緒相當低落。在二十年前獲得工商管理碩士學位後，她便渾身是勁，享受債券貿易的快速生活。她喜歡那步伐，去世界各地的首都，見重要的人，處理金錢。現在她在亞利桑那州（Arizona），與已經退休的父母一起居住，直到她復原才回去紐約。

森城（Sun City）的生活和她的另一個世界沒有甚麼相似之處。當然，菲伊知道她的生活需要一些改變。她已經作出改變了：每天走路，戒煙，喝少點酒，吃更健康的食物。她的情緒狀況得改善是看得到的，但她仍有一些睡眠障礙（sleep disturbance）的情況，以及容易哭，令她有點尷尬（特別是如果她前一晚睡得不好）。

我們決定先處理她的睡眠問題。失眠影響大部分抑鬱的人。但睡眠障礙不單是抑鬱症的癥狀；也可以是成因。

睡眠不足令人瘋狂。控制思想的專家利用睡眠障礙來替他們的受害者洗腦。即使身體受到折磨仍然拒絕合作的戰俘，往往在睡眠權利遭剝奪後崩潰。

大部分人可以應付一兩晚不睡覺，但在第三晚後，他們便開始感到（和在行動上）瘋狂。他們會失去記憶和產生錯覺。他們很容易被牽引，有時充滿妄想。長期失眠往往引致混亂、思想模糊、日間睡眠、煩躁、不時大怒、焦慮和其他可以令抑鬱症更嚴重的問題。

假定你是因為某種身體疾病而抑鬱。如果你有不正常的睡眠模式和嚴重失眠，你的憂鬱症幾乎肯定會變得更嚴重。長期的睡眠障礙可以令輕微抑鬱症變為深刻的沮喪。

睡眠障礙有幾種形式：

- □ 你可能很早醒來，或許在淩晨四時，然後一直醒著，直到白天。（這是抑鬱症其中一個最常見的特點。）
- □ 你可能難以入睡。你可能是沒有真正休息、睡得很淺，醒來時感到好像沒有真正睡過一般。
- □ 你可能幾乎整天都在睡覺（通常是除了晚上）。

如果你難以入睡，你需要先處理它，然後才處理其他問題。

這是關於睡眠障礙的好消息：**你可以做點事。**改善你晚上睡眠的情況，可以給你更多精力應付和征服你的抑鬱症。不單這樣，幾乎可以肯定，一旦睡得更好，你便不會感到那麼抑鬱！

以下提示對菲伊有用。它們幫助過很多人回復正常的睡眠模式。先嘗試對你來說最容易的建議，然後在不失敗和沒有不適的情況下儘量嘗試更多建議。

- □ **睡房只用來睡覺和進行性行為。**這對菲伊來說十分容易。她將電視機放到睡房外。一旦躺在牀上，她便不工作、研究或閱讀（除了閱讀真正沉悶的東西）。如果你在多功能房間睡覺，將這原則應用到睡牀，如果可能的話，將房間一角造成一個睡眠區。
- □ **如果你渴睡但仍然清醒，嘗試保持清醒。**我太太使用這個方法。她完全安靜地躺著，睜開眼睛，盯著牆上一點，盡力保持眼睛張開。幾秒後她的眼皮開始感到沉重，但她儘量保持眼睛張開。幾分鐘後她便睡著。我將這建議告訴菲伊時，她取笑我，但答應嘗試。結果成功！

☐ **如果你沒有睡覺，便起來。**抑鬱的人往往躺在牀上重溫他們的負面思想。菲伊感到驚訝的是，原來可以很容易地起來，做一些有建設性的事情。偶然失眠一晚，並不比在牀上輾轉反側更糟，但幾乎總能夠幫你在第二晚睡得更好。

☐ **在日間更活躍。**白天坐著、看電視、長時間打瞌睡或者瀏覽互聯網的人，晚上更難入睡。菲伊在父母家裏休養時很容易活躍起來；但回到紐約的辦公室就會比較困難。菲伊決定重新工作後會經常作短暫休息，在大廈走來走去。她會為同事做跑腿，走樓梯而不乘升降機。如果可能的話，她會站著工作。

☐ **白天不要小睡。**菲伊要放棄五時半的小睡，但能夠在晚上十一時感到更渴睡。

☐ **定期做劇烈運動。**不要在睡覺前兩小時做運動。運動的長期功效是放鬆，但它的即時效用是給你活力和刺激。過去，菲伊往往在黃昏時狀態下滑，小睡後不大做有意義的活動。現在她經醫生批准的運動時段由她走進家裏開始。這樣做令她有精力完成黃昏的任務或娛樂，到了睡眠時間她則更放鬆。（以下會有更多關於運動的討論。）

☐ **固定的睡眠時間**可以提示你的腦部是時間睡眠。菲伊在晚上九時半開始洗暖水澡，十時看新聞，然後安靜地默想片刻。

☐ **含大量碳水化合物和鈣質的少量小食**可以幫助你睡眠。（但不要在睡房進食。）菲伊選擇不在睡覺時進食，但如果她飢腸轆轆，她會喝一杯奶、一盒乳酪，或吃一塊加上一片芝士的全麥克力架餅乾。

- ☐ **如果你消化不良或火燒心（有時稱為胃酸倒流），不要在深夜進食或喝飲品。**任何有睡眠問題的人都應該避免在睡覺前吃喝具刺激作用的食品，如茶、咖啡、有咖啡因的梳打，甚至巧克力。
- ☐ **使用放鬆的方法。**身體的放鬆令思想（和強迫性的負面思想）平靜下來。使用預先錄製放鬆用的錄音帶，或者做菲伊所做的事，自己灌錄（參下文）。第十二章討論處理強迫性思想的其他方法，也可能有用。
- ☐ **要記得你實際睡得比你以為的更多。**很多相信自己整晚都沒有睡覺的人，實際上睡了頗多。深信自己不能入睡，是他們負面思想的一部分。菲伊一旦明白自己即使在「無眠」的晚上也有點休息，在她相信自己完全沒有睡覺時，她也感到好一些。

菲伊獨居。很多與伴侶一起睡覺的人發覺，改變地點有時可以幫助他們睡覺，特別是當消化不良或鼻塞是元兇時。搬到客房、書房或客廳的沙發，如果它舒適的話。（我們重新整頓家裏的辦公室，騰出空間放一張舒適的牀墊。）那可能對你有幫助。

學習放鬆

有沒有人叫你放鬆？冷靜一下？不要對自己太嚴格？安靜下來？讓我猜一猜：那並沒有幫助。

如果你發覺焦慮是你抑鬱症的一部分，找方法放鬆會有幫助。得別人告知你**應該**放鬆，並不會有任何好處，如果你不知道要怎樣做。

引導放鬆

焦慮的人可以學習放鬆。有很多方法這樣做：漸進的肌肉鬆弛、自體訓練（autogenic training）、生物反饋（biofeedback）、催眠和自我催眠、瑜珈、心肺練習（例如跑步）、控制呼吸和不同形式的禱告。

建議你在開始放鬆的練習前，先由醫生檢查身體——特別是如果你懷疑自己的體格是否可應付，或者如果你容易肌肉抽筋，或者背、頸或膝蓋有問題。

放鬆用的錄音帶可以幫助你減少焦慮。可以到書店找放鬆用的錄音帶。試兩三盒，然後選擇你喜歡的。一天聽錄音帶一次（第一個星期大約一天兩次），用十五分鐘幫助自己放鬆。如果你晚上不易入睡，在睡覺時聽放鬆的錄音帶。

減少焦慮的其中一個最有效方法是漸進放鬆。它也是最容易學習的一種方法。你可能不喜歡買放鬆用的錄音帶，而是想為自己特別錄製一盒。（這是菲伊的選擇——她習慣管理一切，喜歡自己能夠按喜愛的影像錄製錄音帶的這個想法。）

你可以編輯以下對白，然後向錄音機讀出，收錄下來。錄製錄音帶時定要放鬆。或者請一位聲線令人覺得舒服、柔和的朋友為你錄製。以平靜、放鬆的聲調說話，在不同指示之間確保留下足夠的安靜時間，讓自己有時間按要求去做。在需要放鬆時重播錄音帶——至少一天一次。[1]

讓你的眼皮閉上或部分張開。採取讓事情發生、被動的態度，容許放鬆以它自己的步伐出現。如果你的頭腦游走於其他思想中，不要擔心；溫柔地讓它們經過，安靜地回到那練習。

現在留意你的身體。細看它。留意它的感覺。

留意你的右臂和右手。留意它們的感覺。

保持身體其他肌肉鬆弛，伸出右臂，在面前伸直，向內往手腕拉你的手掌。(保持這動作五至七秒，以下部分皆如此。)

感受張力增加。等候。

現在放鬆你的手。放下手臂，想像和感受張力流出，放鬆感覺流入。

讓手臂及手鬆弛和放軟，沉重和放鬆。感受那放鬆狀態。

現在將注意力轉到左臂和左手。留意它們的感覺。

保持身體其他肌肉鬆弛，伸出左臂，在面前伸直，向內往手腕拉你的手掌。保持著。

感受張力增加。等候。

現在放鬆你的手。放下手臂，想像和感受張力流出，放鬆感覺流入。

讓手臂及手鬆弛和放軟，沉重和放鬆。感受那放鬆狀態。

現在留意你兩隻手臂和雙手。留意它們的感覺。

保持身體其他肌肉鬆弛，伸出雙臂，在面前伸直。

雙手緊握拳頭。保持著。

感受張力增加。等候。

現在放鬆雙手。放下手臂，想像和感受張力流出，放鬆感覺流入。

讓手臂及手鬆弛和放軟，沉重和放鬆。感受那放鬆狀態。

將注意力轉向右腿和右腳。

留意它們的感覺。保持身體其他肌肉鬆弛，伸出右腿，在面前伸直，右腳和腳趾向自己方向彎。保持著。

感受張力增加。等候。

現在放鬆右腳和腳趾。放下你的腿，想像和感受張力流出，放鬆感覺流入。

讓右腿及右腳鬆弛和放軟，沉重和放鬆。感受那放鬆狀態。

留意你的左腿和左腳。留意它們的感覺。保持身體其他肌肉鬆弛，伸出左腿，在面前伸直，左腳和腳趾向自己方向彎。保持著。

感受張力增加。等候。

現在放鬆左腳和腳趾。放下左腿，想像和感受張力流出，放鬆感覺流入。

讓左腿及左腳鬆弛和放軟，沉重和放鬆。感受那鬆弛。

現在將注意力轉向雙腿和雙腳。留意它們的感覺。保持身體其他肌肉鬆弛，伸出雙腿，在面前伸直，腳和腳趾伸向前。保持著。

感受張力增加。等候。

現在放鬆雙腳和腳趾。放下雙腿，想像和感受張力流出，放鬆感覺流入。

讓雙腿及雙腳鬆弛和放軟，沉重和放鬆。感受那放鬆。

現在留意你的胸口和腹部。留意它們的感覺。保持身體其他肌肉鬆弛，收緊腹部和擴張胸口。保持著。

感受張力增加。等候。

現在放鬆腹部和胸口。想像和感受張力流出，放鬆感覺流入。

讓腹部及胸口鬆弛和放軟，沉重和放鬆。感受那放鬆。

現在將注意力轉向背部。留意它的感覺。保持身體其他肌肉鬆弛，保持呼吸平靜和平穩，將肩膀向後推，輕輕將背部上部向後弓起，容許腹部和盤骨向前。保持著。

感受張力增加。等候。

現在放鬆背部。想像和感受張力流出，放鬆感覺流入。

讓整個背部鬆弛和放軟，沉重和放鬆。感受那放鬆。

現在將注意力轉向肩膀、頸部和面部。留意這些部位的感覺。保持身體其他肌肉鬆弛，肩膀向耳朵上升，保持前臂鬆弛，輕輕將頭伸向後，咬緊牙關，緊閉眼瞼。保持著。但繼續呼吸。

感受張力增加。等候。

現在垂下肩膀，放鬆頸部、上下顎、眼和整張臉。想像和感受張力流出，放鬆感覺流入。

讓肩膀及頸部鬆弛和放軟，沉重和放鬆，讓上下顎放鬆和不緊張，眼睛放鬆和平靜，整張臉柔軟和放鬆。感受肩膀、頸和臉的鬆弛。

現在細看整個身體，感受鬆弛那良好感覺於你的思想和身體存在。

我準備慢慢由一數到五。在我數到五時，深呼吸。吸氣時心裏說：「頭腦敏銳，十分清醒」，並打開雙眼。呼氣時說：「放鬆和恢復精神。」

一。來吧。二。三。四。五。

深深吸氣。說：「頭腦敏銳，十分清醒」，並打開雙眼。

呼氣，說：「放鬆和恢復精神。」

輕輕伸展所有肌肉，然後慢慢起來，感到警覺和恢復精神。

在肌肉收緊那五至七秒期間，它們應該頗為拉緊，但卻不致痛楚。開始時，你不需要做足全身各部位；你練習和增強鬆弛的能力時，便能夠做更多。

要有效運用漸進放鬆，你需要顧及你的特別需要或身體狀況。你熟習了那方法後，便可以將怎樣放鬆特定肌肉羣的描述細節減少。最終你可能不需要用錄音帶做放鬆練習。

每天練習一至兩次，每次十五分鐘，直到你學會很快放鬆。最好在早上起來後不久做一節，然後在黃昏做一節。

你在學習一種技巧，好像學習駕駛一樣；當中沒有任何神奇之處。藉著採取一種讓它發生的態度，你容許自己放鬆，不會勉強。如果沒有立即生效，你也不會令自己不高興。

其他放鬆方法

上面描述的緩慢、一步一步的過程，在學習放鬆的初期是需要的。你一旦學懂基本步驟，便可以運用其他方法，將學習到的應用在日常生活更廣泛的地方，縮短放鬆所需的時間。

全身漸進放鬆

這進階的練習只需要一兩分鐘。它對那些可以用漸進放鬆方式放鬆的人特別有幫助。它涉及盡可能同時繃緊身體上最多肌肉。

踮著腳站立，緊握拳頭，皺起臉，升起肩頭，頭向後仰。盡可能繃緊最多肌肉五至七秒。然後讓所有肌肉放鬆十五秒，感受一下那放鬆的感覺。這方法連續做兩三次效果最好。

呼吸練習

閉上眼睛，控制你的呼吸，專注於呼氣。每次吸氣時在心裏説：「我」，每次呼氣時說：「放手。」做幾分鐘，留意你的呼吸怎樣放慢，你怎樣感到更平靜和放鬆。

或者嘗試按這方法作變動的：平靜地坐下，閉上眼睛，專注於透過鼻孔呼氣。每次呼氣時重複「平靜」或「放鬆」這個詞。你繼續這樣做時，放鬆的感覺與「平靜」或「放鬆」這些詞語的配對便會增強。將來在忙碌的一天的緊張時刻，在心裏重複這些詞語便能即時放鬆。

小型假期

做以上其中一個練習，然後想像一個放鬆的地方或事件，是要使人平靜而不是興奮的。例如：你可能看見自己在充氣的橡皮艇上，漂浮於一個平靜、陽光普照的湖中，感受你皮膚上陽光的溫暖，湖水的氣味，風吹過岸上松樹的聲音。確保你選擇的地方會令**你**而不是別人放鬆。放開你的想像，容許你所有感官活躍起來。在緊張的一天裏，這練習為你提供一個小型假期。

默想和屬靈導引

任何形式的放鬆實踐都可配以默想的時間或其中一種經典的屬靈操練，例如禱告或思想一段聖經經文。兩者互相補足和促進。（如果你想進一步了解，讀好像卡博特－辛恩〔Jon Kabot-Zinn〕的《多舛的生命之旅》〔*Full Catastrophe Living*〕。）

練習：只是做吧！

我討厭跑步。游泳是沉悶的。固定腳踏車也不比它們好，但至少你可以看美國有線電視新聞網路（CNN）。艱難之處是說服自己定期這樣做。因此，重要的是找到一種活動，能夠給你樂趣和對心血管有好處。例如：你可能養一隻狗，每天帶牠散步。那隻狗一定會喜歡。你的狗很可能每天都求你帶牠去散步，令你較難停止散步一天，然後一天又一天。

你毋須用力地跑步或來回游多個圈。任何定期的心血管練習都可以幫助防止抑鬱症。我個人的選擇是球拍運動，直到兩個腫脹的膝蓋令我要退下火線舉重和用步行機。

□ 玩直排輪式滾軸溜冰。

□ 園藝。

□ 好像訓練狗隻敏捷一樣，開始進行一種狗隻/人類的運動。

□ 霹靂舞。探戈。在舞池跳舞。

□ 在客廳赤身隨著你喜歡的音樂四處走（先放下窗帘）。

□ 拋馬蹄鐵直到你手臂無力。

□ 剪草。

□ 德州二步舞。

無論你做甚麼，**只管去做！**活動是你的好朋友。它幫助你控制憂愁和陰暗的情緒。

為甚麼運動對我們那麼好？首先，身體健康的人更強壯和更有精力。定期運動給人成就感：「這是我能夠做的事情；它為我的生命帶來紀律。」紀律給憂鬱症患者一種自制的感覺。這些人感到自己對生命的一切都無能為力。

任何活躍的事情——即使是清潔房子或在你指定的兩里公路上拾垃圾——都可以讓你從強迫性負面思想中分散注意力，將注意力轉向正面思想上。

如果你沒有做運動的習慣，從少量運動開始。一個幫助自己適應的實用好方法是：你應該感到自己的努力，但在做運動時仍然可以繼續談話（真正或設想的）。如果你感到痛楚，便停下來。如果繼續感痛楚，給自己休息多一天，並用 RICE 治療（休息〔rest〕、冰〔ice〕、擠壓〔compression〕和提升〔elevation〕）。如果仍感痛楚，見醫生。

每天運動是對抗焦慮的最有效方法。但如果你不準備每天做，為自己製定計劃，是包括休息日的，以致你不會感到你破壞了做運動的計劃。

最重要的是，無論你是處理睡眠問題，還是進行放鬆訓練、做運動、或其他自我改進計劃，都要善待自己。**你最需要的是成功！**

最初不要嘗試作出太多改變。做你能夠做的，不要給自己增添太多額外的壓力。你知道你應該放棄吸煙或減肥，但正在採取步驟管理抑鬱症時，你可能無暇兼顧。對於作困難或徹底的改變，要謹慎。

要善待自己，好像對珍貴的老朋友一樣。給自己一點寬容，但**永遠不要放棄。**決定去做任何你肯定自己能夠做的事情。然後坐言起行。

行動

睡眠障礙、張力和缺乏運動，往往令抑鬱症更糟。

✓ 如果你幾乎每個早上都很早醒來，依從頁 120 至 121 的建議。嘗試了幾天後，觀察（並記在筆記簿內）睡得較好和感覺較好的時候。

✓ 開始實行放鬆練習。選一個你覺得有意思的練習 —— 這章討論過的任何一個，或者以前對你有幫助的練習。

✓ 如果你發覺自己的睡眠狀況有最輕微的改善，繼續做這些練習。

✓ 如果你嘗試了其中一個建議一個月，卻沒有任何改善，便可以放棄那建議，嘗試其他東西。

給家人

定期運動已被證實能夠改善情緒。

✓ 與和抑鬱症搏鬥的家人一起做運動。這對你兩人都有好處。

✓ 嘗試找一種你兩人都感興趣（除了提供心血管的好處外）的活動。任何定期的心臟/肺運動都有助防止抑鬱症，和防止照顧者耗盡。

✓ 告訴自己你會做一個月運動，而不是一生都做。

✓ 如果你所愛的不想和你一起帶狗去散步，你便自己去——下次再請對方和你一起去。

✓ 遭對方第一、第二甚至第三次拒絕也不要放棄。對方一旦踏出第一步，惰性便被打破。你所愛的人一旦去一次散步，你便能夠看到對方情緒提升。運動一旦成為習慣，便會變得更容易。

註釋：

1 H. Stone, *Brief Pastoral Counseling*（Minneapolis, MN: Fortress Press, 1994）.

8

醫藥治療

在這一章你會：

✓ 發現抗抑鬱藥物怎樣發揮作用。（讀這章是找清楚的解釋，**而不是醫藥建議**。）

✓ 認識三種主要的抗抑鬱藥物。

✓ 認識大部分醫生怎樣和為甚麼建議你服用這些藥物。

✓ 為自己回答 個問題：我是否應該服用這些藥物？

辛西婭（Cynthia）拿著一杯咖啡坐在房間裏，看她喜歡的電視日間清談節目。受訪者是一個記者，最近出版了一本受歡迎的書，揭露不同處方藥物的危險。當時，這作者談及不同抗抑鬱藥物的可怕副作用——包括辛西婭的醫生處方給她的藥物。

她應該怎樣做？辛西婭實際上開始感到有好轉，不會總是那麼憂愁。現在她感到擔心。她會有自殺傾向嗎？她會因為便祕的副作用而患腸癌嗎？她可以再享受性愛嗎？她會於駕駛時感到暈眩，而發生致命的交通意外嗎？還有，那些藥物令她胃部有點不適。或許她應該將它們丟進馬桶沖走。

辛西婭打電話給我。我知道她服用那些藥物，好像服用亞士匹靈一樣。她會在真的感到很糟時吞下一兩粒，在感到不需要服藥時則停止服用。我促請辛西婭依足醫生處方的方式服藥（每天在同一時間飽肚服用）。我指出抗抑鬱藥物和鎮靜劑、止痛藥或亞士匹靈不同。它們需要幾個星期甚至幾個月才能夠在系統中建立起來。

接著，我告訴辛西婭，她需要取得一些關於抗抑鬱藥物的可靠資料，它們有甚麼副作用，以及應該怎樣服用。我指出推銷自己的著作的作者可能為了提高著作的銷量，而以聳人聽聞的手段處理一些道聽塗説的證據。

辛西婭應該在哪裏做研究？我促請她去找她的醫生。我也告訴她一些這書列出的具信譽的網頁（第二十一章）。辛西婭一旦取得堅實、準確的資料，便可對怎樣對抗抑鬱症作出明智的決定。我提醒她，她是要負責的人。

最後，我們討論辛西婭在對抗抑鬱症的努力中，可以取得更多控制的方法。她學懂特定、可實踐的事情，是她可以實行以減輕抑鬱症對她生活的影響的。

在我們談話前，辛西婭對於抗抑鬱藥物持很多常見的錯誤觀念：

- □ 她害怕藥物會令她上癮，因此沒有每天服用。（它們不會形成習慣。）
- □ 她期望藥物會好像亞士匹靈那樣在幾分鐘發揮效用，但實際上它們要一個月，偶然甚至要更長時間才能夠發揮全面效用。
- □ 她假設藥物會解決她的抑鬱症問題，她自己毋須付出努力。

辛西婭很快就知道控制自己的康復的好處。在藥物處理她身體的化學物質時，她可以在自己的行為、思想和關係上努力。

新藥物

嚴格來說，抗抑鬱藥物不是藥物——不是大部分人心目中那種藥物。它們不會形成習慣。你永遠不會因為服用這些藥丸而情緒高漲，如同你服食像可卡因和安非他命等物品後那樣。

抗抑鬱藥物有幾種。每種都以獨特的方式在你的腦細胞產生作用，糾正一種特定的功能失調，令它更加以原本的方式發揮作用。

人腦是一個神經細胞的複雜電系統。思想這個複雜系統的簡化方式是，將你的腦細胞（稱為神經細胞〔neurons〕）思想為分佈於藍色的加拿大湖上的很多個島嶼。神經細胞之間的空隙（稱為突觸〔synapses〕）是冰冷的深水。你怎樣由一個島去到另一個島？你可以游過去，但這樣太冒險了。你需要一艘船。

稱為神經傳遞素（neurotransmitters；字面的翻譯：「神經細胞運送」）的化學物質，是將物體由一個島（神經細胞）帶到另一個島的船隻。它們在哪裏卸貨？在碼頭！這些碼頭稱為受體（receptors）——每個神經細胞上面的特定地方，在那裏神經傳遞素可以傳遞從原來的神經細胞而來的信息。

正如船有很多種，腦部也有幾種神經傳遞素。一元胺神經傳遞素（Monoamine neurotransmitters）是將關於思想和感情的信息傳過突觸的船隻。聯繫到你的情緒的三種常見一元胺神經傳遞素是血清素(serotonin)、去甲腎上腺素(norepinephrine)和多巴胺(dopamine)。當這些一元胺神經傳遞素其中一種有缺陷或不足夠時，或者當神經細胞的受體(碼頭)出問題時，一個人便容易抑鬱。

抗抑鬱藥物是設計來糾正你腦部的船隻和碼頭的問題。它們增加神經傳遞素(船隻)的供應，讓神經細胞以本應的方式運作。將信息由一個神經細胞傳遞到另一個神經細胞後，神經傳遞素分解，並回到原來的神經細胞(母港)。當然，這一切都以驚人的速度發生。

有些抗抑鬱藥物將過程減慢，基於的假設是速度更快時可能沒有足夠的一元胺神經傳遞素執行那工作。換句話説，一隻拖船可能做六隻快艇的工作。如果你只有兩三隻快艇，拖船可以相當有用。

有時船隻會迷路或出現故障；它在到達碼頭前一百八十度轉彎，沒有送貨便回家。這種回母港的傾向叫做「再攝取」。解決方法是關閉母港。一些最常見的再攝取抑制劑是近年研發的藥物，令船隻不會回家。它只能夠去目的地，在那裏送貨。

當然，這些藥物並非對所有人都有完全一樣的功效。有少數故事是關於一些人對抗抑鬱藥有不好的經驗——甚至有人關注服用這些藥物會令人自殺。但大多數情況下，那些故事都是奇迹的故事。

如果你患有抑鬱症，只有你的醫生可以為你選擇抗抑鬱藥物。我不會叫你服用這些藥物，我肯定不會告訴你該服用哪一種藥。但如果你對一些較常見的抗抑鬱藥物，以及它們怎樣發揮作用有認識，你便能夠作出有關這些藥物的明智決定。

抗抑鬱藥物的美麗之處是，它們醫治抑鬱的生理（身體、生物）方面。它們是設計來解決腦部不正常運作的地方。因此，它們可以和這書所描述應付抑鬱其他三方面（思想、行為和關係）的實際步驟一起使用。

好像辛西婭一樣，很多與抑鬱感覺搏鬥的人都以為抗抑鬱藥很快生效，好像亞士匹靈或安定（Valium）。事實上，它們以完全不同的方式發揮功效。亞士匹靈在大約三十分鐘內最有效，在大約四小時後效力完全消失。但服用足夠份量的抗抑鬱藥物卻需要**十天到四個星期**才能夠達到預期的功效。有些醫生更認為它們可能需要兩個月才能夠完全發揮功效。

你停止服食這些藥丸後，它們的殘餘影響要幾個星期才會消失。因此如果諾曼（Norman）說：「我停止服藥後便感到好些」，他可能是對的——暫時而言。藥物的副作用減少了，但藥物的殘餘功效仍在發揮作用。但隨著時間過去，殘餘的影響也會消失。如果諾曼沒有為自己的生命帶來任何改變，他幾乎肯定會再抑鬱。然後，如果他決定再次服用抗抑鬱藥，就需要另一段很長的時間，藥物的最大效力才能夠發揮。如果諾曼最初開始服藥時經歷副作用，他很可能會再次經歷。他很可能會因為停止服藥而後悔。

各種抗抑鬱藥

要設想不同種類的抗抑鬱藥怎樣發揮作用，讓我們回到藍色的加拿大湖這個比喻。一個真正的大湖，例如安大略（Ontario）和明尼蘇達（Minnesota）的林中湖（Lake of the Woods），可能有數千個島。很多島都離有人居住的市鎮不足一小時的船程。這表示房屋都已興建和維修，也有人挖了井，安裝化糞系統。郵遞船環繞各島。人們坐船到市鎮購物和娛樂，到附近的島嶼探訪朋友和親戚。

一種船不能應付所有目的。你至少需要拖船運送建築材料，馬力大的電船快速到達市鎮或派遞郵件，或許需要獨木舟去鄰近的島。人們也可能在岸邊備有駁船、帆船、單人划子、甚至明輪船。

同樣，醫生可以在幾種藥物中選擇一種來緩和抑鬱症。這是重要的，因為幾種功能失調可以同時在神經細胞和神經傳遞素中發生，需要不同的「船隻」去糾正問題。

雖然幾種新一代藥物都不屬於以下類別，這個討論會集中於三種主要的抗抑鬱藥物，它們通常稱為單胺氧化酶抑制劑（MAOIs）、三環抗抑鬱藥（TCAs）和選擇性血清素再攝取抑制劑（SSRIs）。

單胺氧化酶抑制劑

新陳代謝是產生、分解和消耗能量的過程。單胺氧化酶減慢多巴胺、去甲腎上腺素和血清素這幾種神經傳遞素的新陳代謝。藉著減慢這三種「船」的新陳代謝，從而延遲它們的分解和消耗，單胺氧化酶抑制劑（Monoamine oxidase inhibitors，MAOIs）增加它們在腦突觸中的存在。

單胺氧化酶抑制劑最初在一九五六年引入，其中包括苯乙肼（phenelzine〔Nardil〕）、反苯環丙胺（tranylcypromine〔Parnate〕和思吉寧（selegiline〔Deprenyl〕）。單胺氧化酶抑制劑是有效的抗抑鬱藥，特別是對於非典型的抑鬱症，例如植物人狀態的病癥（vegetative symptoms；精神病學家稱為憂鬱性抑鬱症）、焦慮／驚恐發作和嚴重失眠。

可惜單胺氧化酶抑制劑可能有嚴重的藥物相互作用。單胺氧化酶抑制劑需配合特定的飲食，因為某些食物中的化學物質酪胺（tyramine）可以與單胺氧化酶抑制劑產生危險的相互作用，引致血壓急升和心跳加速。

我認識一位女士，她服用一種早期的單胺氧化酶抑制劑。她喜歡的三種食物是陳年芝士、新鮮酵母麵包和好的紅酒。她服用單胺氧化酶抑制劑後，這三種食物都不能吃——吃了會非常危險。

今天，對飲食沒有那麼嚴格。服用單胺氧化酶抑制劑的人必定不能吃陳年芝士、任何加工或可能變壞的肉類、蠶豆、生啤酒、泡菜、醬油或黃豆製品，例如豆腐。以前完全不能喝酒，現在喝適量也是安全的。

由於這些原因，單胺氧化酶抑制劑是今天最少給處方的抗抑鬱藥。按處方服用，並嚴格按照飲食建議，它們仍然能夠有效治療某些抑鬱症。藥廠正發展新一代的單胺氧化酶抑制劑，副作用會比較少，但現在大部分人都只在其他抗抑鬱藥無效時才使用這種藥。

三環抗抑鬱藥

三環抗抑鬱藥（Tricyclic antidepressants，TCAs）藉著改變我們上面提到的三種神經傳遞素——血清素、多巴胺和去甲腎上腺素——治療抑鬱症。三環抗抑鬱藥藉著阻止這些化學物質的再攝取而增強它們的活動。有些三環抗抑鬱藥阻止三種神經傳遞素的再攝取，另一些主要對去甲腎上腺素這種化學物質產生作用。只以腦中的一種化學物質為目標帶來較少副作用。

三環抗抑鬱藥的一些牌子包括Aventyl、Asendin、Elavil、Pamelor、神寧健（Sinequan）、妥富腦（Tofranil）、Vivactyl。

從一九五八年得到採用，到百憂解（Prozac）在一九八〇年代後期出現，三環抗抑鬱藥都是治療重抑鬱症的標準藥物。服用的病人毋須遵從特定飲食規則。

不過，有些醫生對處方三環抗抑鬱藥有保留，特別是對嚴重抑鬱和/或有自殺傾向的病人，因為這種藥物很容易過量服用。**事實上，由於只要稍為比正確份量多一點，便有很高致命率**，人們都關注存放了三環抗抑鬱藥的家中有小孩、健康有問題的成年人，和可能因為混淆而服用錯誤劑量三環抗抑鬱藥的長者，或者誤服其他家庭成員的三環抗抑鬱藥的長者。

三環藥物也可能帶來一些令人不舒適的副作用。年長的病人或服用高劑量的病人可能感到口乾、視力模糊、體重增加、鎮靜、思想模糊、小便困難、便祕、不正常地血壓低，有時甚至心律不整（心跳不均）。由於它們的鎮靜效果，三環藥物最好是在臨睡前服用。大部分服用三環抗抑鬱藥的人都發覺副作用會隨時間減少（但不一定消失）。

選擇性血清素再攝取抑制劑

這種抗抑鬱藥增加血清素的供應，這是一種有助腦部功能和使人感到安好的神經傳遞素。它們藉著減慢血清素從目標神經細胞的突觸和受體移走的速度，達致以上作用。血清素停留在受體附近的時間比正常時間長一點，那接收的神經細胞的衝動被引發起來的可能性就增加。因此，即使腦部的血清素並不足夠，選擇性血清素再攝取抑制劑（Selective serotonin re-uptake inhibitors，SSRIs）都會增加它的功效。

百憂解（通用名稱為fluoxine）是第一種選擇性血清素再攝取抑制劑。從一九八八年得到採用開始，百憂解為抑鬱症病人的醫藥護理帶來革命性改變。數以百萬計的人服用百憂解。它成了一個家喻戶曉的名字，好像舒潔（Kleenex）或佳得樂（Gatorade），也成了笑話和清談節目的主題。今天百憂解仍然是其中一種最常處方的抗抑鬱藥物。

選擇性血清素再攝取抑制劑現在是最普遍的抗抑鬱藥，因為它們的功效至少和單胺氧化酶抑制劑及三環抗抑鬱藥一樣好，但副作用比較少。這些藥物更難因服用過量而引致生命危險，因此對可能有自殺傾向的病人較安全（但關於這個主題，請繼續讀下去）。因此，對那些與抑鬱症搏鬥但又不能服用早期的抗抑鬱藥物的人，它們帶來舒緩。

醫生也處方選擇性血清素再攝取抑制劑和其他較新的抗抑鬱藥物給患有強迫性神經官能症、飲食失調、偏頭痛和一些慢性痛症的人。

雖然選擇性血清素再攝取抑制劑和其他較新的藥物比較早期的抗抑鬱藥較少副作用，但它們有時會引致胃部短暫不適（百分之二十到四十的使用者表示有這問題）。飽肚服用選擇性血清素再攝取抑制劑可以減輕胃部不適。

選擇性血清素再攝取抑制劑的其他可能副作用，包括失眠、不安、渴睡、頭痛、便祕和減低性慾及性表現。性方面的副作用現在似乎比原先報告的更普遍。這些副作用大部分會隨著時間減輕；其他使用者則學習忍受這些副作用，以得到藥物帶來的好處。

你可能看過或聽過新聞報告，表示百憂解和一些其他抗抑鬱藥物引致少數人有強迫性自殺或殺人念頭或行動，特別是青少年。這個現象最初是傳聞，現在是大規模、受控制的臨牀研究的主題。圍繞這些報告的憂慮，引致一些選擇性血清素再攝取抑制劑加上提醒和警告字眼。現在醫生仍然處方這些抗抑鬱藥物，但抑鬱症患者和家人需要與醫生討論那風險，並謹慎地留意有沒有自殺念頭的迹象，並衡量風險和好處。

以血清素和其他神經傳遞素為目標的選擇性血清素再攝取抑制劑和其他近期的藥物，包括克憂果（Paxil）、無鬱寧（Luvox）、神閒寧（Serzone）、速悅（Effexor）、樂活憂（Remeron）、威博雋（Wellbutrin）和瑞波西汀（Reboxetine）等等。

碳酸鋰

最後還有以前深受歡迎的碳酸鋰（lithium carbonate）。鋰不是上面討論的三種主要藥物之一，它對雙極化情緒失調（bipolar disorders；特點是情緒大幅波動，由高漲和過度活躍轉為十分沮喪）的人有幾乎是神奇的效果。有些研究——有些現在仍在進行——顯示鋰對抗重抑鬱症是有效的，據報它可以幫助處於抑鬱階段的雙極化情緒失調病人。在某些情況，低劑量的鋰加上三環藥物，據報可以幫助超過百分之五十原本對單使用三環抗抑鬱藥或單胺氧化酶抑制劑沒有反應的病人。[1]

對這書出版時一些常見、用來治療抑鬱症的藥物，這是個十分粗略的概覽。我的目的不是要列出所有可能的作用、副作用、劑量或藥物相互影響。畢竟每年都有幾種新抗抑鬱藥物面世。而且我不是醫生。

你有權知道！	你應該每次都要求醫生在處方抗抑鬱藥物時與你檢視所有這些資料，並在其後定期檢討。如果醫生沒有慣常地以書面提供這些資料，要求他們這樣做。

除了上面提到的抗抑鬱藥物外，還可以加上其他治療建議，或以其他治療代替，視乎你特定的抑鬱狀況裏最令人困擾的病癥，和你的醫生所接受的訓練及經驗。這些額外的藥物可能包括甲狀腺補充劑，如利他林（Ritalin）的精神興奮劑（psychostimulants），給精神病、妄想症或焦慮性抑鬱症患者的精神抑制藥（antipsychotic），以及情緒穩定劑。

服食你的藥物

如果你患抑鬱症，決定你應否服用藥物不是你（或你家人）的任務。不過，以下須考慮的因素可以幫助你與主診醫生或精神科醫生合作，評估你是否需要抗抑鬱藥物。對想讓自己所愛的、患抑鬱症的人得到最好的照顧的讀者，這些因素可能特別有用。

抗抑鬱藥物的最大壞處是，抑鬱症患者傾向不定時服藥或完全停止服藥。這使令人不舒服的副作用更容易出現，並將好處減到最低或完全消除。

沒有一種抗抑鬱藥物是明顯比其他藥物優勝的。市面上沒有一種藥物是對所有人都有好處的。如果一種藥物無效，很可能另外一種會有效。與醫生談論處方不同的抗抑鬱藥物，如果第一種有不能忍受的副作用，或者在一段合適的時間後仍然不能帶來舒緩。

醫生建議：想從抗抑鬱藥物得到最大好處的病人按處方每天服用，並在抑鬱癥狀減退後繼續服用最多十二個月。因此，不論因何原因而突然停用抗抑鬱藥前，必須先諮詢處方藥物的醫生。立刻打電話給醫生，談論你的關注。簡單地改變劑量或管理策略(例如：如果藥物令你渴睡，在睡覺前服食最大劑量；如果便祕，在你的食療加上更多水份和纖維或排洩物軟便劑)往往可以有效地控制副作用。

有時你的醫生可能建議你逐漸停用藥物。這要視乎你的病歷，你抑鬱的性質，和你服用甚麼藥物。如果你的抑鬱時期是情況嚴重或反覆出現，或者如果家庭裏有患抑鬱症的歷史，你的醫生可能建議你在一段較長時間內維持服用較低劑量。

要留意一些維持健康組織（health maintenance organizations, HMOs）限制使用新一代抗抑鬱藥物，藉以控制不斷增加的藥物成本。如果較舊的藥物令你有嚴重的副作用，你的醫生可能能夠向你的維持健康組織建議，就你的特定情況給你服用較新、較昂貴的藥物，即使保險公司認可的藥物處方裏沒有那種藥。

我們不能確保所有醫生都向抑鬱的病人清楚解釋這些重要的指引——或者病人聽得清楚。因此去見醫生診治抑鬱症時，**帶同家人或好朋友**是好的做法。兩對耳朵總比一對好；那個人可能問一些你沒有想到的重要問題。

選擇可以有效地溝通的醫生也是重要的。一九九三年蘭德公司（Rand Corporation）的研究顯示，[2] 少於一半主診醫生在醫治抑鬱症患者時，花三分鐘或更多時間與他們商量。這令人關注到醫生或許因為忙碌，可能會太快處方藥物，忽略了病人生命中的其他事件。蘭德研究中，一半醫生給病人那零到三分鐘，肯定不足以應付那些關注。

如果你得不到答案，要記得克服你的抑鬱症比擔心醫生對你會有何看法，或要態度良好或不可冒犯醫生更重要。如果跟這個醫生不能有效地溝通，見另一個醫生是**完全**沒有問題的。相信我吧；那醫生不會有甚麼猶疑。

最後，家人最好與本地精神科醫生及/或對抗抑鬱藥物有認識的主診醫生建立轉介關係。（今天差不多百分之九十處方抗抑鬱藥物的醫生都是主診醫生，而不是精神科醫生。）

你應該服用這些藥物嗎？

有些批評用藥物治療抑鬱症的人相信，這些藥物給人們一個信息：他們沒有資源征服他們自己的抑鬱症。[3]

吞一粒藥丸去應付靈性低潮或服藥去減輕沮喪，肯定令人更容易避免面對個人的掙扎。但我們屬靈和情緒的本質和我們身體的本質不能分開。我們的思想和身體是一個聯合體。我們細胞的物理構造和我們身體的衝動，都是我們人性的一部分。

如果藥物可以減輕嚴重的背痛又不致令人頭暈，使用它是合理的——即使嚴重的痛楚可能是一種途徑，令人成為更深刻、情緒和靈性都更成熟的人。如果藥物可以幫助你迎接一天，那麼我覺得是值得使用的。抗抑鬱藥物不是逃避我們的惡魔的方法，但它們可能可以幫助我們以更清晰的頭腦和更輕鬆的心情迎向我們的惡魔。

大部分維持健康組織都確定抗抑鬱藥物沒有心理治療那麼昂貴，因此鼓勵人們使用抗抑鬱藥物而不是接受輔導。你認為為甚麼醫生那麼喜歡處方利他林給注意力缺乏症的兒童，以及處方百憂解給抑鬱的成年人？它們對大部分人有效，而維持健康組織認為它們符合成本效益。

保險公司傾向支持使用藥物，可能令更多新的抗抑鬱藥面世，但管理式醫療公司（編按：與醫生或醫院合作，推出保健計劃的保險公司）所包括的心理治療次數也可能有限。相比替病人進行心理治療，有些公司甚至每小時付更多錢給精神科醫生，請他們藉藥物處理病人的問題。

有趣的是，藥物行業每年花超過五十億美元宣傳抗抑鬱藥物。這運動取得成果。一九九四到一九九五年，醫生所處方的抗抑鬱藥物增加了一倍。[4]

我見過抗抑鬱藥物在人們生命中產生神奇的療效，如果我需要，我會毫不猶疑地服用。雖然這樣，我們對不加管束地使用藥物最好保持懷疑，特別是任何聲稱是對所有影響你的問題都有用的萬靈藥。

服用藥物應付生理上的欠缺和服食藥物實現當代對快樂的文化觀念，兩者之間的界線是危險地模糊的。我贊同使用抗抑鬱藥物，但不是盲目地使用。我們人類接近為每一個問題尋求藥物，一服叫人感覺良好的藥，去消除隱藏在生活中的痛苦。不需要掙扎經過心靈的黑夜，不需要面對和克服苦難。吞一片藥丸！保持生命陽光普照的一面！

同時採取行動和服藥

如果只用藥物來治療，有超過一半可能性會復發。單用心理治療——也就是實踐這書描述的改變——的復發率比較低。[5]也要記得，大約有四分一抑鬱症患者服了抗抑鬱藥物後沒有好轉。有些不能忍受抗抑鬱藥物的副作用。其他人只是抗拒服藥。對這些人，自我幫助和輔導是僅有的選擇。

事實上，最好的選擇不是非此即彼。即使抑鬱是基於生物性，那並不表示必須單以生物性的方法治療。服藥**並**在生命中作出行為、人際和認知的改變，很可能會比單用任何一種治療更有成效。

採取這書建議的步驟的好處是，它們可以教導你怎樣管理你的抑鬱症。無論藥物給你多大幫助，負責管理的都是你。行動步驟也可以教導你怎樣有不同的思想和行動，令將來出現抑鬱症的可能性減低。

抑鬱症的生物學基礎已廣為人知，也有很多文獻記載。我們這個時代，似乎神奇的藥物可以幫助大部分抑鬱症患者。認識抗抑鬱藥物——它們怎樣發揮功效、它們的用處和副作用——可以令抑鬱症患者和他們的家人在治療過程中與醫生和治療師全面合作。結合藥物和某些生活方式的改變，即使是很細微和簡單的行動，都可以令你感覺到重新掌握自己的生命和將來。

行動

如果你有任何抑鬱症癥狀，去見醫生。

✓ 醫生可能處方抗抑鬱藥物。

✓ 如果你服用抗抑鬱藥物，要確保自己連續一個月或六星期每天都服用。到了那時，大部分副作用都會減輕或變得可以應付，你便更能夠評估那好處。

✓ 在拿著藥物走出診症室前，問醫生你應該會怎樣。問會有甚麼副作用。問你應在甚麼時候服藥，要服用多久。

✓ 提出你對這些藥物的任何疑慮。

✓ 是否服藥，最終應該由你決定；畢竟你是管理你的抑鬱症的人。

✓ 如果你選擇服用抗抑鬱藥物，在日記中逐步記下你思想、感受和行為的任何改變——正面或負面的。這可以幫助你決定甚麼時候再與醫生談話，以及有甚麼關於藥物的經驗要告訴他或她。

給家人

你可以促進抗抑鬱藥物的功效。

抑鬱症患者傾向不定時服藥或完全停止服藥。不定時服藥會令不好受的副作用更容易出現，並將功效減到最低，甚至完全消除。因此，如果你所愛的人正在服用抗抑鬱藥物，確保他或她**按處方**服用是重要的。

你怎樣做到？不同的人和不同的關係都有不同的最佳做法。以下一種或更多的方法可能對你有用：

✓ 將藥物放在按星期分七格的藥物盒，讓你在任何一天都可以看到病人有沒有服藥。

✓ 病人忘了服藥時，友善地提醒他就可以。

✓ 你可能需要餵病人服藥一段時間。如果家人經常抗拒或「忘記」服藥，你可能需要餵他或她服藥一年或更長時間。

✓ 如果一種藥物沒有效，另一種很可能會有效。如果第一種藥物的副作用叫人難以忍受，或在四到六星期後仍然沒有效用，與醫生商量處方其他藥物。

註釋：

1 W. Potter, M. Rudorfer, and H. Manji, "The Pharmacologic Treatment of Depression," *The New England Journal of Medicine* Vol 325 (9 Aug. 29, 1991): 633～642.

2 G. Cowley, "The Culture of Prozac," *Newsweek* (Feb.7, 1994): 42.

3 P. Breggin and G. R. Breggin, *Talking Back to Prozac* (New York: St. Martin's Press, 1994), 200.

4 M.D. Yapko, "Listening to Prozac...But Talking to Clients: Brief Methods for Treating Depression" (Speech, San Antonio, TX: Our Lady of the Lake University, September 14, 1996)

5 D. O. Antonuccio, W. G. Danton, and G. Y. DeNelsky, "Psychotherapy Versus Medication for Depression: Challenging the Conventional Wisdom with Data," *Professional Psychology: Research and Practice* 26 (1995): 6, 574 ～ 585. S. Hollon, R. DeRubeis, and M. Seligman, "Cognitive Therapy and the Prevention of Depression," *Applied and Preventive Psychology* 1 (1992): 89～95.

9

你有何想法？抑鬱症的認知一面

在這一章你會：

✓ 想到思想這回事。

✓ 明白抑鬱的人的思想過程是怎樣好像經歷了轉變。

✓ 從抑鬱症中有關認知思想方面的研究結果得益。

✓ 察覺到令抑鬱思想混淆或扭曲的典型認知處理錯誤：具體思想、情感論證、錯誤的具體性和罪疚感。

✓ 思想抑鬱的人（你或你認識的人）怎樣堅持負面思想，即使面對相反的證據。

✓ 發現可以改變負面的思想，學習一套以事實為根據的新信念。

✓ 學習一些改變你思想的方法。

你想甚麼，便決定你是怎樣的人。這是一句老生常談的話，但很大程度上，這是真的。抑鬱症患者似乎在認知（思想方式）上經歷轉變。

亞歷克西斯（Alexis）是便利店的收銀員，她有三個讀小學的孩子。她的一直都頗為愉快，情緒平穩。

離婚後，她的看法開始改變。負面思想開始主宰她的頭腦。她不信任自己的價值和能力，甚至不接受公司晉升她為助理經理，因為她認為自己做不來。顧客都粗魯和沒有耐性。如果一個男人在繳交煤氣費時皺眉頭，亞歷克西斯便假設他會拿出手槍打劫店鋪。她聽到自己汽車的引擎發出一種新聲音時，便高聲呼喊：「啊，不！啊，不！啊，不！」心裏很快一連串地想到：「我應該更換汽油！現在我會摧毀我的引擎！沒有汽車我不能去上班！我會失去工作！我的孩子會捱餓！」

亞歷克西斯的抑鬱症破壞了認知的三個主要方面：她悲觀地看自己、事件和將來。[1]她的負面思想模式實際上在患憂鬱症的人中是頗為典型的。你在亞歷克西斯身上有沒有找到你或你關心的人的影子？

這些悲觀或負面思想大部分都在百萬分之幾秒內出現，在你還未察覺它之時。事情發生得很快時，我們需要回應和作決定。沒有時間衡量或收集資料。我們的回應是基於光速、自動的思想。這些思想源自我們沒有説出的假設，以及我們習慣用來解釋周圍世界的方法。對抑鬱症患者來説，問題是那些自動的思想往往是扭曲、負面和缺乏盼望的。

思想錯誤：典型的認知錯誤詮釋

抑鬱症中有關認知思想方面的研究人員描述了六種方式，是與抑鬱症搏鬥的人錯誤詮釋事件、自己和將來的方式。[2]

沒有根據的假設

對自己的經驗，抑鬱的人會想到一些沒有證據支持的事情。高爾夫球手告訴自己：「我的高爾夫球打得很差，那些人只是容忍我；我知道一旦他們找到另外一個人和他們組成四人組合，便會甩掉我。」他在作出沒有根據的假設。事實是他的高爾夫球朋友很可能都享受與他一起打球，沒有給他理由有其他想法。

選擇性聚焦

抑鬱的人往往對準一個次要的細節，而忽略一個情況中更重要的特點。然後便基於這一個細節解釋整件事。例如：在本來完美的身體檢查中，馬利亞（Maria）的醫生仔細看她肩膀一顆新但無害的痣。馬利亞肯定自己有癌症，她陷入絕望中，準備接受死亡。

有信仰的人如果抑鬱，會選擇性地聚焦在一些特別的罪行細節上，往往不能接受上帝的愛和赦免。他們拒絕（或者不能夠）超越他們做錯的事情，看不到上帝為他們做了甚麼。

過度概括

正如這個詞語所顯示的，抑鬱症的人可以從少數的獨立事件，得出對自己、自己的價值和能力的籠統的結論。一個棒球聯賽的投手與抑鬱症搏鬥，他經歷一個低潮（每個運動員都有這樣的時間）；於是他過度概括，認為自己的事業已經完結，球迷討厭他，他對子女也不好，是一無是處的人。

誇大和極度低估

抑鬱時，人們難以準確地理解事情。他們傾向將細小、負面的事件不成比例地放大。同時他們又極度低估正面的成就。

在一次表現評核中，納恩（Nan）的主管偶然提到公司希望職員的衣著比納恩慣常所穿的更莊重。由於納恩與抑鬱症搏鬥，她將主管不經意的話誇大，以為自己工作表現不好，很快會因為自己「差劣」的外表而被辭退。同時她又極度低估自己的成就，甚至聽不到她主管那些正面的評語。

個人化

抑鬱的人可能為不好的事件負上責任，但他與此事其實沒有甚麼關係。胡安（Juan）和家人在海灣海岸的颶風中失去他們的房屋和一切。他落入憂鬱之中，為他們的損失怪責自己，因為他幾年前沒有接受一份在聖安東尼奧（San Antonio）的工作。很明顯，胡安將那災難個人化。他為自己完全不能控制的事件負責。

非此即彼的思想

在抑鬱中，人們傾向以絕對的方式思想。他們按兩個相反的立場將自己所做的一切分類：完美或有缺陷，全部或甚麼也沒有，毫無瑕疵或骯髒污穢等等。他們的世界好像我的邊境牧羊犬：全都是黑白分明。

當然，沒有人可以達到絕對的良善或完美，因此抑鬱症患者幾乎自動視自己為差劣和有缺陷的。在嘗試要完美時，他們可悲地失敗，墮入更深的抑鬱；對我們大部分人生活在其中的灰色地帶，他們缺乏一種現實的意識。以非此即彼方式思想的抑鬱症患者假設，如果按他們的估計，他們是不能獲接受的，別人 —— 而這包括上帝 —— 也不能接受他們。

很少抑鬱症患者對一切都是悲觀的。大部分人傾向敏感於某些觸發他們負面思想的東西。

有時童年事件是對自己、將來和外在世界產生負面信念的基礎。這些負面觀念可能已埋葬起來，但由於一些與童年不好的經驗相似的特定新事件出現，這些觀念會再次出現。

不過，雖然過去的經驗可以令人錯誤解釋事件，但**我們並非要探討過去才能夠帶來改變**。事實上，正如我們會在下面討論的，那些抑鬱症患者花了太多時間思想過去，沒有花足夠時間於現在積極地發揮功能，或為將來計劃和努力。

處理資料時的錯誤

彼得（Peter）是與憂鬱症搏鬥的牧師。九一一和阿富汗未發生的戰爭將他推進深淵前，他的世界觀已經一片黑暗。彼得在十二月初向家人宣佈，這世界有那麼多人在受苦，歡慶聖誕節是錯誤的。他們不會有聖誕樹，不會有聖誕歌，不會有禮物。他們會以禱告、自省和禁食度過聖誕節。他的太太和孩子都是虔誠的基督徒，也因為世界的事件而感到困擾。他們欣賞彼得的決定，樂意地遵從（但可惜若有所失）彼得紀念聖誕節的灰暗方式。

有時抑鬱症患者的認知扭曲是那麼隱晦，以致別人 —— 甚至家人 —— 都相信他們。彼得的太太和孩子不明白，他不讓他們歡度聖誕，不單是出於強烈的社會良知，也是出於他扭曲、憂鬱的思想。

身處抑鬱低谷的人會在心理上將發生在他們周圍的事情扭曲，十分相信他們扭曲的觀念是準確的。無論是你還是你的家人與抑鬱症搏鬥，你都需要留意抑鬱症令人錯誤詮釋經驗的一些常見方式。

具體思想

抑鬱症患者往往為自己的沮喪尋找特定、具體的怪責對象。加勒特(Garrett)的愛情消逝，他慨歎：「女人！你就是不能信任她們！」他的朋友同情地贊同他的話。加勒特看不見令關係失敗的眾多因素，例如工作壓力、環境、家庭、他自己的行為，以及對了，一個特定的女人。

謝拉(Sierra)對丈夫說：「老闆都是一樣的。我的上司令我的日子很難過——他要對付我，就好像其他老闆一樣。」出於忠誠和無知，她的丈夫同意她的說法。(原來謝拉與以前的上司相處也有問題，她可能需要檢視自己怎樣回應有權力的人。)

解決這種具體思想的方法是明白處境，然後明白(例如)不同的權力人士以不同方式行事，而並非所有女人都待愛人不好。

情感推論

有時人們容許他們的情感指揮他們的行為。[3] 這是情感推論。他們假設他們的思想準確，因為他們的**感受**準確。

亞歷克西斯**感到**自己不能正確地做任何事情，因此她**相信**自己是不能勝任的。她的情感推論令她拒絕在便利店的升職機會，本來這樣可以令她有更好的工作時間和更高的薪金。

「跟著感覺走」是一九六〇年代的流行觀點，但抑鬱症患者這樣做卻十分可怕。事實上，你不能信任你的感覺。情感作為現實的測試，是以不可靠而聞名的。憂鬱症患者需要一再學習**不要**跟隨他們抑鬱的感覺走。他們需要低估他們的情感，否定它們，對抗它們，擊退它們。

誤置的具體性

恐懼、愛和抑鬱都是觀念，將它們與物體混淆是錯誤的。恐懼有程度之分，它的範圍是由驚訝到完全懼怕。愛很難確定，很難界定，有時很難認出。抑鬱可以表示你有點低落或十分沮喪，它來去無蹤。

著名的哲學家懷特海（Alfred North Whitehead）描述這種邏輯謬誤為「誤置的具體性」。[4] 抑鬱症患者和關心他們的人必須小心，不要將觀念（抑鬱）等同於物體（泰迪熊、樹或蒸餾咖啡機）。抑鬱是一個觀念，難以把握和界定，而泰迪熊是具體的物體（實際上它是柔軟、令人想摟抱的物體）。

憂鬱症患者往往抓著他們的抑鬱，堅持得好像學走路的小孩抓著布娃娃一樣；對他們來說，抑鬱是可感知和十分真實的。

罪疚感

很多抑鬱的人遭受罪疚感折磨，不能區分**有**罪和**感**

到羞恥或罪疚。他們自己責備自己。

感到羞恥和罪疚幾秒鐘或幾分鐘是有意義的情感，可以作為紅旗，顯示有些事情出錯。在此以外，它們比沒有價值還要糟。罪疚感出現，不單因為我們現實地感到我們冒犯了別人，也因為我們沒有依從母親那樣執拾牀鋪，前院有野草，我們沒有讓孩子上鋼琴課，或者我們不能令植物生存下去。

「**應該**」（好像剪草或將牀單摺成方角）是有用和危險的。我們經常告訴自己，或別人經常告訴我們，我們**應該**做的事，其實是不一定要做的。

我不是建議我們不道德或不負責任地行動，但我們要學習區分我們真正應該做，以及可做可不做的事情。我們不說：「我應該……」更好是說：「如果……便好了」或「如果我沒有全時間工作，我會……」這樣可以除去壓力，有時甚至令一些事情更有可能完成，因為沒有「**應該**」需要對抗。

我們需要現實地檢視我們的罪疚感，找出它們是否基於道德現實。如果我們真的做了錯事，我們需要尋求饒恕，作出補救，並改變我們的行為。

但如果長大的女兒因為整理牀鋪稍欠完美（或根本不完美）而冒犯母親，她應該對內在的批評聲音充耳不聞，繼續前進。內在批評練習（在第十三章描述）會幫助你這樣做。至於外在的批評聲音……唔，如果母親真的關心她已介成人的兒女怎樣整理牀鋪，那是她的問題，不是嗎？

沒有消除甚至隨著時間而增強的罪疚感，往往引致怨恨。它們可以浪費征服抑鬱症所需要的寶貴精力。

改變你的思想方式

雖然有相反的證據，但人們仍然固執地堅持他們的負面思想時，放棄是很容易的。「我一再嘗試正面地思想，但卻沒有用。」「他拒絕改變；我能夠做甚麼？」但**改變負面思想，學習一套以事實為根據的新信念，這是可能的**。你只需要一些指示和技巧去這樣做。和任何值得做的事情一樣，這需要練習。

你可以改變你的思想方式。對開始的人來說，應該與自己爭論。揭穿你概括的自責。「你是甚麼意思？我懶惰和不誠實？上星期又怎樣？我清潔了浴室，直到它閃閃亮。星期二又怎樣？我告訴收銀員她找了太多錢給我。今天早上又怎樣？我承認我忘記了答應替你做事，然後走出去把事情做好了。」

如果你的行動是把自己當作最壞的敵人那樣，就與自己爭論！提出不同意見！看實在的證據，找出例外的情況，查明特定的事件並不顯示普遍、有害的缺陷。你遺失一個文件夾並不表示你無能。你老闆心情不好，或者你向把你草坪一角的草剪去了的鄰居說嚴厲的話，也不表示你令人討厭。你偶然犯錯並不表示你邪惡。

認知重構一詞是用來描述學習更現實地看世界，改變你沒有根據的信念、錯誤詮釋和不切實際的期望的過程。我會在另一處地方更詳細地討論認知重構。[5]它涉及三個簡單的步驟。

評估

首先你需要發現你對自己、別人和世界抱持的核心負面假設或錯誤的信念。例如：亞歷克西斯認為自己無能，顧客不體諒（可能是罪犯），她周圍的世界充滿危險。她需要將每個可以找到的情感推論、非此即彼思想和其他處理資料時的錯誤連根拔起。

學習

揭露認知上的錯誤觀念傾向是過程中比較容易的部分；下一個任務是開始改變它們。亞歷克西斯終於學懂認出她的負面思想模式，但要在現實中把它們重新陳述出來卻需要更多堅持和更大的決心。即使得到輔導員和她閱讀的自助書籍的幫助，亞歷克西斯也需要努力重新學習她自動、悲觀的思想。中立或正面地思想是需要費力的：「我沒有足夠資料知道那人為甚麼皺眉頭。或許他工作了整夜，或者他與太太吵架，或者他仍未喝咖啡。如果他要打劫我，他不會用信用卡付款。」

練習

認知重構的第三個步驟是，由明白負面的錯誤觀念到在它們出現時抓著它們。亞歷克西斯需要看到她自己處理資料時的錯誤，然後基於現實、堅實的證據重新思想它們。有時她需要告訴自己，她沒有足夠資料得出結論；例如：她的引擎發出那有趣的聲音，可以表示它出現問題，或者這只表示她需要調校它一下。

有時練習表示積極找出準確的資料，然後以和現實更一致的思想取代扭曲的思想。下次亞歷克西斯聽到車底傳出怪聲時，在想到最壞的情況前，她會請姊妹的丈夫檢查汽車，或者至少取得有識之士的意見。

你可能不能立即發現你認知上的錯誤觀念——有

時幾天也發現不到。如果你發現自己突然間陷入抑鬱，停下來，在心裏向後退，找出是甚麼觸發那抑鬱產生(如果有的話)。嘗試認出你無意識的不現實思想和信念。要記得，重要的不單是發現資料處理錯誤，也要**以現實的思想取代它們**。目標是相信那以事實為根據的新思想。如果你最初不能這樣辦到，至少好像你相信它們那樣**行動**。你會驚訝地發現，你很快便開始相信這些以事實為根據的新思想。

安德烈婭(Andrea)在幾年前來見我時患有抑鬱症。她認為自己在撫養女兒克里斯特爾(Crystal)方面十分失敗。她應該花多點時間與克里斯特爾一起，讓她學鋼琴，鼓勵她參加課外活動，幫助她申請大學。安德烈婭在情感上鞭撻自己。她的負面內在批評佔了上風，她十分抑鬱。

當自我指摘的浪潮稍為減退時，我問她：「現在是甚麼帶你來這裏？」經過再一輪自我攻擊後，她表示有幾間好大學都取錄了克里斯特爾，除了她選擇的康奈爾(Cornell)大學，「這完全是我的錯。」

安德烈婭以幾個方式扭曲自己的思想。她以**選擇性聚焦**集中在一個微小的細節上，忽略了自己為女兒所做的一切。(安德烈婭來見我時，克里斯特爾已經從失望恢復過來，快樂地計劃她的畢業晚會。)安德烈婭**過度概括**，從一件事件得出對自我價值的結論。她不成比例地**誇大**了一件相對不重要的事件。她也將事件**個人化**，為女兒不獲康奈爾大學取錄而負責。

安德烈婭一旦發現自己對這情況的思想是怎樣扭曲了，便建立較為以事實為根據的思想。她努力嘗試阻止自己為克里斯特爾生命中一切不對的事情而自責。她不同意自己舊有的思想方式。她顧及自己控制能力的現實限制。結果，安德烈婭的抑鬱和手震都減少。她得到力量做她想做的事情。

有時你可以藉著帶領自己經過一種具引導性的白日夢，而練習現實的思想。在現實生活中真正面對一個困難的情況前，在心裏想像這情況。這樣會幫助你看到你思想中那負面的扭曲狀況。例如：想像你自己在某個活動中經過所有步驟，然後嘗試預計實際進行那活動時會遇到的特定障礙和潛在衝突。你經過那影像時，留意自己認知上產生的錯誤觀念，並嘗試即場糾正它們。留意每個細節。然後想出策略在現實生活中做同樣的事情。

最後，要對自己仁慈；你最初可能不能達到你要求的水準。

作改變，較以事實為根據思想，不單是對抗抑鬱症所需要的，對自己、事件和世界有更正面的思想也令你有更好的**感覺**。如果你太正面看事情，偶然因此犯了錯誤，我向你保證，相比你持續負面地看事情，你的感覺會更好。或許水杯是空了一半的，但如果你認為它是半滿，你的**感覺會更好**。

負面思想模式是抑鬱症其中一個最常見的特點。可幸他們也是其中一種最容易糾正的特點。只要你看到你的思想被悲觀情緒籠罩的方面，你便可以學習以正面或至少中立的方式重新思想事件。但**當你實際練習時**，真正的釋放便會來到。你會在中途發現你習慣的負面狀態。或許在第一天你只發現一次，然後是兩三次，然後每小時都發現，直到悲觀情緒不再主宰你解釋你世界的方式。從負面狀態中得釋放，你的現在是自由的，你的將來也充滿可能性。

行動

發現你的錯誤思想模式。

✓ 明白常見的資料處理錯誤（參上文）。

✓ 練習捕捉你思想過程中的錯誤。展開打獵行動；尋找它們。寫在日記或筆記簿內。

✓ 每次發現自己處理資料出現錯誤時，以現實、以事實為根據的思想取代。在日記中描述你的新思想。

以下工作紙可以幫助你捕捉那些惱人的資料處理錯誤，並以更現實、以事實為根據的思想來取代。將這表格記在筆記簿上，帶在身邊，或者在電腦裏做張表格。

原本思想：

資料處理錯誤：

以事實為根據的思想：

修訂行動：

要得到更多幫助去根除你思想中的扭曲想法，並學習怎樣把它們改變過來，參豪克（**Paul Hauck**）的《克服抑鬱》（*Overcoming Depression*）、[6] 埃利斯

（Albert Ellis）和哈珀（Robert Harper）的《理性生活新指南》（*A New Guide to Rational Living*）[7] 或我的《短期牧養輔導》（*Brief Pastoral Counseling*）。[8]

給家人

家人也需要捕捉錯誤思想。

你讀這章時，有沒有一些資料處理錯誤的情況勾起你的回憶？如果有，嘗試根除你自己的資料處理錯誤，以更現實、以事實為根據的思想取代，這會是一個有趣的實驗。嘗試上面「行動」欄目列出的練習。這樣做可以令你能夠幫助自己和抑鬱的家人開始更清晰和現實地思想。

註釋：

1 A. T. Beck, *Depression*（New York: Harper and Row, 1967）, 255～261.
2 A. T. Beck, G. Brown, R. A. Steer, J. I. Eidelson and J. H. Riskind, *Cognitive Therapy of Depression*（New York: Guilford Press, 1979）. D. Burns, *Feeling Good: New Mood Therapy*（New York: Morrow, 1980）.
3 D. Burns, *Feeling Good.*
4 引自G. Bateson, *Steps to an Ecology of Mind*（Northvale, NJ: Jason Aronson, 1987）.
5 H. Stone, *Brief Pastoral Counseling*（Minneapolis, MN: Fortress Press, 1994）.
6 P. Hauck, *Overcoming Depression*（Philadelphia, PA: Westminster Press, 1976）.
7 A. Ellis and R. Harper, *A New Guide to Rational Living*（North Hollywood, CA: Wilshire Press, 1976）.
8 Stone, *Brief Pastoral Counseling.*

10

那些負面思想不斷在我腦中盤旋

在這一章你會：

- ✓ 檢視那些經常纏擾抑鬱症患者的強迫性負面思想。
- ✓ 明白這些負面思想是能夠透過一連串可以壓止它們的方法去控制的，例如寫、讀和燒；停止思想；以及黃冊分析。
- ✓ 在知道怎樣打敗強迫性悲觀思想後，就學習建立正面思想的方法。

即使你沒有患抑鬱症，你也可能曾經驗沒有根據、不快樂的思想。這裏有一個關於這種時刻的真實故事。

「漢堡包臉」

我外出釣鱸魚。我太太凱倫在家裏坐在牀上，胸口放著冰袋，正在從本來可能嚴重得多的交通意外中康復過來。克麗絲汀當時九歲，在我們安全的市郊社區與朋友騎她的新腳踏車。

門鐘響起來。一個鄰居站在門廊，看來愁眉苦臉。「你女兒遇到腳踏車意外；我們猜想她被汽車撞倒！」凱倫走到街外時痛楚消失了。克麗絲汀躺在破爛的腳踏車旁邊，臉上流著血和眼淚。鄰居聽到輪胎的刺耳聲；如果有汽車，它早已離開了。各人最恰當的估計是她幾乎被撞中，或者與車擦身而過，在司機離開時翻過把手。

我們家庭的一個朋友答應載她們去急症室。她們等朋友來時，凱倫嘗試緊緊抱著克麗絲汀，讓她平靜下來。這小女孩三次掙脱母親鐵一般的臂彎，跑到浴室的鏡子前，瞪著自己的樣子呼喊說：「我的臉好像一個漢堡包！」每次凱倫都要將她拉回客廳，嘗試再令她平靜下來。

護士清洗克麗絲汀的臉部，醫生宣佈她情況甚好，可以回家，只有輕微腦震盪，需要接受一點牙科的修整。但她仍然不斷照鏡。每次她看到自己那張暫時破損的臉，都會喊叫說那張臉好像漢堡包。那影像令她十分難過，但她不能不看。

直到那天稍後，克麗絲汀實在太疲倦，不能不安靜下來時，凱倫終於可以説服她需要遠離鏡子幾天。到了第二個星期，她的臉好得她可以對著鏡子，而不會說自己有一張「漢堡包臉」。

為甚麼我們要專注於自己的悲傷？

對我們所受的傷害和痛苦著迷是甚麼回事？

照鏡令我們感到那麼糟時，為甚麼我們必須跑到鏡子前？

抑鬱症患者的其中一個錯誤是傾向在他們的困難中打滾。他們專注於自己過去有甚麼問題——恐懼、焦慮、受虐、受害、惰性、哀傷、他們傷害過的人、傷害過他們的人、錯失的機會、失敗、不公平對待、缺乏、壞的決定、一團糟的生活。

有些人向輔導員背出自己的壞事清單，一節復一節的輔導都是這樣，希望找到洞見，從而找到安慰。可惜這種背誦很少有幫助——當它們確實有幫助時，也需要很多很多節。有抑鬱症患者花了數百節每節五十分鐘時間，與心理治療師重複他們痛苦和令人失望的過去。

或許你自己的經驗讓你看到很多心理治療師（和研究報告）報告的事情：專注於過去的負面事件不單沒有幫助——它實際上令抑鬱症更嚴重。它將你往下拉。

如果你掙扎著從抑鬱中得到緩解，「過去」對你沒有甚麼用處，除了從它那裏捕捉某些有力量、成功和盼望的時刻，無論多麼微小。你妥當地處理一個困難時有甚麼感覺？你那時做甚麼，是有別於你現在所做的？那時環境怎樣？你今天可以怎樣再做一次？你可以怎樣在現在的處境裏運用過去的那些技巧？

除了這個例外，克服抑鬱症的惟一盼望是專注於將來，設想一個將來，是並非由抑鬱症主導的；建構一個將來，是雖然肯定不完美，但卻是令人滿足和可能出現的。

我提過改變是無可避免的。**你會改變！**你不能避免改變。所以為甚麼不變得更好？

你可以做幾個具體練習去減輕你的痛苦，改善你的外表，再開始生活。現在是時候開始。看著鏡子裏過去的映像——除了恢復失去的力量外——只會令你感到更糟。你的漢堡包臉會痊癒，如果你讓它痊癒！

控制強迫性思想

你抑鬱時，會受到很大試探一再重溫最近或很久以前的悲傷事件。由最早醒來到你晚上去睡覺，每當有空閒時間，你的頭腦都會回到這些思想——一再沉思、思想、反覆思考、回顧、一再重複一些相同的觀念。

這些思想困擾抑鬱症患者，直到他們不大想到其他事情。但你可以用幾個方法幫助自己控制強迫性思想。如果你的負面思想開始控制你，用其中一個方法帶來釋放。它們是有效的！

擔心時間

如果你發覺自己極為擔心，以致花了很多清醒時間沉浸在你的關注中，那麼擔心時間的練習可以幫助你。

首先問你自己：「我每天需要擔心我的問題多久？」決定一個固定時限。現在分出一段時間——每天同一時間——用來擔心你的問題。在那段時間，你必須十分努力嘗試擔心你通常整天都為之而苦惱的事情。

其中的分別在於你會將你的擔心集中在這一段時間內。譬如說你每天需要四十五分鐘來擔心，計劃從下午五時十五分到六時這樣做。在這段時間，不要容許自己想其他事情：那段時間要用來擔心。在任何其他時間，當擔心佔據你，負面思想開始主導時，有意識地重新安排那些擔心的時間。如果需要的話，記下筆記，供稍後參考。

找家人或朋友幫你。要求他們想出更多東西加到你的擔心清單上。你的孩子可以幫忙！他們可以在每天的時間前寫下或告訴你。

你在擔心時間裏的任務是，成為地球上最出色的完全擔心者。認真地看待它：不容許草率的擔心。你可以做筆記和列出清單，但你不能開始為你的擔心做一些事情。只是為它們而苦惱。

擔心時間的目的，不是要避免思想困擾你的事情，而是限制你花在其中的時間。你將所有擔心集中在特定的時段，因此騰出一天裏其餘的時間來繼續你的生活。

抑鬱的人有時抗拒這種練習。他們肯定它沒有用。根據我的經驗（沒有例外），忠心依從這練習的人能夠控制他們的強迫性思想。隨著時間過去，他們會發覺不再需要這種做法。

當你發覺自己不再需要劃分一段時間，要準備好每當你的強迫性思想突然出現時，進行一個簡短緊急的擔心時段。如果可能的話，在同一天稍後時間再做。沒有規則說明你不能在一生餘下的時間裏繼續偶然做這個練習。

這是個生活的技巧。強迫性擔心遮蓋和扭曲個人對現實的感覺。你一旦將你的擔心劃分到特定的時段，你便會釋放正面地努力的能量。

寫、讀和燒

離婚是抑鬱症患者的可怕強迫性思想的其中一種相當常見的題材。當然，在一段關係結束後花時間思想是自然的。我們很多最親愛的朋友都經歷過離婚。對這些了不起的人來說，深思熟慮地檢視他們以往的關係，有助他們得醫治和成長。

不過，思想你那段失敗的婚姻不應該消耗你一天裏的每一刻——也不應該只集中在負面的事情上。心理治療師德沙扎爾（Steve De Shazer）建立了稱為「寫、讀和燒」的介入方法，有助打破關於過去事情的強迫性負面思想的控制。[1]

做法是這樣的。特別劃分一段時間，例如一小時或半小時，最好每天都用同一段時間。用這段時間來思想那段失敗的婚姻或任何困擾你的事情。在雙數日寫下你對那關係的所有記憶，包括好和壞的。寫足一小時，即使那是要重複寫同一個句子幾次。在單數日讀前一天寫的筆記，然後在烤架、燃燒滾桶、火爐、車行道、手提式小碳爐——任何你可以安全地這樣做的地方——把它燒掉。

如果強迫性的沉思在其他時候突然出現，將它延至指定的時間。重複雙數日和單數日的循環，直到所有強迫性思想消滅。它們通常會在幾個星期內消滅。

有少數人抗拒燒毀自己寫的東西。我告訴他們，他們真的應該這樣做，因為這樣做有象徵價值。如果他們不想燒毀它，我提議他們將它放在日記內。日記給放滿時，你總可以用強力膠帶包著它！

寫、讀和燒你寫下的東西，怎樣能夠將強迫性思想從你頭腦中清除？似乎容易得不太真實。這個愚蠢的計劃實際上是有效的，而且有好的原因。

- 首先，它將你的關注客觀化，令它們更清楚和可以管理。
- 第二，它將強迫性思想由被禁止的禁忌變為需要從事的日常工作，你每天的任務。我想人性總是想避免日常工作，被禁忌吸引。
- 第三，你分了一段時間給強迫性思想時，在一天裏的其餘時間，你便較不容易停留在這些思想上。最終，更重要的事情會在你的思想中浮現，負面、強迫性的沉思會沉得愈來愈低，直到它們跌入遙遠的背景。

「寫、讀和燒」對控制各種強迫性負面思想——不單是關於離婚——都是有用的。對真實事件的不快記憶，以及想像的輕視、恐懼、怨恨、關於你沒有價值或不稱職的思想，或任何將你拖倒的其他沉思，它都有用。

停止思想

我們不可能同時積極地想兩件不同的事。想一想：你對暑假感到興奮時，在學校裏便很難集中精神。你的思想不斷移向將來，想到三個月的自由時間。

停止思想是基於這個原則。對感到難以驅散負面、強迫性思想的人，它是一種有效的舒緩方式。

你有沒有忘記在報稅表上簽名？對一張即將要付款，但你卻無力支付的帳單，你會怎樣做？為甚麼你孩子的教師要求你來出席會議？你的強迫性思想毋須關乎驚天動地的主題，就能令你日間淒慘，晚間不能入睡。

- □ 安坐，閉上眼睛，呼吸。花幾分鐘放鬆（或許用第七章裏的其中一個放鬆練習）。
- □ 現在設想一個沒有威脅的平凡形象——例如坐在客廳看報紙。
- □ 繼續思想那個形象，直到它完全建立起來。然後高聲喊叫：「停止！」不要呢喃——要**呼喊**。（你可能想預先警告同屋。）多做三四次。
- □ 你一旦對第一步感到自在，就在心裏想你其中一個最常見但最不困擾的負面思想。你心裏清楚想到這形象時，喊叫說：「停止！」
- □ 繼續練習。至少留意一會兒，強迫性思想被那喊叫聲驅走。為甚麼？因為**你的腦不能同時想兩件事**。它真的不能夠。那是不可能的。

- □ 你喊叫了「停止！」五或六次後，再次想相同的強迫性思想，但這次不要高聲喊「停止！」，在心裏靜靜地喊叫。接著重複幾次，**輪流**喊叫「停止！」和思想「停止」。
- □ 你能夠（暫時）按意願驅散麻煩的思想時，只在腦海中喊叫「停止」，毋須高聲說話。
- □ 繼續這練習，直到它持續有效。
- □ 下次，可包括更困擾的思想，練習停止它們，直到你最終能夠按意願停止最困擾你和最具強迫性的思想。

你可以看到轉用不說話的提示怎樣令練習更有用。你不能在超級市場高聲喊叫：「停止！」你的辦公室同事也不會贊成這樣做。但你可以在隧道或課室，在晚宴或甚至在崇拜的地方靜靜地喊叫。

以下是兩個提議，可以讓你在停止思想上更成功。首先，一天練習三次，每次五分鐘。故意想起強迫性思想，然後以停止思想過程驅散它們。第二，你一旦學會了，在每次發覺自己受到某些東西困擾時，使用安靜的思想去停止。如果負面思想出現……「停止！」

困難？你可能難以抽時間練習停止思想。你可能難以相信它有效。停止思想似乎有點像騙人的把戲，而大部分人都不相信魔法。

不過，要緊記有合理的生理原因解釋為甚麼停止思想有效。你的腦細胞不能同時活躍地思想兩件事。（對不起，所有能夠一心多用的人。）不要因為你感到這做法愚蠢而放棄這方法。或許正因為這樣，它才是有效的！練習它。你會喜歡那結果。

黃冊分析

多年前，我的一位教授警告學生，不要「分析直到你癱瘓」（"analyze until you paralyze"）。他實際上是向班上某些人説話，他們會翻動每一塊石頭——每一個詞語、詞組、思想和推論，無論多麼微小——尋找隱藏的意義或錯誤。

活地阿倫（Woody Allen）在電影《姊妹情深》（*Hannah and Her Sisters*）中創造了一個這樣的角色——薩克斯（Mickey Sachs）。他分析自己身體的每一個痛楚和每陣劇痛，成了疑病症患者，總是害怕自己生了惡性腫瘤或患上某種疾病。

不住、強迫性地分析，這種相同的傾向可以令很多人容易患上抑鬱症。他們可能花很多小時、很多天、很多星期、甚至很多年翻看石頭下面。他們檢視自己生命的每一方面——重複感受、分析關係、回想談話、放大失敗和錯誤——尋找毒害之處。

我通常問這樣的人：「這一切自我檢視有沒有幫助你變得不那麼抑鬱？」我寫到這裏時，也可以聽到他們異口同聲説：「沒有！」我提議：「唔，那麼停止那樣做吧。如果它無效，便不要做。」

分析直到你癱瘓是不健康和有害的。**負面感受促成更多負面感受產生**。過度分析事件，以及由它們而生的抑鬱感受，只會帶來更深的抑鬱。

有些抑鬱的人會反對，表示他們在尋求**事實**；他們只是嘗試對自己**誠實**。但我也有過這經驗，我發覺在負面、抑鬱的狀態中打滾不能找到多少事實。尤有甚者，負面的沉思扭曲清晰的思想。它們令人背向誠實和真實，朝相反的方向走。

要征服抑鬱症，你不用分析它！重複這句話，直到你將它刻在腦中。將以前用來分析的精力儲起來更好。用它來創造可行的解決方法，走向有盼望的將來。

如果你發覺很難停止分析（你已經這樣做多年，不是嗎？），嘗試依從以下步驟。每當你的思想開始翻開石頭時，繼續並分析——但手裏要拿著一本黃冊。將你分析的每一個字記錄在冊上。不要單單站著，閒散地容讓你的頭腦思想著你的麻煩。**開始寫字**。

接著，開始將你的任務由分析感受轉為分析你可以怎樣勝過抑鬱症。在這時，惟一可接受的回顧式分析是，尋找你抑鬱感受的**例外**（參下一章描述的方法）或你忽略的**力量**。重要的事情是，每當你的負面感受出現，便開始寫字。

記得你在學校的時候：比單單思想或記憶那論文題目，你寫論文時要認識那題目更多。正因為這樣，老師要我們寫論文。這樣，書寫會幫助你將自己的感受客觀化，令你與佔據你的負面思想保持距離。

積極思想

停止思想。擔心時間。讀、寫和燒。黃冊分析。雖然這些方法都會減少負面思想造成的破壞，但它們不會自動帶來積極思想。你也需要促成積極思想。

如果你傾向把自己的成就貶低，你可能想每天檢視自己實際上完成了甚麼，暫時忽略沒有做好的事情。

□ 如果你往往忘記自己的成就，將它們記錄在卡紙上，帶在身邊；或記錄在日記內。
□ 定期讀那些卡或日記，留意你的成就。
□ 容許你自己因自己的成就有理由地自豪。

下一章會描述另外一些練習，是可以促進積極思想和行動的。

你**可以**透過這章描述的任何方法，去控制成了你主人的思想。其中一些可能較恰當地對應你特定的負面思想；其他則可能只是較恰當地對應你的喜好厭惡，或你做的時候最不會感到不自在的事情。不要放棄！至少忠實地運用其中一種方法，**你會**將那強迫性思想的多餘精力重新用於恢復健康，用於追求生產力，用於盼望，用於你生命的其餘部分之上。

行動

停止那些不斷、不想有的思想。

✓ 從這章中選擇一種方法，是你願意做的。定期練習兩星期。
✓ 如果你發覺自己逃避擔心時間、停止思想或你選擇的任何方法，擱置它，以另一個方法重新開始。
✓ 在筆記簿記錄你在甚麼時候和怎樣更能夠控制你不想有的思想。留意你愈來愈能夠控制它們。容許你自己對此感覺愉快。

給家人

不要讓一個人的負面情緒毒害全家人！

✓ 抑鬱症得緩和或消失時，你所愛的人會再次變得更積極。你遭受攻擊、批評、咒詛或忽略時，很難記得這點。因此我會是張破爛的唱片，重複說：你必須盡可能維持正常的生活。

✓ 那人是否不斷沉思，想到困難、恐懼、罪疚感等？不要和他或她爭論！保持冷靜。你可能想以平靜的陳述來回應負面的說話，類似「或許我不能說服你相信自己是能幹的人，但你**永遠**不能說服我相信你是不好的人」。

註釋：

1 S. de Shazer, *Keys to Solution in Brief Therapy* (New York: W. W. Norton, 1985).

11

再次思想：怎樣轉化你的思想

在這一章你會：

✓ 讀到一種方法，讓抑鬱的人克服專注於壞事的傾向。

✓ 發現**尋找例外**幫助我們看到我們生命中的順利；它教導我們更積極和現實地看生命。

✓ 找到建議，以更具盼望的方式開始思想和談論你的抑鬱症。

✓ 學習——並開始使用——一系列可以轉化負面思想的方法。

你可以改變自己怎樣思想嗎？似乎不可能。很多人都很可能會告訴你那是做不到的。但如果你想征服抑鬱症，改變你的思想方式是你需要做的其中一件事。

轉化你的思想過程不是不可能的。它甚至並非十分複雜。有好些可以實行的方法能夠奇妙地改變那會促成抑鬱症的負面思想。這章會描述其中十二種方法——但你不需採用全部十二種方法！開始時，選一兩種你認為合適的。加以嘗試。它們會幫助你開始更積極地思想。

尋找例外

愛瑪（Emma）和很多與抑鬱症搏鬥的人十分相似。她傾向相信她的問題深植於她的存有。她甚至沒有留意那些沒有問題的時間（好像星期六下午那一小時，她從沙發起來清潔廚房；或那星期較後的半小時，她帶小狗去散步）。或者她只是視之為突然的事故，她消沉的路上的一小段減速路脊。

德沙扎爾稱這些情況為**例外**：「無論發生甚麼事，只要是沒有抱怨。」[1] 例如：凱爾（Kyle）三年級的老師投訴說，他任何時候都在打其他小孩。凱爾的行為很明顯需要密切注意，但同樣可以肯定的是，他不會真的「任何時候」都暴戾。老師幫助凱爾的第一個任務是，「在他表現良好時逮著他」——換句話說，捕捉和獎勵沒有暴力行為的實例。

捕捉例外

你感到抑鬱時，不會想將注意力集中在那些時刻、小時、星期或月份。但卻要留意抑鬱沒有出現的每一個時刻——或甚至是抑鬱症不那麼糟的時刻。捕捉那些有建設性的活動、平靜、滿足或快樂的時刻，無論它們多麼短暫。

愛瑪學習成為偵探。她捕獵和追尋她低落情緒的例外時刻。她問自己問題：「在我並不抑鬱的時間，有甚麼不同？」「我在做甚麼？」「哈羅得〔她丈夫〕和孩子留意到那分別嗎？」她甚至留意例如時間、天氣、世界事件和電話等事情——換句話說，她能夠想到的任何細節。

問你自己

問你自己問題可以勾起你忘記了的記憶，抑鬱症對你生命的影響沒有那麼大的時刻的例子。例如：

□ 那些低落的情緒何時較少控制我的生命？我怎樣做到？甚麼幫助我做到？

□ 最近一次我能夠遠離抑鬱情緒的，即使只是維持一段短時間，是甚麼時候？有甚麼事情發生？

這樣你可以令自己遠離抑鬱的感覺。你可以給自己機會發現抑鬱並非一直控制你的生命，至少不是你（或別人）以前相信的那種程度。

稱讚自己

愛瑪在日記中寫道：「上星期六哈羅得遲了回家時，我沒有變得沮喪，這令我印象深刻。我怎樣做得到？」在這裏，她記起有一次，她丈夫做了一些她不喜歡的事時，她沒有陷入憂鬱的螺旋。

你稱讚自己時，是強調有力量的時間，而不是困難的時間。用**現在時態**表達稱讚（「我的印象深刻……」），即使事情發生在很久以前。

現在就為在過去一兩個星期內（如果需要的話，回到更久以前）發生的一件例外事件稱讚自己吧。

行動：例外

你沒有那麼抑鬱的焦點時刻。

✓ 留意抑鬱沒出現的每一個時刻——或者沒有那麼糟的時刻。（將它們記錄在日記或筆記簿中是好的做法。)

✓ 刻意找那些例外情況。問與你親近的人，他們甚麼時候留意到你並不是那麼抑鬱。要求他們留意這樣的時候。

✓ 你開始發現例外情況時，問自己：「我不抑鬱的時期有甚麼不同？我在做甚麼？別人有沒有留意那分別？」

✓ 成為關於你抑鬱症裏的那些例外情況的專家。盡你所能去知道是甚麼令你不那麼抑鬱。

充滿盼望的談話

「棍子和石頭會打斷我的骨頭，但言語永不會傷害我。」錯了。言語帶有意思。它們可以改變或加強意義。你用來思想和談論你的抑鬱症的話，模塑你和別人怎樣理解它。以下提示可以幫助你開始以更有盼望的方式，思想和談論你的抑鬱症。

重新替你的抑鬱症命名

你可能想為你的抑鬱症想出一個更友善的名稱。例如：你可以稱它為憂愁、低潮、信心較小、轉捩點——或其他名稱，並非那麼無望的詞語。選擇一個對你有效的詞語。將它寫下來。告訴你的朋友。使用它。

將困難留在過去，把將來的目標放置在現在

大部分人用現在時態談及他們的困難。但對不妥的事情，使用過去時態會顯得有盼望得多。「我以前在早上睡覺。」「我以前避免與別人一起。」

同時開始用「當」或「之時」，而不是「如果」，來談論目標和正面的行為。例如說：「**當**我在小食堂吃飯，而不是獨自在自己的坐位裏吃飯，會有甚麼事情發生？」(而不是：「**如果**我在小食堂吃飯，而不是獨自在自己的坐位吃飯，會有甚麼事情發生？」)假設你正在那樣做。用充滿盼望的詞語，表達**你已經開始**作出改善的行動。

使用具體、特定的詞語

我們很容易用關於錯誤的詞語來描述自己和與自己親密的人。但描述特定的行為而不是作籠統的描繪，更能帶來盼望。

如果我太太告訴我：「你不體諒別人」，我很難知道她想要甚麼。如果她說：「你下車後等我，而不是走在我前面，我會很欣賞」，我便知道我可以做甚麼。無望的目標(改變我的性格)變成可實現的行為(等凱倫下車)。

盼望依然存在。你請別人(和你自己！)提出需要改變的具體、可以辨別出來的行為，便有可能改變。

談及改進而不是問題

充滿盼望的談話的其中一個最大障礙是，只想談及甚麼出錯，在討論解決方法的每個嘗試裏移動不定。如果這正確地描述你的情況，你需要問自己：「甚麼是改變正在出現的第一個標記？當我開始每天早上都在同一時間起牀〔例如〕，會有甚麼不同？」

嘗試不要專注於那空中樓閣，就是你生命中的一切都如你所願那樣。這令你很難留意到表示轉折和成長的那些最初、不明顯的標記。充滿盼望的談話會指出改進的最初提示。

你實行的改變不是突然的風暴；它更像臉上的微風。你需要停下來觀察它，並用充滿盼望的詞語描述它。

考慮其他選擇

有些人將發生的一切事都用負面的方式來詮釋。例如：納塔莉（Natalie）留意到她丈夫史蒂夫（Steve）變得退縮和不與她溝通。她心裏跳向負面的解釋：他生她的氣，不再愛她，正在與另一個女人來往，準備離開她，想離婚。考慮其他選擇的技巧是為納塔莉度身訂造的。

找出思想中的錯誤

使用那其他選擇的技巧，抑鬱的人會看到他們的認知錯誤（參第九章）。對丈夫的沉默、疏遠的行為，納塔莉過度概括和作出沒有根據的假設，過早下結論。

找出其他選擇

下一步是要為令人困擾的經驗找出可能的新解釋。納塔莉需要為史蒂夫的行為探索其他解釋的選擇（而不是可怕的解釋）。或許他因為他們十五年前失去的小男嬰而再次感到哀傷，他不想向納塔莉傾訴自己的感受，增加她的麻煩。他可能升了職，不知道自己能否勝任這工作。或許他只是擔心納塔莉，但不知道怎樣和她談論她的抑鬱症？納塔莉需要取得一些準確的資料，管理自己的感覺，與史蒂夫接觸。

抑鬱的人一旦以他們的經驗的更準確解釋取代負面的假設，他們便可以設計不同的策略，處理生命中無可避免的麻煩和含糊之處。

脱離認同

很多抑鬱症患者不是根據特定事件、環境和選擇來查看他們低落的情緒，而是視之為他們不能幹、有缺陷、很壞的證明。

你情緒那麼低落時，很難不這樣想。因此**將人與抑鬱症分開**是重要的。你可能**感到**很糟，但這並不表示你**是**可悲的受造物。（那會是**情感推論**。）

與抑鬱症搏鬥的個人，需要將他們是誰與他們做甚麼，甚至與他們有甚麼感覺分開。藉著將抑鬱症的經驗視為外在的東西，在他們存有以外，他們將它非個人化，並抓住自己的無限價值。

阿薩焦利（Roberto Assagioli）稱這方法為**脱離認同**。[2] 目的是將你自己與你的負面情緒、思想或慾望分開。你承認你有這些情緒、思想或慾望，但你不容許它們界定你。你會視自己為具無限價值的人，即使你所做的事情並非總是那麼偉大。

放鬆

練習脱離認同的第一步是以放鬆開始。找方法放鬆。（如果需要，採用第七章描述的放鬆方法。）

脱離認同

你一旦放鬆了，用內心獨白將你自己與你的身體、情緒和思想分開。例如：採用以下任何一句話：

□ 我有身體，但我不是我的身體。

□ 我有情緒，但我不是我的情緒。

□ 我有慾望，但我不是那些慾望。

□ 我感到孤單，但那孤單不是我。

將這形式應用到任何你錯誤地與自己認同的東西——例如你的工作、你低落的感受、你自己的自我形象、你的錯誤和不當行為等等。然後在以上的話之後加上一句正面的宣告，例如：「我是具無限價值的人」，或有同樣效果的話。

每天兩次練習這些話十或十五分鐘。以放鬆的姿勢坐下，閉上眼睛，想像和重複那思想對話。如果你感到自己被自我批評或某些感受、思想、環境或個人主宰，脫離認同便是為你而設。它會幫助你將外在經驗和影響，與你真正和有價值的自我分開。

重新分派罪責

阿諾德（Arnold）走到街角的商店去買他每晚都喝的六罐啤酒。他十二和十三歲的兒子要求和他一起去。但阿諾德說：「不，你們還未做完功課。」他在外面時，一條天然氣管爆裂，他的大廈著火爆炸。阿諾德兩個兒子都死了。

在這樣令人心痛的悲劇後，我不能想到有任何人不會埋首於「如果」和「要是」這種自我懷疑的練習。阿諾德怪責自己不帶兒子去商店，這是否正確？你是否認識一些人，他們為了自己控制範圍以外的事情而譴責自己？你有沒有這樣對待自己？當自責失控時，便需要重新分派錯誤。

阿諾德來求助時，正沉進憎恨自己的流沙中。他談及自己的悲劇。那令我心碎。他也提到生命中其他不快樂的事件，為它們而怪責自己。我們談話時，我幫助阿諾德應用常識、邏輯和對這些負面事件的合理倫理理解，藉以確定真正的成因。他需要將真正需要由他負責的事情，與不應由他負責的事情分開。

重新分派錯誤的目標不是令你免除所有責任。阿諾德肯定要檢視自己每晚都喝幾罐啤酒的需要。但他十分需要停止為到兒子的死而責備自己。在黃昏把行為良好的青少年留在家裏幾分鐘照顧自己，並不是不負責任的行為。堅持要他們完成功課並不是不合理。

阿諾德與有問題的天然氣管沒有關係。他沒有把大廈炸毀。他需要將兒子的死歸咎於正確的地方——天然氣公司，可能破壞了喉管的建築工人，或者輕微的地震——無論是哪一方面。他不應歸咎於自己。

藉著重新分派罪責，人們卸下自我譴責的重擔。他們接受真正犯錯的責任，但卻不為自己控制範圍以外的事情怪責自己。

有些宗教近年傾向輕看罪。但很多抑鬱症患者卻相信自己罪大惡極。任何匆匆提供恩典的保證的宗教領袖，都沒有認真看待犯罪這經驗——因此令抑鬱症患者在痛苦的內疚和自責的沉淵中掙扎。這樣的事發生時，宗教推卸了幫助人們作出正確道德決定的責任。

在頭腦上，阿諾德承認其他東西或其他人應該為那可怕的意外而負責。但如果他沒有承認自己酗酒的問題，為真實的錯誤而尋求饒恕，將他的不當行為和他不能控制的事件分開，在他過量喝酒方面作出生命的改變，他便很難為兒子的死重新分派罪責。他頭腦上會知道，但他的心卻不知道。

罪責過重

雷納爾多(Renaldo)年青的臉上滿佈擔心的皺紋，令他看起來比實際的二十三歲老了十年。他告訴我他的好意時，他哭起來。

雷納爾多來到美國，打算遲些接父母從中美洲來美國。但他作門房工作薪金並不高。交稅、交租、買食物和支付交通費後，他沒有餘下多少錢可以寄給父母。現在最糟的事情發生了：雷納爾多的父親工作時遇意外去世。他母親不想獨自一人去到一個新國家。

雷納爾多感到要為父親的死負責。他本可以寄多些錢給他們。他喝罐裝汽水，在玉米卷店吃午餐，偶然買獎券。浪費！這是多大的浪費！他本來可以將那些錢寄給父母。雷納爾多心裏認為自己是失敗的兒子。

罪責過重是往往引致抑鬱症形成的狀況。它也是一組方法的名稱，這些方法藉著顯示我們不可能(到了荒謬的地步)為我們控制範圍以外的事件負責，以對付罪疚的不理性感受。[3]

全是我的錯

我們會用雷納爾多作為例子。我要他從報紙選一個近期的災難。他選擇了德薩斯州南部的一宗意外。一隻拖船撞中一條橋的支柱，令一百六十尺長的公路倒塌，造成好些電單車司機死亡。雷納爾多的下一個任務是寫一段文字，題目是「我怎樣引致公路倒塌」。我要求他詳細講述任何他做了或可能做的事情，是令拖船撞向那橋的。

最初他做不到，但在我催促下，他堅持下去。最後，雷納爾多想到一個很長、愚蠢的故事，關於他與拖船操作員在拉雷多（Laredo）的一個舞會裏身處同一個房間，如果他邀請那人在那悲慘的一天到沃思堡（Fort Worth）探他，意外便不會發生。

荒謬嗎？當然是。那個意念就是這樣。抑鬱症患者需要以十分生動的方式發現，要他們為與自己無關的事情接受罪責是多麼不合理，要他們在自己生命中為自己沒有多少控制能力、甚至完全無力控制的事情接受責備，同樣是不能接受的。

雷納爾多確實沒有很積極地尋找更好、收入更高的工作。他確實不時花一點兒錢供自己享樂。但縮短他父親生命的意外不是由他引致的。他母親選擇在丈夫去世後不移民到美國並不是他的錯。（雷納爾多很悽涼，但我們這些較年長的人都可以明白，她不離開支持她的老朋友和鄰居，這是明智的。）

我應該能夠控制……

如果一對父母，譬如說父親，因為孩子紋身、在鼻子穿環或將頭髮染成黃綠色，而感到對不起孩子，那又怎樣呢？我可能提出：「在未來一星期，你的工作是幫助你的兒子（他只能夠欣賞嘻哈〔hip-hop〕音樂）培養對早期古典音樂的品味。你希望你盡一切可能的方法令他欣賞帕海貝爾（Pachelbel）。到了這個星期結束時，他會拿起洋琴，並縫製服裝參加明年的文藝復興節。」

不會發生這樣的事。世上最不可能擴闊兒子的音樂宇宙的人就是爸爸。

對因為女兒得不到第一選擇的大學取錄而失望的母親（參第九章），這個練習有用。嘗試實現一個明顯不能實現的任務，令我們思想我們能夠和不能夠控制甚麼。

你可能想發明你自己對付罪責過重的任務。它們不可能改變你的情況，但卻可以改變你對那些情況的想法。它們可以幫助你辨別在你真實、有血有肉的世界裏，甚麼能夠控制，甚麼不能控制。

靈閱——神聖的閱讀

對宗教人士來說，抑鬱症可以是屬靈的荒原。它不單影響個人和個人的關係，也影響個人與上帝的關係。彷彿上帝缺席了。

值得感恩的是，在你克服抑鬱症時，有方法將你的屬靈生命加入其中。靈閱（*Lectio divina*）是一種古老的默想禱告方法，也是可以採用的其中一個方法。（我在另一處更詳細地討論了另外幾種屬靈操練。）[4]

簡單來說，靈閱是一種默想聖經經文的方式。（關於靈閱的更完整的介紹，我推薦凱西〔Michael Casey〕的《神聖閱讀》〔*Sacred Reading*〕。[5]）它源自古老的屬靈導引傳統，在其中尋道者諮詢屬靈顧問去豐富他們的內在生命和他們與上帝的關係。

靈閱對你而言可以做甚麼？它可以引導你，令你較少被你自己的困難所纏繞。它可以容許你集中在終極意義上——超越你自己，超越不快樂的環境。它提供機會讓你建立和擴展你與上帝的關係。

警告：抑鬱症患者要小心，不要以聖經、禱告、默想和默觀為另一個藉口，逃避他們周圍的世界。

以下簡單步驟可以讓你開始進行靈閱。

安靜下來

首先你需要安靜自己，或許藉著放鬆練習、影像或調節呼吸這樣做（參第七章）。對那些已經頗為放鬆的人來說，呼吸練習是好的開始方法。閉上眼睛，數自己的呼吸，或者在吸氣時心裏說「我」，在呼氣時說「平靜」（或「放鬆」）。

閱讀

接著，緩慢閱讀一小段聖經經文或其他神聖文本幾次。詩篇是很好的開始。在閱讀你所選的文本時，花時間思想那段文字，聆聽意義。不應該強行推進那過程；重要的是保持耐心、接受的狀態。不要期望有即時、驚天動地的啟示。

呼吸和默想

在最後一個步驟，閉上眼睛，再次留意你的呼吸。在心裏重複你閱讀的文本裏的一些詞組，讓這重複與你的呼吸協調。以詩篇二十三篇作為例子：

吸氣：耶和華是我的牧者。

呼氣：我必不至缺乏。

吸氣：耶和華使我躺臥在青草地上。

呼氣：我必不至缺乏。

吸氣：耶和華領我在可安歇的水邊。

呼氣：我必不至缺乏。

吸氣：耶和華使我的靈魂甦醒。

呼氣：我必不至缺乏。

你的默想禱告會從文本中特別向你說話的特定詞組產生出來。毋須擔心具體的字眼。遺漏文本中整個段落也沒有問題。只要記得最深印象的內容要旨，將它們化為禱告。

讓這默想禱告向你內在的感受、意象、觀念或記憶說話。在接著的幾天和幾個星期，重讀經文和用經文禱告時，繼續聆聽上帝允滿盼望的聲音。

抑鬱流程圖

抑鬱症患者幾乎總是對自己和自己的能力缺乏信心。羅杰（Roger）是相當典型的例子。他是個技巧熟練的機械師，但當他被公司裁員時，他自然的悲觀情緒便佔了上風。

羅杰為了失業而怪責自己（「如果我有甚麼優點，他們便會想方法把我留下」）。他對自己在生活其他方面的能力也失去信心——修理汽車、保養草地、照顧子女、甚至做愛。他一旦說服自己在這些方面都一無是處，他便放棄嘗試。

當你有羅杰一般的感覺時，有人告訴你，你實際上十分能幹是沒有幫助的，對嗎？你不相信這樣的話。「他們只是嘗試令我覺得好一點。」

為甚麼不嘗試製作一個流程圖？[6] 你可能發覺這對你有幫助。這對羅杰有幫助。

流程圖使用一套符號、箭嘴和／或連接線，按一步一步的次序畫出一個複雜的過程。

以圖表描述一件普通的活動

首先羅杰需要找出一些他做得好的事情。這是個挑戰，因為他認為自己甚麼都做得不好。羅杰得到提醒，那技巧可以是十分普通的事情，於是他有點滑稽地說他擅長替他的汽車入電油。於是我要求他以流程圖詳細描述入電油過程，並要列出每一個步驟的細節。結果頗為有藝術性，而且十分完整。我會在羅杰用方格、星星和箭咀的地方打上鈎：

□ 駛進油站。

□ 將油泵留在你的左邊。

□ 駛到最遠的油泵，讓比你遲來的人可以駛進來。

□ 將變速器校到「泊車」。

□ 關掉引擎。

□ 將車匙從點火裝置拔出。

□ 解開安全帶，下車。

□ 關車門。

□ 用車匙開油缸蓋。

□ 將車匙放進口袋。

□ 從錢包拿出信用卡。將錢包放回口袋。

□ 根據油泵上的圖示將信用卡放進槽內。立即將信用卡取出。

□ 關於洗車服務，按下「不」。關於收據，按下「是」。
□ 扭開油缸蓋，拿在手裏，以便記得放回去。
□ 從油泵扭開噴嘴，提起控制杠。
□ 按普通電油按鈕。
□ 將噴嘴推入油缸，擠把手，拉下封口那片隆起的金屬，讓電油自動流出。
□ 將信用卡放回錢包裏。
□ 聽到電油泵關閉時，將它從汽車抽出（舉起噴嘴，令電油不會滴出）。
□ 放下控制杠，將噴嘴放回原位。
□ 扭上油缸蓋，關上蓋子。
□ 撕下收據。
□ 上車。將收據放在煙灰缸。
□ 繫上安全帶。
□ 將車匙插入點火裝置。順時針方向轉動車匙，啟動引擎。
□ 將變速器校到「駕駛」。
□ 檢查所有鏡子，然後慢慢駛出油泵區，離開油站。

這流程圖令我緬懷可以駛進油站說：「入滿它！」的日子。要正確和順序地將電油入滿油缸所需步驟的數目，叫羅杰感驚訝。（為了節省篇幅，我沒有寫上他洗擋風玻璃和檢查汽油的部分！）羅杰**幾乎**享受這樣做（雖然他並不準備承認）。

現在就嘗試這個練習吧！那是有趣的——有些人覺得它充滿樂趣。你會因為你忽略了的能力而感到驚訝。小心不要遺漏任何步驟；如果你忘記按選擇電油的按鈕，你不會得到電油。

以圖表描述你的抑鬱

你記錄了你怎樣結鞋帶、熨襯衫或入汽油後，便是時間實行第二個步驟：**以流程圖表示你怎樣變得抑鬱**。

思想最近一件令你更抑鬱的事件。要十分具體，並記下你所做、引致你有這經驗的每個步驟。確保你包括自己怎樣處理含糊的資料（例如：你的女友/母親/女兒/太太沒有如常打電話給你）。

請十分認真看待這個任務。嘗試列出引致那抑鬱的混亂的每個微小步驟。要求一個好朋友或家人——認真看待這事又不會過分批評的人——看你的流程圖，並加上你遺忘了的步驟。

抑鬱的流程圖只是將組合一件家具的流程圖的次序顛倒過來：你找出你怎樣變得抑鬱，因此找出**不要**做甚麼。現在你可以構思另一個方法去回應生命裏的挫折和不確定。

羅杰的入汽油流程圖打破了他的惡性循環，以致對於他的能力，他可以組成一幅更現實的圖畫。這給他足夠的信心去採取其他行動，對抗自己的憂鬱症。他的抑鬱流程圖幫助他檢視（和取代）那些令他情緒低落的自我挫敗思想和行動。

內在批評者

在你的頭腦內告訴你一些關於你的可怕事情的微小聲音，到底是甚麼？那是你的內在批評者！

在三十五年的輔導生涯中，我留意到抑鬱的人都十分留意這惡意的聲音——比留意上帝、他們所愛的人或任何其他人，他們更留意這聲音。

並非特別抑鬱的人有時會於短暫時間聽到這些找錯處的內在聲音。他們很快評估那批評是否正確，忽略它或處理它，然後繼續生活。相反，抑鬱的人傾向相信內在批評者所說的任何話。

喂，你有沒有考慮過取笑你的內在批評者？反駁它的壞邏輯？取笑它？以下練習會這樣做。[7] 嘗試跟從這三個步驟：

1. 閉上眼睛，容許內在批評者向你說話約一分鐘。聆聽它所說的話，留意你的感覺。
2. 接著想一個有趣的聲音（蠢鴨〔Daffy Duck〕、羅斯．裴洛〔Ross Perot〕、米奇老鼠）。為你的內在批評者配上這個聲音。讓它繼續向你說話。結果是**聲音的轉移**。內在批評者說的話沒有分別；只是它的聲音改變了。
3. 現在仍然閉上眼睛，讓那聲音來自一個不同的地方，譬如你的腋窩或大拇趾。如果你的內在批評者由你的肚臍說話，會有甚麼事情發生？這是**空間的轉移**。那批評的聲音仍在說話，但地方改變了。無可避免地，你聽的方式也會改變。

是的，這很有趣。重點是，如果你可以那麼快地改變你抑鬱症的這一個特點，你也可以改變其他方面。

目標不一定是消除抑鬱，但可以是令它的嚴重程度減低，令它變得可以控制。藉著給內在批評者一把愚蠢的聲音，或者令它來自腋窩，你對你以前以為是深刻、嚴重和令人懾服的東西取得一點控制。

選項

「我甚麼也做不來。」你聽過這種抱怨嗎？你説過嗎？那麼是時候探索你的選項了。

細看一下費利克斯（Felix）的情況，他是一個抑鬱的丈夫，受困於低收入、困局一般的工作，因為他沒有讀完大學。金錢對他家庭來説是一個大問題。他太太阿比（Abby）願意找工作，但費利克斯認為女人不應該在家裏以外工作。

費利克斯的「選項」任務是，寫下其他男性在他的處境下可以使用的多種方法。費利克斯可以細察他工作中的男人，他保齡球會的會員，以及他的老友，猜想他們會怎樣解決他身處的困境。

費利克斯去問這些人的其中幾個，他們會怎樣處理他的情況，可能會對他有幫助。無論如何，他需要至少寫下五個解決他的困境的方法。這樣，便涉及另一個人；費利克斯需要與阿比討論那些選項。

選項練習可以應用到多種情況和事件中。你不需要同意你發現的選項；只要將它們寫下來。目的是藉著考慮不同的行動方向以取得彈性和自由。你會發現自己從沒有想過的可能性。在這新的自由中，選擇可能適合你的行動。然後依從它。如果它證實是錯的，便改變方向。你考慮其他可能實現的將來時，便產生盼望。

放棄

瑞舍爾（Reshee）的抑鬱症始於她母親去世。她會拿起電話，預備分享一個有趣的笑話或要求建議。突然間她想到：我不能打電話給媽媽。媽媽走了。

你肯定聽過 WWJD？（What Would Jesus Do?〔耶穌會做甚麼？〕）瑞舍爾的新標準精益求精："WWMD"（「媽媽會做甚麼？」）媽媽會接受我的新男朋友嗎？媽媽會要求老闆加我工資嗎？媽媽會喜歡我的新髮型嗎？

媽媽會做甚麼？這句重複的話成了瑞舍爾存在的試金石。她愈專注於自己的損失，便變得愈沮喪。

在失去重要的關係後的幾個星期和幾個月裏，喪親的人的其中一個任務，是承認那人不再好像以前那樣是你生命的一部分。這任務承認即使有重大損失，生命仍然可以有意義。放棄是哀傷過程的自然部分。

學習怎樣接受自己所愛的人死去，對那些與抑鬱症搏鬥的人是一個有建設性的比喻。他們那無助的感覺可能是真實的；或許他們缺乏天分或精力或教育去取得他們渴望的結果。

放棄涉及接受真正的限制，然後找出更現實的期望——為自己、世界和別人。那表示選擇新目標和發現意義的新來源。

放棄並不表示接受無助。它要求以新技巧去應付失去舊的夢想和目標。一生都倚賴母親作為她主要的關係之後，瑞舍爾需要為她那暫停使用的人際技巧注入能量，結交新朋友。她需要以 WWRD（瑞舍爾會怎樣做？）取代WWMD。

要善待抑鬱症患者

你愛某人嗎？我希望你是這樣吧。他或她有沒有令你發瘋的缺點？很可能有。但你仍然愛這個人——不隱瞞缺點地。

抑鬱症的問題是，你受制於它時，對自己很少那麼仁慈和體諒。你不能既看見自己的缺點——你的錯誤和不當行為——又仍然愛自己。

你讀這本書時可能留意到我指出了，與抑鬱症搏鬥的人對自己很差，有時很苛刻。他們往往將不可能、完美主義的標準加諸自己身上。他們不斷重溫自己的錯誤，負面地想自己的經驗。有壞事發生時便怪責自己。

要說服抑鬱症患者，他們配得親切和憐憫並非總是容易的。他們可以接受從痛苦中成長這學派。（重要的是，要區分由外在原因引致的痛苦，這是能夠帶來個人成長的；以及無用的自我責難，這不會帶來成長或洞見，只會帶來個人受虐和痛苦的生命。）雖然從痛苦中成長的觀念有點價值，但它對抑鬱的人沒有多大用處。

我可能向這些人說：「**幸好你並不以對待自己的方式對待別人。如果你這樣對待別人，便會十分殘忍。我想看到你以對待別人的同樣的尊嚴、尊重和同情對待自己。**」

如果你攻擊自己，高聲讀出這些句子幾次。然後考慮一些方法，是你可以以尊嚴和尊重對待自己，一如你給予別人的。原諒你自己過去的錯誤——你很可能已根據手頭的資料盡你所能去做。畢竟你是具有無限價值的人。你應該得到更好的待遇。

錯誤的思想可以使沮喪長存，但改變是可能的。使用一些幫助人們改變思想方式的方法，從而令你的抑鬱症狀況更受到控制。

這些方法的目標不一定是除去抑鬱（這是嚇人，或許甚至是不可能的任務)，而是管理它，限制它，限制它對你生命的影響，讓你可以豐富、滿足地存活。

你可以學習以體諒和仁慈對待自己。你一旦明白怎樣以積極思想取代負面思想，即使抑鬱症復發也不會那麼可怕。更新的生命就在你前面——這生命肯定充滿危險，但也充滿意義和目的。

行動

轉化你的思想。

這章談論了十二種改變你思想的方法，讓它變得更積極和較不抑鬱。選擇一種方法，實踐幾天、一星期或兩星期，如果你可以想到這樣做之後的情況。你改變思想時，留意你怎樣感到好些。你可能想在日記內寫下筆記。

以下再列出那十二種方法：

1. 尋找例外：我們的問題不存在或不那麼糟時，有甚麼事情發生？
2. 充滿盼望的談話：選用甚麼字眼會幫助我更積極地思想？
3. 其他選擇：對這事件，有甚麼中立或正面的解釋？我在得出結論前需要知道甚麼事實？
4. 脫離認同：我不是我的困難。我的抑鬱症不是我。
5. 重新分派罪責：我不能控制的事情，並不是我的錯。真正該受指責的，是誰或甚麼？
6. 罪責過重：藉著將我的自我責備推到荒謬的極端，我可能可以看到那是多麼沒有用處。
7. 靈閱：我可以從聖經經文建立默想的禱告。

8. 抑鬱流程圖：甚麼事情我做得好？我是怎樣做的？我走向抑鬱的步驟是怎樣的？我可以怎樣將過程逆轉？
9. 內在批評者：為甚麼不拿我刻薄、找錯處的內在聲音來開玩笑？
10. 選項：別人在我的困境中可能會做甚麼？我需要給自己更多選擇的自由。
11. 放棄：我會接受不能改變的事情，建立現實、有盼望的目標。
12. 要善待抑鬱症患者：我會以所有人都配得的尊重和尊嚴對待自己。

給家人

對那抑鬱症狀況有不同的想法，可以幫助家人。例如：

- ✓ 尋找例外。我們很容易以為患抑鬱症的家人一星期七天、一天二十四小時都十分悲慘；但事實上，很少抑鬱症患者每天每小時都抑鬱。尋找他們沒有那麼抑鬱的時間。檢視有甚麼事情發生。找方法令那些狀態更好的時間更頻密地出現。
- ✓ 嘗試以更充滿盼望的談話與抑鬱症患者和自己説話。
- ✓ 替抑鬱症重新命名。
- ✓ 專注於將來的目標多於令人困擾的過去。
- ✓ 脱離認同、放棄和選項，對你也可能有幫助。
- ✓ 從這章選擇一種吸引你的方法。實行一個月。如果有幫助，做更多；如果沒有幫助，嘗試另一個方法。

註釋：

1 S. de Shazer, *Clues: Investigating Solutions in Brief Therapy* (New York: W. W. Norton, 1988) , 53.

2 R. Assagioli, *Psychosythesis* (New York: Hobbs, Dorman & Company, 1965) , 22.

3 M. D. Yapko, " Listening to Prozac...But Talking to Clients: Brief Methods for Treating Depression, " (Speech, San Antonio, TX: Our Lady of the Lake University, September 14, 1996) .

4 H. Stone, *Brief Pastoral Counseling* (Minneapolis, MN: Fortress Press, 1994) .

5 M. Casey, *Sacred Reading* (Liguori, MO: Triumph Books, 1995) .

6 Yapko, " Listening to Prozac... "

7 Yapko, " Listening to Prozac... "

12

一千里的旅程：抑鬱症的行為一面

在這一章你會：

- ✓ 掌握一個好消息：抑鬱症是關乎**行為**多於感覺。認識到要征服抑鬱症就是要有不同的行動。
- ✓ 考慮到採取行動需要資源，並發現自己已經擁有甚麼資源——以及你需要培養甚麼新資源——去應付抑鬱症。
- ✓ 發現可以減低抑鬱症的影響的其中一種最早的行動：開始建立一個新遠象，設想如果你並不抑鬱，你的生命會怎樣。
- ✓ 學習兩個簡單的方法——實際上是問題——可以幫助你為更好的生命設想一個遠象：**將來**問題和**奇迹**問題。
- ✓ 明白你可以令你現實的夢想成真，找出按步就班、可以實行的方法，令你的將來新遠象實現。

抑鬱症有生理的一面和認知的一面。但問題不單在於不能到達目的地的神經傳遞素和錯誤的思想；它也關乎行為。你不能繞過它：要征服抑鬱症便要有不同的行動。

羅杰製作了替汽車入電油的流程圖(第十一章),他很可能在生理上有抑鬱的傾向,我們也知道他與負面思想過程搏鬥。事實上,他一直傾向持低落的自我形象。但他失去工作後,他視自己為不能幹、不負責任、愚蠢和無望的。他相信自己永遠都失敗,透過這鏡片看自己和自己的能力(或缺乏能力)。

在行為上,羅杰做了甚麼?他畏縮。他肯定自己會失敗,便停止嘗試生命中的重要任務。他不嘗試,所成就的就更少,對自己的看法就更差。

在現實裏,人們很少在任何時間都抑鬱。即使最嚴重的抑鬱症患者,在有些日子或有些日子裏的部分時間,他們的情緒都會有改善。(例如當羅杰替汽車入電油時,他並不顯得抑鬱。)

採取行動需要資源。脫離抑鬱的第一步是,準確找出可以取得甚麼技巧和能力去應付這問題。

認出長處

每個人都有某些能力、技巧和長處。不過,在抑鬱中,你很可能認不出自己的內在資源。或者你否定它們,認為它們是虛假、無關重要或偶然的。如果你認出和運用你的長處,倚靠自己的天賦,運用你最好的資源,對抗抑鬱症時便會更成功。

在某種意義上,抑鬱症患者有時好像病理學家那樣尋找疾病。他們沒有為將來建立新遠象,而是專注於現在有甚麼錯誤,或過去有甚麼失敗。他們視發生在自己身上的壞事為已經預定、不能改變的模式。更好的看法是將你的憂鬱症當作一個記號,或者行動的呼籲。**改變路線!**

抑鬱症可以帶來新的行動和改變的方向。生命不一定要無望。但你可能需要用不同的策略和技巧處理生命裏的某些方面，你也需要記得和運用你已經有的長處。即使稍為提升對自己和自己能力的評價，也會給你新的力量去採取行動。

行為改變感受的速度，比感受改變行為的速度更快。
將這句話寫在卡上，貼在冰箱上。放大它，鑲起它，將它掛在桌子的位置之上。

教育家明白這個原則。他們知道為孩子帶來正面的自尊，最有效的方法不是稱讚、獎勵或對他們好（這一切都是好的），也肯定不是責罵或懲罰他們，而是幫助他們**在任務裏取得成功**。做事成功能夠提高自尊，令下一次所做的事會更成功。

同樣，令自己感覺好些的其中一個最快方法是，採取行動重拾一些你忘記了的長處。與放在銀行的金錢不同，你需要運用你的內在資源，才知道自己擁有它們。這樣做的時候，你脫離有病、有困難，轉向能幹、有力量和解決的辦法。

行動

發現和運用你的長處。

✓ 拿出你的日記或記事簿，列出你的長處。

✓ **要十分具體。**（例如：我很友善，與每個剛上班的人打招呼；我留意細節，可以處理任何帳目；我主動幫助年長的鄰居。）

✓ 接著採取一些行動，運用這些長處的其中幾項。如果你抑鬱前是友善的人，再次在別人上班時與他們打招呼。如果你會幫助年長的鄰居，從椅子上起來，拿起電話或走到隔鄰，主動提出為其中一個鄰居做特定的事情。

✓ 你需要運用這些內在資源，才知道自己擁有它們。要運用它，否則便會失去。

形成對將來的遠象

減低抑鬱症的影響的其中一個初步的行動，是開始建立一個新遠象：你不抑鬱時，你的生命會怎樣。停留在不能改變的過去，因此於現在和將來看不到有多少自由，這是很容易的。建立對將來的目標（在這章稍後討論）可以展開一個遠象，設想不受制於抑鬱症的將來會是怎樣。

兩個簡單的方法——實際上是問題——可以幫助你為將來設計遠象。兩者的目的都是幫助你以積極、充滿盼望的方式重新聚焦於和加以思想將來。

將來的問題

回答這條問題：「我想自己的生命在三個月後有甚麼不同」？[1]

要十分明確和具體。

☐ 詳細列出你想在家裏、工作和閒暇生活方式中看到甚麼。

☐ 這不是幻想。心裏記著你的財政狀況、家庭責任和工作。

□ 不要理會你的頭腦告訴你為甚麼你不能這樣做的聲音。
□ 你會花時間與誰一起？
□ 你會參與甚麼新活動？
□ 要積極，將力量投放在你會做、思想等的事上。

例如：「我會上電腦班，讓自己在電腦控制室可以找到一份更好的工作。」「我會參加戒酒無名會，學習怎樣應付我酗酒的丈夫。」「我會加入教會的詩班，幫助我踏出一步與別人交往。」「我會回到健康舞班，令自己恢復美好的體形。」

奇迹的問題

假設我明早起來，我的困難神奇地消失——我會怎知道？如果那困難神奇地在一夜之間消失，我的生命會有甚麼不同？我的家人和朋友會怎樣知道？他們會怎樣説我改變了？[2]

這是奇迹的問題。回答它。同樣要十分具體。想像這奇迹發生，你的生命不再受制於抑鬱症時，你會過怎樣的生活。

抗拒你頭腦中説奇迹永不發生、神奇不存在的聲音。

正如那將來的問題一樣，以正面用語陳述這一切：
□ 你起牀時的第一個想法是甚麼？
□ 你會不會吃不同的早餐？
□ 你的衣著或髮型是否不同？
□ 你是否開始新的計劃？
□ 你會怎樣以不同的方式跟太太（丈夫、孩子、同事、朋友等）説話？

□ 你會說甚麼？

將來的問題和奇迹的問題給我們盼望，不單藉著設想新的將來鼓勵我們，也藉著建立能將我們引向那將來的具體目標鼓勵我們。

以下段落提供創造那新將來的方法，不單展望那新的將來，也令它**發生**。

我希望你今天開始擁有那將來。

行動

形成對將來的遠象。

✓ 建立一個現實的遠象，設想抑鬱症對你的影響減少時，你希望將來會怎樣。

✓ 問你自己上面討論過的奇迹的問題或將來的問題。

✓ 打開筆記簿或電腦，開始記錄你的答案，可能有幫助。在未來幾天不斷加上新筆記。

專注於結果

多年以來，十分成功的人都令我著迷。他們怎能有那麼多成就，並繼續面帶笑容？我和其中一些人談及他們怎樣取得成功，很多人都沒有頭緒。他們似乎憑直覺這樣做。不過，留意他們，你會看到一個模式。

以下是我從很多成功的人身上觀察到的一些事情。你可以將這些觀念的其中幾個付諸實行嗎？

計劃

我太太和我有時和兩個很好的朋友——鮑勃和喬

恩．利亞（Bob and Jon Leah）——一起旅行。我們這些旅程的傳統是，每個早上坐下來吃一頓豐富的早餐。我們清理好碗碟和摺好餐巾時，鮑勃高興地宣告：「我們要有一個計劃。」這個時候要檢視天空，看各人的感受，攤開地圖，定立我們分開之後的聚集地點，修改長遠的計劃，以配合我們當天的希望。

需要有計劃。每個人都可以成功地作出改變和帶來充滿盼望的目標，但需要有計劃。你需要知道你往哪裏去（**目標**），你會怎樣去那裏（**方法**），你會採取甚麼具體步驟朝目標走過去（**行動**）。良好計劃的這三個元素——目標、方法和行動——都是必須的。

我恐怕很多受制於抑鬱症的人都是完全沒有計劃的。如果他們有目標，他們往往含糊地表達出來。他們可能不大知道實現目標需要甚麼步驟。有時他們會嘗試同時解決幾個困難（好像嘗試在同一天到阿卡普爾科〔Acapulco〕、瓜達拉哈拉〔Guadalajara〕和墨西哥城〔Mexico City〕一般）。這無可避免會失敗，因此他們停在半路中。他們感到自己永不會成就甚麼事情，也就不足為奇。

我們最初遇到羅杰時，他就是這樣。他製作了我在第十一章描述的藝術性流程圖後，開始明白自己確實有些能力和技巧。有些甚至可能對他管理他的憂鬱症有幫助。但他究竟想去哪裏？他會怎樣去那裏？如果他遇到路障或繞行的路時，他會怎樣做？很明顯，羅杰需要一個計劃。

需要有計劃。為實現你對更好的將來的遠象，你需要製定策略步驟。例如：你可能觀察成功人士，與他們談話，學習他們怎樣製定和達到目標。(「成功」並不表示名譽和財富。第一次便修理好你的汽車，沒有令座位沾上油污，晚上在家讀書給孩子聽的汽車機械工是一位成功人士。)

要緊記，你需要按你自己的性格和處境，修改那些模範人士的程序。也要記得你必須從開頭開始。你正學習做一些他們做了很多年，甚至一生的事情。你不大可能期望自己好像他們那樣成功，至少最初不能。但你會進步。

解決困難的模式

任何解決困難的模式的目的，都是令現實的夢想成真。成功的律師和商人能夠有效地管理，因為他們定目標，並依策略將目標付諸行動。他們解決困難的模式和成就，可能是有意識或憑直覺做出來的；無論怎樣，那都是合適和得到使用的。

為甚麼要重新發明車輪？採納別人解決困難的模式是可接受的，例如這裏提出的模式。這不是惟一的模式，但它對我及我過去輔導過的好些人都有效。當然，你需要修改它以配合你的性格和興趣。

它是個開始。如果你沒有你自己的系統，便依從這個。它會將你的希望和盼望引向行動，令它們真實發生！

我稱它為「恩典」(GRACE)模式。GRACE是個縮寫，指處理問題，展望將來，和開始為那將來而行動的五個任務：

目標(Goals)

資源(Resources)

其他選擇(Alternatives)

委身於行動（Commitment to action）

評估（Evaluation）

目標

想一想古老的說法：「千里之行，始於足下。」找出你可以在很短時間內實現的目標，並決定你怎樣達到目標。你的第一個目標應該是你知道你能夠（和會）做到的。

如果你面對多種困難，又怎樣辦？你需要選擇一個目標作為最重要的事，並努力實現它。將焦點收窄到一個可實現的目標，令改變更有可能發生。

帶領你得到對將來的新遠象的**問題**（例如上面討論的奇迹的問題或將來的問題），會幫助你找出特定的方法，令你的生命變得不同。

尋找困難情況的**例外**（參第十一章）是找到方向的另一個方法——不是全新的方向，而是對你已經有用的方向。

良好的目標至少有七個元素：[3]

- □ 這些目標必須被視為**重要**的。如果你不認為目標重要，你不大可能會完成它。
- □ 它們應該以描述**明確**行動的詞語，來形容想要做到的改變。它們是可衡量的；當自己達成了某個特定的目標，你會怎樣確實知道？
- □ 目標最好保持**微小**——不是「我要上大學和畢業」，而是「這個下午我會去最近的社區大學，索取申請表和課程大綱。」
- □ 它們需要被理解為**將來新遠象的雛形**。不是所有事情都可以立即實現。目標列出朝你想走的（可能新）方向走出的第一步。

- ☐ 目標必須**現實和能夠在短時間**(幾小時、幾天、或許幾星期——不是幾年或幾十年)**內實行**。
- ☐ 目標應該涉及**努力**。我們推動自己，在我們剛好感受到那壓力，但不致令我們失敗或沮喪地放棄時，我們學習和進步得最好。
- ☐ 目標應該是**正面地**給提出來的，並應該描述**一些好處存在**，而不是描述一些壞處不存在。對經常爭執的夫婦，他們所定的目標不應該是停止爭執，而應該(例如)是一起洗碗碟或有禮貌地說話。

以下是一個定目標的好例子。法達(Fada)感到頗為低落。她最後一個孩子和一個空軍機師結婚，駐守在土耳其，在家裏和法達的生命裏留下一個空洞。她的長期目標是填補那空洞。一個特定、短期的目標，可能是開始收集建立互聯網生意的資料，這是她經常談及，但從沒有時間做的。

這個目標運用所有七個元素。它是重要、具體、微小和短期的(著眼於長期結果)。它需要努力。它是正面地表達出來，描述有好處存在而不是壞處不存在。(法達沒有說:「我的目標是停止在空房間裏走來走去和流淚。」)即使她剛成形的生意沒有吸引很多人，法達在尋找意義方面，也有很大機會達致成功。

資源

現在你可能已經寫下一些好的目標。你的下一步是要評估，為要達到這些目標，你已擁有多少所需的資源。

內在資源是你內在的長處和技巧、應付的方法和過去成功解決困難的經驗。每個人在人生中都經歷過困難，每個人都至少成功地應付過一些困難。想起這些成功例子。將它們寫下來。

（如果你在這樣做時遇到困難，回到第十三章。羅杰在完成流程圖練習前，都不能列出自己的內在資源，因為他不相信自己有這種資源。）

外在資源可在你的環境中找到——教會、社區羣體和機構、家人和朋友、學校、金錢和資產等等。這些資源在你解決困難的情況時，提供很多建議、協助、道德上的支持和滿足。也列出這些資源。

你的清單應該包括你可以怎樣運用這些資源，以及你運用它們時可能遇到甚麼困難。

其他選擇

建立了目標和評估了資源後，是時候想出各種可能性。對於要得出解決的辦法，有甚麼可以採取的行動？將它們**全部**寫在紙上——將古怪和沒有把握的及可行和有成功希望的都列出。如果你願意的話，讓家人或朋友幫助你；你可以寫下愈多行動方式便愈好。（但不要忘記，最好大部分意見都出於你自己——畢竟是你而不是你的家人採取行動！）

現在開始將你集思廣益得來的清單項目收窄。清除不恰當的項目。由於有超過一種行動方式可以實現同一目標，你在篩選可能性時會想顧及你個人的價值觀。你的日程表、家庭責任和財政狀況也可能排除部分選擇。

接著你需要評估餘下的行動。對於促成你的目標，每個選擇的效用有多大？最好的選擇可能是由兩個或更多個行動結合而成的；因此不應該太快排除任何意見。

委身於行動

你將選擇的清單收窄到一個或幾個，是你認為成功機會很高的選擇時，便是時候作出堅定的委身。如果可能的話，將行動分成更細的步驟，是具體、可量度和容易實現的。

然後踏上你選擇的路。

採取行動是必須的。不過，如果這時你發覺自己因為多種原因而抗拒行動，不要擔心。不只你是這樣的。仍然有盼望。第十五章會提供幾個方法，確保你實現你的目標——開始和繼續的方法，令你對將來的遠象變成真的方法。

評估

你定下目標和朝目標進發時，繼續評估這些目標，即使你沒有留意到自己正這樣做。（**我感到太尷尬，不願意問那問題，所以我請朋友去提問，自己則聆聽。我不能鼓起勇氣打這個電話，所以今天我只會找出電話號碼，寫下我想說的話。填申請職位的網上表格令我感到更有盼望，因此明天我會填寫三份。**）

你一旦實際開始採取行動，就要有意識地努力分析和評估它的進度。在一天或一星期結束時，坐下來檢視你做了甚麼。甚麼有效？甚麼沒有效？為甚麼？你的計劃需要有甚麼改變？

你的檢視顯示有進步時，你會得到鼓勵繼續下去。

它顯示需要更多進步時（相信我吧，會這樣的），抗拒放棄整個計劃的衝動。相反，改進及修改目標或行動的方式。

你對付抑鬱症的行為取向，需要依從有系統的計劃。但你的計劃不是刻在石頭上的。它是更有機的，好像玫瑰花叢，需要培育和修剪，才能夠成長和開花。你將計劃付諸行動時，需要靈活和適應力強，一路上在每個步驟改進和修改。

你行為上任何正面的改變，都是好的開始。好像你以為已死的植物上的最細小綠色嫩芽，它可以令盼望重現。

給家人

做一些不同的事情。

假設你嘗試了「給家人」欄目的幾個建議。一些效果很好，一些效果不俗。或許有些失敗了。

你有沒有厭惡或沮喪地表示無奈？你有沒有想放棄？

這裏有另一個做法。譬如説你丈夫再次醉酒回家。無論你幫助他脱衣上牀多少次，無論你指出喝酒對他不好多少次，他都繼續這樣做。不過不是每天，但已足以在家裏製造麻煩。

面對現實：你一直做的事情行不通。為甚麼繼續做？做一些不同的事情吧！

✓ 預早計劃你會做甚麼**不同的**事情，然後決定做。

✓ 例如：下次丈夫醉醺醺地走入屋時，穿上最漂亮的裙子，開始唱歌劇。去打保齡。與最好的朋友到外面吃飯。編織。跑步。練習日語。

✓只是做一些不同的事情。

當你只是放棄沒有效的做法，嘗試新做法時，你會因為舊循環是多麼容易被打破而感到驚訝。

註釋：

1 H. Stone, *Depression and Hope*（Minneapolis, MN: Fortress Press, 1998）.

2 S. de Shazer, *Clues: Investigating Solutions in Brief Therapy*（New York: W. W. Norton, 1988）, 5. H. Stone, *Depression and Hope*.

3 I. Berge, "Working with the Problem Drinker: A Solution-Focused Approach,"（Lecture, Dallas, TX: American Association of Marriage and Family Therapists National Convention, 1911）.

13

做需要做的事情

在這一章你會：

- ✓ 留意到抑鬱症可以是一個惡性循環，在其中減少有建設性的活動可以引致抑鬱的感覺產生，這些感覺令人對可以帶來正面結果的活動的興趣減少，帶來更少正面結果，因此令人更加抑鬱。
- ✓ 也留意，要變得積極並非總是容易的 —— 但如果你這樣做，你至少會開始感到稍微好轉。
- ✓ 將一個重要的教育原則應用到克服抑鬱症的任務上：以學生的水平來説，工作太困難時，他們會失敗，但工作太容易時，他們不會學到任何新事物。
- ✓ 明白如果你是受害人，不抑鬱是很難的。
- ✓ 學習怎樣由受害人變為生還者。
- ✓ 明白到當人控制他們的環境時，改變便發生；要成功打敗抑鬱，你需要區分你能夠（和應該）控制和你不能（或不應該嘗試）控制的事情，然後恰當地投放你的精力。

你有沒有在公共電台聽過「草原家庭同伴」（“A Prairie Home Companion”）？經過三十五年後，這個充滿娛樂性，而且往往充滿智慧的電台綜藝節目仍然存在。它由謝勒（Garrison Keillor；美國其中一個偉大的説故事能手）主持，由粉奶鬆餅（Powdermilk Biscuits）贊助，粉奶鬆餅是「美味和迅速做好」的，那些在口中溶化的易碎但大塊的鬆餅，「給你力量起來做需要做的事情」。

或許你已經知道需要做甚麼。你需要起來清潔房屋。你需要走出這房子。你需要花時間和朋友一起。你需要開始運動，改善飲食習慣，放棄咖啡因，減肥，找工作，為花園除草，交税，處理桌上堆積如山的帳單。問題是，你就是沒有力量。「待辦」的事情清單愈來愈長。你感到更內疚、更低落、無望、無助。

你現在想要點粉奶鬆餅嗎？它們可能是謝勒想像出來的虛構事物，但在某種程度上，它們確實存在。謝勒觸及我們熟悉的一點——我們應該做的事和我們的懶散之間那令人不安的無人之地。我們需要一些東西——任何東西——給我們力量繼續下去。

變得活躍

憂鬱症是個惡性循環。減少有建設性的活動會帶來抑鬱的感覺；這些感覺令人對可以帶來正面結果的活動的興趣減少，這帶來更少正面結果，因此令人更加抑鬱。一直繼續下去。

將向下的循環逆轉

在幾乎任何活動裏，改進了的表現都帶來改進的自我評估。它提高做更多事情的推動力，帶來改進的表現，餘此類推。抑鬱的人要前進的其中一個方法，很明顯是要變得活躍 —— 無論他們喜歡與否。

慣性的定律

我天分很高的太太凱倫還是青少年的時候，她的平均分數是乙，她明顯沒有發揮她的潛力。她父親帶她到書房，告訴她慣性的定律。她從科學課學到這定律前，先從父親那裏學到：**運動中的物體傾向保持運動，靜止中的物體傾向保持靜止**。她父親讓她知道，她特別受這物理定律支配，她總需要令自己行動，以致不會浪費自己的天賦。

不過，凱倫偶然仍與這定律搏鬥。接著她便聽到父親的話。當她有很難應付的任務時，她有時對自己說：我會離開那些檔案的。或者我會攪動油漆，在牆上試一試那顏色。我會清潔三隻污穢的碟子。我會收拾五件我留在櫃台的東西。我會繳付一張帳單，把它放進郵箱。

你認為她做這些微小步驟時有甚麼事情發生？那幾乎是明顯的。採取了第一個步驟後，她會完成計劃，或者至少計劃的一大部分。櫃台給清潔了。碟子洗乾淨了。至少一面牆塗上了油漆。帳單支付了。歸檔也完成了。

欺騙自己

你可以欺騙自己開始去行動嗎？好像凱倫一樣，你可以告訴自己「我毋須完成所有工作 —— 我只做這一點點」嗎？在街上四處走，作為運動計劃的第一步？寫一封短箋給一個你不願意打電話給對方的朋友？打開**所有**信件（即使那些信封看起來令人有不祥之感的）而毋須承諾為所有信件都採取行動？開始燒開水，即使你完全不知道自己會煮甚麼？

這些小小的計謀可以幫助你起來，做需要做的事。在很多方面，抑鬱症是一種關於慣性的疾病。如果你不能令自己在早上從牀上起來，嘗試——以最微小、最沒有威脅的方式——令慣性定律積極的一面為你效勞（運動中的物體傾向保持運動）。

這章會討論你可以怎樣變得積極，也會探討你需要留意的一些事情——可以誘使你回到不活動狀態的經驗——以及令繼續向前的提示。要記得：**運動中的物體傾向保持運動**。

被動和不行動是抑鬱症患者的主要障礙。變得積極並非總是容易的任務——但你這樣做時，你至少會開始感到好一點。

有時感到抑鬱的人會等到有足夠推動力才行動。這是一個很大的錯誤。好像未來藝術家等到有靈感才拿起畫筆，他們很多人都假設，他們必須感到想做一些事情，然後才能夠做。結果，他們沒有多少成果。

對成功人士的研究顯示，無論有沒有靈感，他們也工作。事實上，很多富生產力的人表示，他們開始一個任務之先，很少感到有靈感。**他們的推動力源自實行**。

容許我重複：不單靜止的物體傾向保持靜止；運動中的物體傾向保持運動。感到想做正確的事情是方便的，但這往往並不現實。如果你抑鬱，根據你抑鬱的感受行動，通常導致不行動。相反，你需要（用謝勒的話說）「起來做需要做的事情」——同樣是，**無論你是否喜歡做**。

支架：以現實的步伐改進

一個重要的教育原則是這樣的：對學生的水平來說，當工作太困難，他們會失敗。當工作太容易時，他們不會學到新事物。

以現存技巧為基礎

這個原則支持**支架**這個觀念，或者建基於以前的知識和技巧去建築。你需要有甚麼成長、學習、改進或進步——無論是管理你的抑鬱症或你生命的任何方面？你需要能夠實行的挑戰。

首先，進行一個**你可以實現**的活動。它必須涉及一些你已經擁有的技巧或知識。如果那任務超越你的理解或能力，你不能從中學習。例如：想像一下給六歲的小孩露西（Lucy）一盒一千塊的拼圖，挑戰她在明天睡覺前完成。她不能從中學習，因為那超乎她的能力；那任務會帶來挫折、失敗，很可能還會帶來眼淚。

但你也需要**擴展你現存技巧**和知識的任務，如果你要從中學習。現在想像露西正在砌一盒有九塊的學前程度拼圖。她這樣做不會學到甚麼，因為她已經掌握了這技巧。一百塊的拼圖，有媽媽或爸爸幫助，讓她觀察過程；以露西的程度而言，這可能是合適的支架。她可以在幫助下完成它，但她需要推動自己學習新技巧。

定下實際的目標

你為自己定下甚麼任務？你有甚麼目標？它們是否現實的？它們是否具挑戰性？

太低：我總會抑鬱，所以我只會留在牀上看電視。

好吧，我會起牀做點事，但我害怕人羣，所以我只會做一些燕麥曲奇。我會修讀網上課程而不到社區學院，因為我在課堂上可能會出醜。我會離開零售部，要求調往貨倉；在那裏沒有人理會我有沒有笑容，也沒有人會理會我的頭髮凌亂。

太高：我永不想再感到憂愁或低落。我應該一星期三天教導貧窮的孩子讀書。我會一直對家人仁慈和慈愛。我永不會害怕。我應每天都感到愉快。我會開餐廳，賺很多錢。我會跑馬拉松，在自己的年齡組別贏得獎項。我會好像我朋友卡露蓮（Carolyn）一樣做事井然有序。我想寫一本暢銷小説。

你有天可能會實現這些太崇高的目標的一部分。但那不是今天。你可以實現甚麼？即使那只是容易做的小事，也去做，以它為明天的目標吧。實行它。然後確保第二天的目標稍為多一點挑戰性。

受害人容易抑鬱

你曾否受虐待——身體、言語或情感的？有沒有人利用你？你的配偶（或母親、老闆、兄弟姊妹）是否殘忍，令你的生活很痛苦？雨天有沒有令你情緒低落（而你在西雅圖〔Seattle〕或倫敦〔London〕居住）？公司升職時是否忽略了你？鄰居冷落了你？家居維修公司欺騙你？評税員針對你？你有沒有遭受歧視、不公平對待、不道德對待或只是遇到惡運？這一切是否不受你控制？

如果事實是這樣，很難不抑鬱。為甚麼？不是因為這些人都對你做了壞事，這令人很意外。無數人遇到相似的不公義狀況，但卻不一定受憂鬱症之苦。你沮喪的其中一個原因，不是人們對你做過甚麼，而是**你面對它時的無助**。如果你是受害人，你很難不抑鬱。

受害人不能控制他們的痛苦。他們是經受者而不是行動者。相比要改變，有些受害人對責備的興趣更大。這些人可能在年幼、真正無助時已經是受害人。但問題是他們長大了，累積了知識、經驗和資源可以用來改善生活後，表現得仍然好像受害人那樣。

別人可能真的傷害了你。艾迪(Eddie)年幼時受到傷害。對於艾迪，以及我所遇到和他一樣遭遇的其他人，他們所遭遇的事是嚴重的，而且難以克服。我希望這樣的事從沒有發生。

艾迪的母親酗酒。他年幼時，母親要不是忽略他，就是用皮帶打他。他需要匆忙地為自己預備食物。一個仁慈的鄰居有時為他清洗傷口和給他食物。(當然，如果在今天，那個鄰居要打電話給兒童保護服務〔Child Protective Service〕。)艾迪十四歲時，有一天，他母親跳上某人的電單車後面，從街上消失了。兩個星期後人們才發覺沒有人照顧他。

艾迪的人生開始時相當艱苦。不過，如果在成年時他繼續顯得無助，抗拒踏出一步改善他的生活，他便是令自己受害。那不是要將發生在他身上的事情儘量縮小；不過，艾迪會成為今天令艾迪受害的人。

如果你堅持為到每個困難責備自己，如果你以普遍及永久性的用語來描述自己(「我沒有用，我無藥可救地不負責任，我不能正確地做任何事」)，**你便是令你受害的人，也是受害人**。現在你就是這樣對待自己。重要的是，要記得你是受教導要這樣思想的。**你學習變得**

無助（稍後再多談這個問題）。

令人驚訝的是，艾迪沒有學習變得無助。對自己被母親打和以言語虐待，他不能做甚麼，但他教導自己倚靠自己。他解決問題，發明物件；後來更支持自己的孩子。他的婚姻並不差。好吧，或許艾迪對自己的看法並非最好。他很可能有輕微抑鬱。但他並非無助，也沒有認為自己是受害人。有人提起他母親時，他總會説：「我想她已經盡了力。」那種態度令艾迪更容易（最終在五十多歲時）採取行動和增進自己的情感健康。

當然有很多外在壓力鼓勵你感到自己受害。一些解放的行動，以他們高尚和影響力大的活動為所有人爭取同等待遇，偶然（和無意地）產生細小但直言的邊緣團體，採取好爭論的受害人立場。有些人寧願將改變的擔子放在壓迫者身上，而不是給它們的追隨者一些方法，去爭取掌握自己的將來，和負責作積極的改變。當有人問他們：「你們想成為正確的一方，還是想有更好的生命？」他們的回應會是：「我們想成為正確的一方。」

不要誤會我——不公義是真實的。但怎樣解釋和回應不公義，卻由你決定。如果你相信自己無力改善你的處境，有很多人會和你一樣。但如果你學習成為受害人，你不是也能夠學習重新掌握你的生命嗎？如果你學習怪責別人，你不能也學習接受責任嗎？

我控制著它

人們控制他們的環境時，改變便發生。成功的人不害怕運用自己的能力。要成功克服抑鬱，你需要區分你能夠（和應該）控制甚麼，和不能夠（或不應該嘗試）控制甚麼。接著你需要恰當地投放你的精力。做你能夠做的，然後對其他事情放手。

這不是戒酒無名會和其他採用十二個步驟的團體所採用的「平靜的禱告」(Serenity Prayer)的意思嗎？「上帝，求祢賜我平靜，接受我不能改變的事情，賜我勇氣，改變我能夠改變的事情，並賜我智慧區分這兩者」？

抑鬱可以將事情變成「做錯的事」(正如艾迪說的)。或許你嘗試改變不是你可以改變的事情，或許你成了受害人，甚至不嘗試改變你有能力改變的事情。

如果你經驗抑鬱症，重要的是現實地評估你的狀況，決定你能夠和不能夠控制甚麼，將力量投放在你能夠控制的事情上。同時你需要在你無力應付的情況中放手。

想控制不是一個錯誤或神經質。它表示你想成功，有點成就。改變發生，因為我們控制一些事情。需要去控制是，我們身為人的生命的基礎。

以莎拉(Sarah)為例。她在畢業舞會喝了太多酒，事後感到尷尬和悔恨。她的朋友比莉(Billie)責備她：「你需要接受治療，處理你的控制問題。」莎拉想了一分鐘，然後說：「不喝太多不是更容易嗎？」

寫一本書是一個容易控制的情況。我需要捕捉觀念，然後將它們組合成看來有次序和連貫的，讓那本書有價值——當然也要出版。

我嘗試要太太做我想她做的事情時，那是不方便控制的情況。雖然我可以激烈地爭取我想要的改變(請相信我，我確實這樣)，我也需要尊重她的意願。如果她選擇不受控制，我不能控制她。

控制過少或控制過多

抑鬱症患者傾向對環境控制過多或過少。控制過少是較常見的；那是古老的無助受害人心態。

心理學家塞利格曼(Martin Seligman)對經學習而生的無助進行過幾個研究。[1]自願人士接受令人不適的刺激(例如輕微的震動)，是他們不能控制的；無論他們做甚麼，都避免不了。後來環境改變了，他們可以避開不適的刺激，但參加者不再嘗試避開。他們學習到變得無助。塞利格曼相信抑鬱症患者也好像他實驗的對象那樣行動；他們停止嘗試以合適的方式控制自己的生命。他們感到無助和無望，因而也變得無助和無望。

最初羅杰(第十一和十二章)覺得很難去控制，或實行會幫助他管理他的抑鬱的活動。他是控制不足的人。他不會申請工作，不嘗試做愛，放棄做家裏的任務。簡單來說，他屈服了。

並非所有抑鬱症患者都是控制不足的受害人。對他們能夠和不能夠控制的事情，過度控制的人也缺乏「作出區分的智慧」。他們嘗試掌管他們能力範圍以外的情況。他們嘗試改變自己無力改變的事情。他們當然會失敗。這實在是陷入抑鬱的大好理由！

抑鬱不單發生於天賦較少的人身上。由於它的生理部分，它可以攻擊各種性格的人。有些非常能幹的人，在工作上十分成功，經歷與過度控制有關的抑鬱。

很有成就的人往往以自己所做的事情決定自己的價值。在生命的每一方面，他們都期望卓越。無論他們在一個領域裏多麼成功，如果他們在另一個領域裏失敗，他們也會變得淒慘、抑鬱和沮喪。

有抑鬱傾向的人參加他們幾乎無法控制的活動或事件，是很危險的：

- □ 想做公共電視的籌款義工？穿西裝和結領帶的人會是負責人。
- □ 説服教會的長老參與高風險投資計劃又怎樣呢？有很大可能會失敗。
- □ 想令喜歡饒舌音樂的青少年對斯堪的納維亞（Scandinavian）民歌有興趣？噢，預備倒下來吧。
- □ 説服你喜歡吃肉和馬鈴薯的老友變成素食者又怎樣？要很有運氣吧。

最好將你的精力投放在你稍能掌握的事情上。這表示有時你需調整對將來的遠象，以配合你在現實中可以影響的範圍。如果父親因為兒子成了專業的滑板運動員，沒有上大學、讀醫科和加入家庭的醫療工作，而感到失望，這父親一定有麻煩。在我們的文化和時代裏，我們不能控制孩子的生命選擇，而這個情況是為抑鬱症度身訂造的。

分級問題

「在零到十的等級中，如果零表示你不能控制，十表示你能完全控制，你認為你對這情況有多少控制能力？」分級問題協助盡可能準確決定你有多大能力，讓你可以成功地投放你的精力，並放棄你不能控制的處境。

如果你發覺自己在某些情況下或者對某些人變得更抑鬱，或許你正在嘗試控制你不能控制的情況。或許你在可以有點控制的情況下，沒有運用控制能力。兩個極端都是危險的。

相信自己沒有能力控制自己生命的人是受害人。他們很容易抑鬱。那些相信自己有（或應該有）全面控制的人也有危機。無論你有甚麼傾向，你需要認識你有限的自由，然後恰當地加以運用。

阻礙人變得活躍的東西

我父母以前是美國汽車聯會（American Automobile Association；我們稱它為「三A」）的會員。無論他們在甚麼時候上路，三A都給他們一本有路線圖的書。道路建築和其他障礙物都有橡皮圖章標示，其他路線則用黃色標示。在還未有州際公路前，這些地圖避免人們徒勞無功地找路。有些繞行道路的風景比大路更好。

你沿著通向更美好將來的小徑走出第一步時，可以預期會遇到一些障礙。為此而預早預備是好的。

未完成的任務

未完成的任務所帶來的壓力，往往妨礙任務完成。這種破壞快樂的焦慮在抑鬱的學生中很常見。他們難以享受電影或閱讀小說，因為他們不能不想到這學期裏仍未完成的作業。在學期的最後幾天，這是合適的；他們應該溫習。但學期剛開始三星期，期望完成學期裏的所有習作，然後才享受一點樂趣，卻是不合理的。

如果對未完成的工作感到焦慮（即使它們是很遠的將來的事）吸去你完成工作的精力，你可以做停止思想練習（參第十一章）。

或者嘗試這個練習：列出你在可見的將來可能需要做的一切事情，留下空間加入更多項目。以很大的粗體數字寫下你會開始和完成這些工作的日期。將清單貼在當眼處。日期來到時，做應做的任務，然後在清單上加上剔號。（為了加添樂趣，以一些你已經完成的任務開始；然後享受以大紅色記號筆加上剔號的樂趣。）

每次你為一個或更多迫近的任務感到焦慮時，看一看清單。高聲說：「我還有兩個星期才需要開始那工作。」然後繼續現在的事。

拖延

來自未完成的任務的壓力，也可以影響會拖延的抑鬱症患者。記得慣性的定律嗎？缺乏精力和魄力，抑鬱的人有時將最簡單的雜務推遲。隨著時間過去，這些雜務變大，直到它們似乎十分巨大。

例如：在搬屋前六個星期，霍勒斯（Horace）記下他應該將更改地址資料寄去郵局。他感到太疲倦和低落，沒有去拿規定的表格或於網上申請，他告訴自己明天才做。搬屋後三個星期，他仍然一天推一天。霍勒斯的事務一團糟，因為信件寄失了或轉寄到錯誤的地方，未完成的任務大大影響每個享受的機會。

記得慣性定律的積極一面可以大大幫助那些拖延的人嗎？洗一隻碟。攪動漆油。支付一張帳單。做一點你正拖延的任務。

焦慮

壓力或焦慮可以影響人在一個行動計劃裏的表現，以及在快樂的事件裏的享受。承受巨大壓力和焦慮的人，較不可能享受他們所做的事情，特別是如果他們抑鬱。

如果你是個容易焦慮的人，承認這狀況會幫助你對付它。你的活動似乎太難實行或令你有太大壓力時，計劃放鬆休息的時間。在你穩定的進展中走過無壓力的繞行道路，並不是壞事。享受那風景吧！（關於其他放鬆的提示，參第七章。）

非此即彼的思想

有些人是非此即彼的。他們要不是十分成功，就是失敗得很慘。或許他們認為自己必須完成行動計劃裏的每一個細節（而且完美地完成）。若他們做不到，他們會感到自己弄糟了、失敗、浪費所有時間和努力。

這是否顯得熟悉？如果你在做運動時接到祖母的電話，你會因為那天不能做運動而感到很糟嗎？如果最初你不成功，你是否傾向放棄努力？

如果你可以修改自己的期望，你對自己的感覺會好一點，長遠來說也會帶來進展。事情並非會完全照計劃發生（當然，除非你計劃了在其中有障礙和繞行道路）。嘗試現實地看你的進展。要對自己仁慈。

外在障礙

有時，你可以成就甚麼，是由外在因素決定。例如：譬如說你嘗試學習在行為上表現得更堅定自信。你想為自己堅持，不再任人踐踏。可惜你的老闆真的喜歡當老闆。這可以是障礙，因為你要不是因對抗這個暴君而令自己的工作更困難，便是因為自己不夠堅定而退縮，覺到很糟。

但你已經知道你僱主使用權力的問題，對嗎？稍為作一點前瞻，你可以計劃一條繞行道路——例如：「我不會以堅定的態度對待珀金斯（Perkins）先生，因為他應付不來，他實在太可憐了。首先我會嘗試在一些比較安全的人——例如上門推銷的人——面前，為自己堅持。然後，或許我會與那個將我的信件錯放在別的郵箱中的郵局職員談一談。」

保持動力

在越野汽車旅程，享受繞行道路是以愉快的方式維持前進動力的策略。沒有理由為我們失去的時間而抱怨；至少我們不需要往回走。你看一看那些紅楓樹的樹叢！如果我們留在公路，永遠不會找到這間極好的古董店。在前面有遮蔭的草地停下來野餐又怎樣呢？

考慮以下的一些建議，在行動時保持動力。

選擇可以享受的行動

選擇行動方向去對付你的抑鬱症時，你需要檢視你所選擇的行動是否值得做和你是否享受。例如：如果你曾經失去有意義和快樂的經驗或關係，你需要可以為你的生命重新注入一點那樂趣和質素的活動：

- ☐ 我會帶我的邊境牧羊犬去狗公園，在那裏有機會和其他愛狗人士閒談。
- ☐ 我會款待新搬來社區的家庭，歡迎他們。我款待他們時毋須說太多話——但誰知道呢？我可能會遇到我喜歡的人。

□ 我喜歡閱讀聖經；下星期我會嘗試參加鄰居告訴我的查經班。如果我喜歡，我會繼續參加。

記得羅杰製作那流程圖時有多大樂趣嗎？他不打算稱它為樂趣，但他喜歡這樣做，願意多做十多個。你享受一種活動時，幾乎可以保證會成功。

重要的不是你做甚麼……重要的是**做**那件事。移動。行動。實行。幾乎所有行動（在法律、道德和卡路里限制以內）都比甚麼也不做好。或許你最初不會有多少成就。不要擔心。只要繼續做下去，在這時已經足以是一項成就了。

逐步的進展

我太太和我每年至少兩次展開「一千里的旅程」，我們從德薩斯州駕車到明尼蘇達州的小屋，然後駛回去。實際上那是一千二百二十五里。那距離可以頗為嚇人，但我們將它分成幾部分。凱倫駕駛時，我調校收音機。我駕車時，她高聲閱讀出色的推理小說。我們經常看著里程計驚歎：「看！我們完成了旅程的十分一〔四分一、三分一〕了！」肯薩斯州（Kansas）某個貨車拆卸場是中間點；我們駛過它時，會歡呼起來。這些里程碑令旅程似乎短一點。喂，這是有效的。不要挑剔它。

你已經知道要將你的任務分成細小、可以實行的部分。在開始時，你甚至可能需要將一天分成較短、可以應付的時段。

以小時為單位安排一天的活動可能有幫助。你最初從牀上起來時，接著的十六小時可能長得好像永恆，但你可以面對接著的三十分鐘。

如果你已經頗為抑鬱，在家裏完成幾個基本維持生活的活動，在開始時已經足夠。例如：早上七時半：拆牀單，計劃一天的工作。八時：煮咖啡。八時十五分：喝咖啡。八時三十分：吃一碗穀類早餐連乳酪。九時：帶狗散步：九時三十分：餵狗，在露台喝第二杯咖啡。十時：洗早餐時用的碗碟。十時三十分：將牀單放入洗衣機。等等。

如果一小時似乎是一段很長的時間，將它分成每十五分鐘一個單位。如果安排一天的活動太複雜，在中午計劃第二節的時間。永遠不要計劃完成太多事項，過於你知道自己能夠應付的。

或許現在你已經確信慣性定律對你有用。它那積極的一半（運動中的物體傾向保持運動）是憂鬱心靈的粉奶鬆餅。做剛好足夠令你活動的事情。付上努力，但你的行動要保持在你能夠實行的範圍之內。如果可能的話，選擇你可以享受的活動。

如果你開始做你能夠做的事情，成功可以變成一種習慣。那不是「美味和迅速做好」嗎？

行動

靜止中的物體傾向保持靜止；運動中的物體傾向保持運動。

你怎樣脫離慣性？甚麼方法可以幫助你做需要做的事？

✓ 回顧過去一些克服懶散的事件或行動。

✓ 如果你喜歡的話，將它們寫在筆記簿上。

✓ 不要說：「我從未試過克服懶散。」你曾經試過（相信我吧），但你可能沒有留意。你怎樣誘使自己執行不快樂的任務？你在甚麼時候做了一些有價值的事情，是即使你並不喜歡做的？

✓ 以這些活動為「破壞慣性者」。認出破壞慣性者過去可以幫助你實行你感到自在、熟悉的行動，是你已經取得成功過的。它可以令你繼續前進。

✓ 使用其中一個破壞慣性者，接受需要做的細小任務，是你今天（或者一兩天後）可以完成的。把它實行出來。

給家人

幫助抑鬱的家人的其中一個方法是，花時間與他們一起做一些事。

✓ 做一些有趣的事。不一定要期望抑鬱的人享受那有趣的活動，但也不要因此而停止那活動。不需要走向極端；那可以是十分簡單的事情，例如一起吃飯，或許是每個參與的人都一起預備的，例如製薄餅或火鍋。

✓ 婚姻或家庭裏的習慣，例如黃昏散步、玩遊戲、家庭靈修或擁抱所有人等，都會帶來更大的家庭滿足感和凝聚力。在家人抑鬱時繼續或開始這些習慣是重要的。你比任何時間都更需要這些習慣。

註釋：

1 M. Seligman, " Fall into Helplessness, " *PsychologyToday* 7 (1973) : 43～48. M. Seligman, " Depression and Learned Helplessness. " in *The Psychology of Depression: Contemporary Theory and Research*, ed. R. Friedman and M. Katz (Washington, DC.: Winston, 1974), 144～161; M. Seligman, " Learned Helplessness, " in *Depression: Concepts, Controversies, and Some New Facts*, 2nd ed. (Hillsdale, NJ: Erlbaum, 1983), 64～72.

14

有效的行動：如果有效，便做吧！

在這一章你會：

✓ 增強和發展你的意識，就是行動是勝過抑鬱症的必不可少的元素。

✓ 找出對抗抑鬱症時甚麼活動比其他活動更有效。

✓ 設計你自己的個人行動計劃，包括一些有助你繼續和不斷改進的活動。

所有我認識的、能夠克服抑鬱症的人，都首先行動，沒有例外。行動是勝過憂鬱症所不可或缺的。你需要變得活躍並維持活躍，進行有意義、有益甚至你享受的任務。

在對抗抑鬱症時，某些活動比其他活動更有效。設計你自己的行動計劃，包括其中一些會幫你開始活動和繼續活動的珍寶。它們會培養你渴求生命中的目的和快樂。

充滿意義的活動

或許你已經讀過或聽過弗蘭克爾（Victor Frankl）著名的小書《活出意義來》（*Man's Search for Meaning*）。[1] 弗蘭克爾在第二次世界大戰期間被囚禁在德國的集中營。在那裏，他觀察到那些在痛苦景況中看到意義的人的抑鬱傾向較少，有更多精力投入生活。那些找不到意義的人無可避免地死去。

弗蘭克爾指出，意義不是無緣無故來到我們這裏的；我們必須尋找它，爭取它，追求它。它是生存所必須的。

在生活的所有環境（不單在集中營）中，那些將生命聯繫到比自己更大的東西的人，較不容易患上抑鬱症。這東西可以是社會事業、令人滿足的婚姻，或深深地委身於自己的宗教、以及與上帝的關係。

如果你在生命中找到目的，將那目的實行出來，你會更能夠應付黑暗的時間（參第十九和二十章）。

人際活動

如果你與抑鬱症搏鬥，你需要感到被欣賞、接納、重視和喜愛。你需要正面地與別人交往（參第十六和十七章）。

如果你選擇對你有特別意義的活動，你更可能會堅持下去。抑鬱的業餘無線電操作員可以向有興趣的生手展示他的無線電裝置。一個孤獨的單身人士可以加入一個縫被子班、參加慈善賽跑，或（帶著斑點狗）上訓練狗隻服從的課堂——去人們一起享受好時光的任何一個地方。喪妻的長者可以在夏天和幾個朋友玩高爾夫球，在冬天到長者中心玩射擊。喜愛閱讀的人可以加入讀書會。

需要技巧的活動

如果你找到能夠顯示你的獨立能力和做某個任務的

能力的活動，你會建立自信和有成就感。例如：吉爾（Jill）在工作上負責做一個特別項目，是超乎工作的正常要求的，容許她有一點創意和自主。珊納（Shana）在教會於星期三晚上舉行的非正式崇拜裏義務擔任司琴。科里（Corey）答應在社區中心教導長者電腦技能。

我們的老朋友羅杰可能不能從替汽車入油找到持續的回報，但他分析這簡單的活動時，顯示他對秩序和順序有強烈的意識，可以運用在一些技術方面的工作上，例如修復古老的引擎或沖曬他自己的照片。

有樂趣的活動

你的生命中應該有點樂趣。即使你認為你失去了喜樂的恩賜，給自己一些令你真正愉快的活動（或者是可能令你，如果你已覺得好一點）。你可以到一間好餐廳吃晚飯，躺在沙灘上，觀看喜歡的運動賽事，或駕車到郊外看秋色。

簡單來說：人際、提升能力、令人享受和充滿意義的活動，幫助與抑鬱症搏鬥的人積極參與生活。這些活動不是用來填補無所事事的時間，而是可以幫助你脫離低潮的核心行為，捕捉到強風，便向更有目的的方向航行。

促進成功的十二個簡單練習

你可能比我更清楚，某些行動（或不行動）可以令你的抑鬱症更糟。讓我們不要想那些事情。

其他行動，如果忠心地實行，可以減輕你的沮喪，提升你的情緒。如果你感到抑鬱，你的行為需要改變，藉以改進你思想的模式，並管理你的抑鬱。以下方法和練習可以幫助你，進入更活躍和充滿盼望的存在模式。運用任何對應你的特定狀況或打動你的方法。

建立自信

我們再次看羅杰的情況。我喜歡羅杰。他的自信心蕩然無存時（這是那些與抑鬱症搏鬥的人常有的抱怨），他甚麼也不會嘗試。在那個情況下，他克服抑鬱症的機會是由零至負十。以流程圖顯示他的能力，開始讓他快速地從憂慮中走出來。

但如果他停在那裏又怎樣呢？他開始時的積極努力可能全都浪費掉。羅杰需要更全面的建立自信計劃，來提升他對自己和自己的能力的估計，持續下去，並在這個基礎上發展。

如果你不是十分抑鬱，但自尊心很弱，建立自信的計劃對你是有用和充實的。如果你的憂鬱症更嚴重，它甚至可以拯救你的生命。

探討

首先，探討於過去幫助你變得更有自信，因而較不抑鬱的活動。問你自己：「每當我的抑鬱症變得好一點的時候，我在做甚麼特定的事情？」將它們寫下來。這探究是好的，因為它集中在你的長處和過去的成功上。

如果這聽起來有點熟悉，你便對了：事實上，你在尋找例外（正如在第十一章討論過的）。

如果你的反應是「沒有甚麼有效」或「我只是好轉；我沒有做任何事令自己好轉」，那又怎樣呢？如果你傾向看過去的負面事件，避免看正面的行動，就是能夠幫助你管理至少你憂鬱症的一小方面的，那又怎樣呢？要對抗這個傾向，你可以運用停止思想（第十章）。或者你可以將你所有的思想記在筆記簿內，然後刪去清單上的負面項目。

維恩圖

另外一個有用和有趣的工具是經修改的維恩圖（Venn diagram；一種圖示，通常用來比較和對比兩種東西）。拿起一枝鉛筆，畫兩個重疊的大圓圈。左邊圓圈的表面，代表你所做、令你的抑鬱症狀況更差的事情。右邊圓圈的表面，則是你在憂鬱沒有出現或事情較好時所做的事情。兩個圓圈重疊的地方是中性活動。在你填補那些空間前，將左邊縮小一半（劃去你不會用的部分），並按紙張大小儘量擴大右邊的圓圈。那個圖毋須漂亮。

你想到過去的一個行動時，寫在合適的空間上。甚麼事件給填在哪裏，要視乎你。（如果你中度抑鬱，你很可能會在中性空間寫：「我自己綁鞋帶」；但如果你甚至不能自己穿衣，綁鞋帶已經是十分正面的活動。）

一旦左面的空間填滿後，便停止記錄負面的行為。如果你感到被迫繼續列出這些行動，寫在其他負面行為上面（對，那樣使人無法閱讀）。繼續在正面和中性的地方列出相關項目，字體小一點，讓自己可以多寫一點。

動腦筋

現在動一動腦筋。在正面行動清單上，加上一些你未嘗試過但認為可能有用的方法，特別是如果它們聽起來能夠實現和有趣。

你一旦探討了自己的過去，找到有用和健康行為的例子，並加上一些新的建議，你便準備好建構一個建立自信的計劃。換句話說，你會計劃和實行很有機會成功的行動。

☐ 列出你會採取的具體步驟。
☐ 把它們寫在你會看見和運用它們的地方（不是信封背面！）。
☐ 晚上睡覺前，選你會採取的第一步。

在實行期間，你會檢討你的計劃，評估甚麼特定行動似乎提供最大好處。

快速行動計劃

很多減肥計劃為顧客提供快速減肥的選擇。看到體重很快減少，實在令人十分鼓舞。（可惜快速減肥往往引致長遠的體重增加，因為你的細胞呼喊：「我們很飢餓」，而你的新陳代謝減慢，藉以為生存而儲存脂肪。）

不要擔心；對抗抑鬱症的快速行動計劃，長遠來說不會令你情緒低落。它不是容易的解決辦法，而是一個偶發性的計劃，是你可以隨時付諸行動的。

快速行動計劃在抑鬱症開始變得嚴重時可以用來救命。你一旦習慣了較好的感覺，你可能不想承認以前那些感覺會再次來襲。在南非的叢林和導遊一起走時，我看見他將來福槍從肩膀取下來，拿在手裏。我知道有人在那一帶見過一隻豹，我問他：「你昨天在這裏見到那隻豹嗎？」他點頭表示「對」，並繼續保持警覺。

要預先知道危險的警號在哪裏。沒有已帶備武器的導遊陪同，你會走有非洲獅子的區域嗎？要準備好彈藥。

這個快速行動計劃對很多人都有效。它對我也有效。我鼓勵你考慮它。

- □ 在一張小卡紙上，寫一句類似這樣的話：「如果將來我開始感到低落〔憂愁、抑鬱〕，我答應今天會至少開始做兩件下列的事情。」
- □ 在這句話的「如果」部分，你可能想包括抑鬱症出現的特定徵兆，例如不回覆電話、不吃飯或睡眠障礙。
- □ 然後列出現在或過去抑鬱時曾經幫助你的具體活動。
- □ 也包括其他你認為對擊退復發會有效的行動。
- □ 你可以要求配偶或朋友加上其他建議。

以下是別人在卡上列出的一些行動：

- □ 告訴一個好朋友。
- □ 繼續做或做更多關於心血管的運動（跑步、健身）。
- □ 立刻見醫生（精神科醫生、輔導員、牧者）。
- □ 與朋友外出吃飯。
- □ 恢復服用抗抑鬱藥物。
- □ 參加週末男士早餐會。

將卡紙放在錢包內，隨身帶著。如果你開始留意到哪怕只是一個抑鬱症的徵兆，從清單上選兩個項目，在當天開始做。那卡紙是你向自己的承諾，你一旦感到憂鬱在敲門，便立即做一些積極的事。

如果你開始再墮進抑鬱之中，要設計和依從一個有益的行動方向，有時就已經太遲。有了**快速行動計劃**，你在頗為堅強和頭腦清醒時，預早作出那些重要的決定。**現在就製定這計劃吧！**

接收家人的抑鬱症

家人可以為行為改變提供寶貴的支持。麥德維斯（Cloe Madanes）講述他輔導一個不能脫離抑鬱症的年青女士的情況。[2] 麥德維斯指示那女士的父親接收她的抑鬱症一星期，讓他的女兒可以追求其他興趣，完成一些事情。

同意這個練習的家人必須表現得沉重、憂愁和無助。那個抑鬱的人有一星期的緩衝期，在這段時間應該盡可能完成一些事情。一星期完結後，兩人都回到正常位置。

這不可能有效！你那個總是愉快的嫂嫂怎能好像借了一件外套那樣，接收充滿陰鬱的世界觀？你怎可能以你憂愁和弱小的自尊心換取樂觀的態度？

它應該行不通，但卻行得通。短時間交出自己痛苦的憂鬱症患者，往往發現自己有的自由比自己知道的更多。他們發覺自己的抑鬱症是可以改變和控制的。他們與自己的抑鬱脫離認同（參第十一章）。記得嗎？你不是你的抑鬱症，你的抑鬱症也不是你。

這樣交換會讓你有更多成就，你的成就增加了，可以令你感覺更好。它也可以讓你的家人了解抑鬱的經驗，在你前進時給你更適當的支持。

在家以外工作

在早上有地方可去，有事情可做，可以令人振奮（只要那不是你害怕的事情）。即使在美好的假期後，穿著整齊，登上汽車，準備上班，也可以令人精力充沛。你感到自己重要。

失業、退休或者在家裏照顧孩子的人，往往在找到有工資或義務的工作時感到振奮。在家以外工作不是行為方法或練習，而是**策略**。它令你早上從牀上起來。它為你的日子提供結構。它通常將你置於一個你必須與別人交往的環境。它甚至要求你實行某些活動，無論你是否喜歡。因此，在家以外工作有相當潛力令你脫離抑鬱。

如果你沒有技巧或經驗又怎樣？義工是很好的開始方法。與本地的醫院或任何社會服務機構的義工聯絡主任傾談，找出最能善用你能力的工作。別人會欣賞你。你以前做過義工嗎？寫在履歷上。你做的事情的價值與薪金無關。

或許你以為自己不會找到一份工作，或者你害怕受困於你不喜歡的工作。為甚麼不從臨時工作開始？臨時工作與以前不同；它們處理日光之下的任何類型工作。你可以開始檢視多種工作。你發覺一些令你滿意的工作時，如果喜歡的話，可以將它變成長工。將它視為研究、實驗、練習。

安排日常任務

當然，留在家裏是你的選擇。你可能有殘障。或許你要照顧年幼的子女。或許你認為自己未預備好面對外面的世界。你也有行為策略可以採用。如果你想勝過你的低落情緒，你需要安排你的日子。

有時在晚上坐下，或在早上首先寫下你這一天要完成的任務，這是有幫助的。只包括你可以合理地期望能夠在一天內完成的工作。任務必須能夠實行和十分具體。

計劃一整天是否太多？那麼只計劃上午吧。如果有幫助，為每個任務安排特定的時間。在中午可以檢討和修改你的清單。你是否因為有計劃的上午而感到精神疲累？那麼下午做一些放鬆的事情吧——但要寫在日程上。這樣下午便不會浪費掉，而是有計劃和需要的休息。

如果你不想在最初承擔太多，從少開始吧。在第一天，只為每個時段（上午、下午和黃昏）安排一個任務——或者一天只安排一個任務，如果那是你所能夠做的話。每天加上一個十分微小的任務，是會令你付出一點額外努力，又可以給你更大成就感的。要肯定，不要判斷你所做的事情的價值（瑣碎、例行公事等）。只是將它們實行出來。

分心

分心對那些發覺自己的抑鬱症在一天（通常是早上）或一星期（通常是周末）的某些時間比較差的人有幫助。如果你的情況是這樣，這個方法可能適合你。

你可以預早計劃在這些時間運用的一些分心策略。以杰里（Jerry）為例。他是退休的獨居男性。每天早上他都感到十分抑鬱，很難面對家裏的工作。他想念去世的太太以前早上那些快樂的聲音（煮咖啡、用拖把清潔、甚至沖廁所！）他會碰一下某件東西，直到他的家務延展到下午。

杰里的分心策略是六時半起牀，那是他的正常起牀時間，在八時完成家裏所有工作，然後外出，直到中午。走出屋外並不一定表示去另一個地方；有時他只是照顧花園或坐在院子看他喜歡的雜誌。在那裏他聽不到太太不在時的沉靜。杰里在早上分心，是在那些艱難的早期階段管理他的抑鬱症的主要要素。

教導朋友怎樣抑鬱

我曾經輔導過一個三十三歲的成功銀行審查員，他似乎一切都很順利。伯納德（Bernard）有高薪的工作，支持他的太太，和十分可愛的七歲兒子。但他有抑鬱症。他以前經歷過幾次抑鬱，每次為時兩至六個月。我們開始談話後，我對伯納德說：「你似乎學到很多關於抑鬱症的事情。我想你教我怎樣抑鬱。請幫助我明白你怎樣做。」

他重述他已經告訴我的一切；他相信抑鬱只是來侵襲他，隨意和不請自來，令他在工作、家庭和他的感覺裏，無力改變任何事情。

這是人們對「教導我怎樣抑鬱」這個挑戰的典型最初回應。我提議你和一個願意相助的朋友構思一個場景。你的朋友應該與你練習怎樣變得抑鬱：

☐ 開始感到情緒低落之前，你做甚麼？

☐ 你早上起牀會做的第一件事是甚麼？

☐ 你工作完畢後會做甚麼？

☐ 你早餐／午餐／晚餐時吃甚麼？

☐ 你的晚間活動有沒有哪方面不同？

☐ 你甚麼時候睡覺？

□ 你停止做甚麼事？

□ 你對自己説甚麼？

□ 你的工作／飲食／衣著／談話／玩樂有甚麼不同？

你一旦教導了朋友怎樣變得抑鬱，下一批問題便集中於你的抑鬱退卻的時候：

□ 不好的感覺開始減少前，你做甚麼？

□ 甚麼行動似乎減少抑鬱感覺對你工作或家庭生活的影響？

□ 你最終怎樣變得對坐在家裏生厭，決定回去與朋友打高爾夫球？

這樣提問的目的，除了幫助你更留意令你抑鬱的特定事情外，也幫助你看到你對你的憂鬱症——或者至少是你怎樣回應它——是有一些控制能力的。藉著有意識地選擇某些活動，抑鬱的人可以減少他們不快樂狀況的影響力。

伯納德——正如我們對會計師會有的期望那樣——清楚和有系統地列出他在抑鬱前所做的事情（例如工作到很晚，但完成的工作較少，看更多電視和避免進行性行為），以及在情緒好轉前所做的具體行動（例如為任務計時，盡快把它們完成；幫助兒子做家課，以及對太太表達更多愛意）。

接著，伯納德將他曾教導我的，關於陷入和脫離抑鬱症的事，轉化為一個具體的計劃。他有意識地依從他個人的抗抑鬱計劃，在抑鬱的痛苦影響擴展到他所愛的人前，學習在開始階段消除或減少憂鬱的影響。

任何讓你了解你自己的抑鬱症經驗的方法，都可以為你提供資料，為自己度身訂造一個行動計劃，是適合你自己的性格和處境的。如果你緊緊依從那計劃，你一定會成功。

寫積極的日記

在你掙扎著脱離低潮時，寫個人日記可以給你有力的工具。重要的是只寫你做的正面事情和發生的好事。(如果你的筆記變得負面又怎樣？**我做甚麼都不對；我的生命很可悲；我憂愁，十分憂愁。**將那頁紙撕出來！不要只將它丟到廢紙箱——它可能在那裏指控你，直到倒垃圾的日子。將它燒毀、撕碎、處理掉。)

每天寫日記還有其他好處。書寫(相對於思想)是身體的動作。它為你的生命添上紀律，因此給你一種控制的感覺。你積極行為的紀錄可以大大幫助你計劃新活動。

照顧自己

你**整個**人。大部分人都承受某種壓力。那可能是工作壓力，婚姻或愛情減退的壓力，一屋孩子和家務要處理的壓力。無論那是甚麼，我們都很容易四處走去救火，做緊急而不是重要的事情。你在很多壓力之下，可能會照顧每一個人，卻忽略了照顧自己。

無論你有沒有抑鬱，如果你一直做幾個基本的自我照顧任務，你的外表肯定會有一些正面的成果。(留意有些任務已經在第六和七章提到，但為了完整，以下會再提那些任務。)

☐ **運動**(你知道我會這樣說，對嗎？)在對付抑鬱症方面有很好的效果。（有關運動的更多資料，參第七章。）不過，不要藉著鍛煉跑馬拉松破壞自己成功的機會。以你可以頗容易和享受地做的事情開始。長遠來說，以舒適的步伐步行半小時，在好看的電視節目面前踏二十五分鐘橫臥腳踏車，或做四十五分鐘園藝，比跑五里路對你更有好處。為甚麼？因為你更有可能定期運動，令自己受傷的可能較小。做運動的另一個具說服力原因是：經過大約半小時劇烈運動後，大部分人都會感受到身體釋出來的內啡呔（endorphins；又稱安多芬），會自然地提升情緒和提供額外的精力。只是不要在睡前兩小時做運動，因為運動提供的額外精力可能令你更難入睡。

- ☐ **戒除咖啡因。**如果你早上真的需要咖啡，改為飲用低咖啡因咖啡。你可能會有幾天感到頭痛，但這是值得的；咖啡因的影響（特別是加上糖時，例如咖啡和冬甩）可以在最初的幹勁消失後令人情緒低落。
- ☐ **限制酒精用量。**如果你嚴重抑鬱，你應該完全不喝酒精飲品，因為酒精是自然的抑鬱劑，只會令你情況更差。它也可能妨礙你的睡眠，而這是不好的，因為睡眠障礙已經是很多抑鬱症患者的問題。
- ☐ **吃有營養的食物。**你毋須瘋狂追求健康；只需要滿足自己的基本營養需要。吃大量水果和蔬菜（如果需要的話，將它們偽裝成其他食物）。遠離快餐，不單因為它們充滿脂肪和沒有營養的卡路里，也因為它們可能含防腐劑和其他化學物質，有些人會受這些物質影響，情緒變差。
- ☐ **養寵物。**如果你不喜歡動物，寵物不大可能改善你的情緒。但狗或貓需要注意和愛，在你不願意與人一起時，牠們可以成為你的朋友，你不喜歡時，牠們也期望與你玩耍和到外面散步。這是好的！撫摸寵物使人平靜和心跳減慢。負責照顧毛茸茸的同伴是積極的一步。你控制自己生命的一小部分，在一些重要的事情上取得成功。

□ **保持最好的外表。**晚上睡覺前，找出一套好看的衣服，包括內衣和鞋，讓你第二天不會受到誘惑，只穿上汗衫或仍然穿著浴袍。即使你整天獨自在家也這樣做。相信我吧。

□ **洗澡**——在最需要的時候。晚上焦慮和不能入睡？洗一個溫水浴吧。早上疲倦得要命？洗一個微熱的溫水浴，逐漸將水溫調低。在幾次洗澡之間，花幾分鐘用冷水潑臉；你會因為感覺有多好而驚訝。

□ **獎勵自己**——不是以對你不好的東西，而是以對你有益而你又喜歡的東西。去按摩，去看電影或話劇，聽音樂，在後院餵雀鳥，在工場修理物件，或接受足部護理——任何**你**喜歡做的事情（不一定是別人認為你應該做的事）。

你可以找到自己存在的意義和目的。幾乎任何行動都可以令你更健康，但最能夠產生盼望的活動集中在建立自信，擴展與別人的關係和將快樂帶回生命中。

你一旦找到甚麼對你有效，然後付諸實行，你便重新對自己的生命有更大的控制能力。你捕捉到一種對目的的意識。你對自己的感覺會較好。事實上，你感到更好。就是這樣。你正走向將來。

行動

採取有效的行動。

這整章都集中在行動上——可以為你的生命提供意義和帶來成功的活動。**選擇一個似乎適合你的行動，今天便開始實行。**如果現在是早上，在中午前實行。將這本書放下，現在就實行。

✓ 如果你剛開始脫離抑鬱，明智的做法可能是做維恩圖（頁 228），然後立即做動腦筋練習（在頁 228～229 的討論）。在小筆記簿寫下你的想法，隨身帶著。你有另一個想法時，拿出筆記簿寫下來。然後將想法付諸實行。

✓ 如果你現在不抑鬱——或者不如較早前那麼抑鬱——我建議你製定快速行動計劃（頁 229～230）。這會為你將來的情緒低落時期作準備。下次你開始感到抑鬱時，你會有特定的行動計劃，而或許更重要的是，你委身於以有效的行動對抗低落的情緒。

✓ 繼續前進。

給家人

製作你自己的維恩圖。

我在上文描述維恩圖，以及它怎樣幫助與抑鬱症搏鬥的人開始脫離它。你可以為自己修改維恩圖，配合你身為抑鬱症患者親人或朋友的身分。依從以下的指示：

✓ 左面圓圈的表面是，你嘗試過幫助家人或抑鬱的家人，但卻令情況更糟的事情。

✓ 右面圓圈的表面是，你嘗試過而似乎有幫助的事情。

✓ 圓圈重疊的空間是中性的活動，似乎沒有幫助也沒有害處的事情。

✓ 你想到一個過去的行動——你或家人**為了幫助抑鬱症患者**而做的事，便寫在合適的空間。應該寫在哪裏要視乎你而定。

✓ 左邊的空間填滿後，停止記錄負面的事情。如果你感到被迫繼續寫，寫在其他負面行為上面（當然，那會使人無法閱讀，目的就是這樣）。

✓ 繼續在正面和中性的地方列出相關項目，字體小一點，讓自己可以多寫一點。

✓ 將維恩圖帶在身邊幾天，在想到其他事情時就加上去。

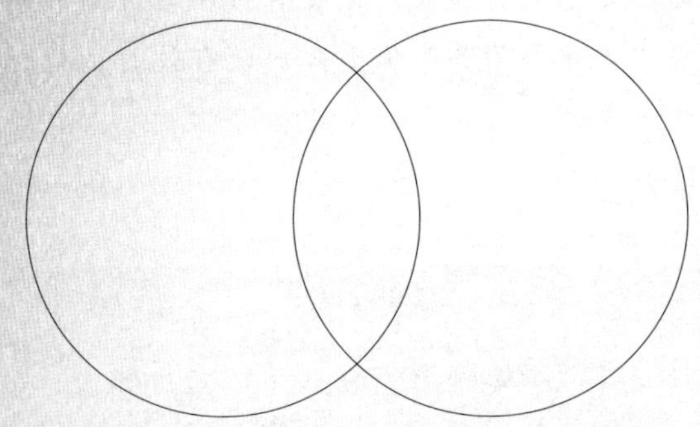

現在動腦筋：

✓ 在正面行動清單上，加上一些你未嘗試過但認為可能有用的方法——特別是如果它們聽起來能夠實現和有趣的。

✓ 你一旦探討了過去有用和健康行為的例子，並加上一些新的建議，你便預備好將意念付諸實行。

✓ 列出你會採取的具體步驟。將它們寫下來。

✓ 決定哪個會適合作第一步。

✓ 現在你計劃了成功機會很大的活動。

註釋：

1 V. Frankl, *Man's Search for Meaning* (New York: Washington Square Press, 1963).

2 C. Madanes, *Behind the One-Way Mirror* (San Francisco, CA: Jossey-Bass, 1984), 173.

15

與抑鬱症患者一起生活：抑鬱症的人際一面

在這一章你會：

✓ 思想抑鬱症增生和傳播的這個事實。

✓ 明白它怎樣影響配偶、家人，甚至親密的朋友或同事。

✓ 看一些研究，它們發現已婚的人比單身的人**較少**經歷抑鬱症。

我太太和我最大的孫女有一個小小的笑話流傳。她們對對方說：「如果你有一個支持者俱樂部，我會是主席。」「我會是行政總裁。」「唔，我會是你支持者俱樂部的**皇帝**。」她們當然在開玩笑——但誰不想有支持者俱樂部？

誰不想和別人以這麼可愛的題目來開玩笑？

這個幸運的婦人也在一間充滿稱讚的學校工作。孩子都得到鼓勵去稱讚同輩。教育工作者稱讚彼此的工作、衣著、髮型、快樂的笑容——任何值得稱讚或好的事情。校長將欣賞職員的字句放進他們的信箱。

誰不想在這樣培育人的環境工作？

抑鬱症影響關係

我們都需要得到愛和欣賞。我們需要滋養和支持我們的關係。可惜，在與抑鬱症患者的關係裏，充滿愛的玩笑並不足夠。培育靈魂的讚美少之又少。憂鬱症增生和傳播。它傾向影響配偶、家人，甚至親密的朋友或同事。有時抑鬱的人似乎從別人為他們做的小事中得不到任何樂趣。

妮歌（Nicole）是特絲（Tess）的祕書，特絲開設了一間小規模的地產公司。最近妮歌反應緩慢、退縮和愛哭。一天早上，在上班途中，特絲買了一些花給她。妮歌是個很好的祕書和朋友——她當時狀態相當差，但仍然值得讚賞。而且她一直都喜歡花。那天下午特絲問合伙人：「為甚麼妮歌似乎沒有留意到桌上那些花？為甚麼她只讓它們在那裏漸漸枯萎？」

抑鬱症可以令本來充滿生氣的人際關係和活動變得掃興。德梅特里亞（Demetria）有一小羣喜歡玩樂的朋友。他們每星期五晚上會面，一起喝瑪格麗特酒、看話劇和棒球比賽，每個月一起喝幾次咖啡和閒談。德梅特里亞患上抑鬱症時，她三個朋友嘗試逗她高興。他們打電話給她，去探訪她，鼓勵她和他們一起玩樂。和很多抑鬱症患者的朋友一樣，他們關心和想幫助她，但卻不知道應該怎樣做。他們漸漸減少打電話給她，最後放棄了。他們三人繼續下去，但沒有德梅特里亞的日子已經不如以前。

抑鬱症患者未必能夠發現，不單他們深受傷害，他們周圍的人也受苦。以鄧肯（Duncan）為例。他負面地看自己、世界、將來和自己與人的關係。令問題更嚴重的是，他的精神和身體能量都很低，所以他能夠付出的也比較少。別人愉快地與他打招呼，他往往以沉默回應，也拒絕別人的邀請，獨自吃飯，將辦公室的房門關上。他幾乎停止給同事和家人提出有用的意見，也不稱讚他們。

鄧肯的煩躁、疏忽和負面情緒，令他成為頗難相處的朋友和同事。對孩子，他也疏遠和心煩意亂，對愈來愈令人不滿意的婚姻也沒有多少貢獻。他那麼強烈地感到自己的痛苦，以致甚至不知道那對周圍的人的影響有多大。

抑鬱症影響家庭

和鄧肯一樣，抑鬱症患者往往對與別人一起做事缺乏興趣。這對他們的家人帶來影響，令人苦惱。

弗洛拉（Flora）告訴一個朋友：「昨晚我穿著我最性感的睡衣，在我丈夫面前蹦跳。兩年前……唔，你可以想像得到！但昨晚他只是盯著我，彷彿我瘋了。我覺得自己好像個傻瓜。」

阿士利（Ashley）一直都深得爸爸喜愛。她哭著向母親說：「我畫這幅畫給他，但他連看也不看。他不再喜歡我的畫了。」

一個對抑鬱症患者的家庭所進行的研究發現，有幾個健康家庭生活的必備元素都減弱或受到破壞。它們包括溝通、解決困難，以及在情感上與別人聯繫的能力。[1]

如果憂鬱症在一段長時間裏慢慢形成，家人並非總能夠發覺有家庭成員患上抑鬱症。「格倫達（Glenda）變了。」「道格（Doug）面對很大工作壓力。」「更年期令邦妮（Bonnie）變得十分令人討厭。」

有些家人認為這與他們有關：「貝亞（Bea）走進自己的世界——或許她結識了另一個人。」「威爾（Will）是個這樣不快樂和孤獨的男孩——我這個母親在哪方面失敗了？」「媽媽不想與我玩耍——我不應該頑皮。」

通常人們最初落入抑鬱時，家人都圍繞他們，給予幫助和支持。

這是一個典型的場景：母親患有憂鬱症。爸爸嘗試成為孩子和太太之間的緩衝。他保護她避開孩子的要求和外面世界的期望。同時，他讓孩子不受母親的低落情緒影響。他承擔一些通常由太太負責的責任。他嘗試以正面的話對抗她的負面思想，例如：「不是那麼糟」或「我肯定事情最終會很好。」他也稱讚她，買花給她。

但父母、兒女、配偶和兄弟姊妹往往感到自己不足。爸爸和孩子一旦在開始幫助母親時遇到失敗，家庭便面對危機。她沒有滿足他們的需要。她以前聆聽、支持別人，現在不再聆聽他們說話。爸爸很可能已經筋疲力盡；經過一段時間以後，他不再那麼留意和保護太太。他們都有陷入抑鬱的危險。

如果爸爸或其他家人不明白媽媽所患的抑鬱症是怎樣的，他們可能以為她不再關心他們。他們會停止接受她的憂鬱狀況，開始視她為妨礙家庭安好的。如果抑鬱症繼續一段長時間，他們會想方法去過不受她影響的生活。孩子可能花愈來愈多時間在朋友家裏。爸爸可能有外遇（有些配偶甚至乾脆離開患者）。

如果你患抑鬱症，而你又讀到這裏，請明白這些話的目的不是要令你感到內疚。我的目的是讓你知道抑鬱症進入家庭時，家庭系統會有甚麼事情發生。你（和你的家人）可以做一點事。

抑鬱症影響婚姻

研究發現，快樂和穩定的婚姻可以預防抑鬱症形成。這對珍惜婚姻和家庭生活的人是好消息。

但當抑鬱症成了夫婦婚姻關係裏的一個特點時，便很難有好消息了。譬如說你辛勞地工作了一天後回家，想暫時將煩惱拋諸腦後。那個晚上，你會享受與誰一起度過：一個呆滯、煩躁、孤寂的伴侶，還是精力充沛、對各種事物都有興趣、對你們的關係感到快樂的伴侶？這並不是難以決定的。你可以看到問題在哪裏。

在過去十年左右，你有沒有讀過任何有關婚姻的雜誌文章？一般來說，那信息就是婚姻對女性不是一件好事，對男性卻是好事。但對抑鬱症的研究卻顯示不同的圖畫。

好些研究發現，已婚的人比單身的人**少**患抑鬱症。在情感上親密、互相支持、有效地溝通的夫婦，某程度上可以避免患憂鬱症。不過，婚姻衝突卻至少令其中一方更有可能出現抑鬱症的癥狀。很多人既患抑鬱症，婚姻又不和諧。

與患者最親密的人最深感受到憂鬱症的影響，他們包括配偶、父母、子女、兄弟姊妹和朋友。愛、法律或出生的連繫令他們走在一起。他們可能住在一起。他們想給予幫助，但往往不知道怎樣做。如果抑鬱狀態持續很久或很頻密地出現，很難避免憂鬱擴散。

如果你愛的人有抑鬱症，學習有效的方法給予幫助，對你是重要的，但你也需要防避抑鬱症對你產生負面影響。要保護你自己。照顧你自己，以致這親愛、正在受苦的人的低落情緒不會令你也陷入抑鬱。下一章是為你而寫的。它提出你可以做的具體事情。

如果你患抑鬱症，你需要明白你的問題對與你最親密的人有甚麼影響。要明白不應該怪責你。要明白你愛的人關心你，即使他們並非每次都知道怎樣幫助你。與他們分享這本書。你們可以一起重拾生命中的目的、喜樂和歡笑。

行動

模仿電視清談節目的訪問。

在某天搜尋電視頻道，你很可能找到一個訪問，受訪者曾經經歷艱難的日子：吸毒、強姦、年少時被性侵犯……和患抑鬱症。

✓ 看電視節目主持怎樣問受訪者問題。主持是有預備的，他們手裏拿著卡紙或者有電視提示器，上面寫滿問題。

✓ 現在嘗試訪問一個你認識又患過抑鬱症的人。好像奧普拉（Oprah）或巴巴拉·布殊。要做功課；預早預備一些問題，是關於他或她的經驗和**甚麼對他或她有幫助**的。不要纏著對方，但要對甚麼有效擊退抑鬱症——以及甚麼沒有效——感到好奇。被問及他們個人和他們經驗的事情，大部分人都會很高興。他們想分享甚麼對他們有幫助。

給家人

保護你自己。

✓ 不要容讓一個人的低落情緒淹沒全家人。

✓ 區分你自己和負面情緒。維持關係，但不要讓自己陷入別人的情緒混亂中。

✓ 努力在家裏不顯得焦慮。用這書描述的一些方法，避免被情感淹沒。

✓ 要記得，你需要清晰和平靜地思考，才能夠幫助和支持患抑鬱症的家人。

註釋：

1 G. I. Keitner, I. W. Miller, N. B. Epstein and D. S. Bishop, "The Functioning in Families of Patients with Major Depression," *International Journal of Family Psychiatry* 7 (1986):11～16.

16

醫治網絡：家人和朋友可以做甚麼

在這一章你會：

- ✓ 發現家人和朋友為幫助抑鬱症患者而可以做的事是甚麼。
- ✓ 研究離婚和離婚的威脅，這個往往在配偶患抑鬱症的婚姻中出現的課題。
- ✓ 同意接近抑鬱症患者的成年人有責任限制這疾病對家庭的影響。
- ✓ 明白抑鬱症怎樣可以引致婚姻和家庭中的權力不平衡。
- ✓ 明白重新建立坦率正面的溝通是，朝克服憂鬱走的重要一步，也是對抗抑鬱症令家人彼此疏離的重要一步。

你是否與患抑鬱症的人一同受苦？你母親、父親、兒子或女兒是否受憂鬱症折磨？你是否關心到一個因低落情緒困擾而顯得虛弱的朋友？

你所愛的人患上抑鬱症，嘗試幫助他們可以令人十分疲累。你做你能夠做的事情，但你的努力很多時都似乎失敗、被浪費掉、得不到欣賞。最終你會發覺，你想表示自己無能為力，不再嘗試。**請不要放棄！繼續讀下去**。這章有很多好消息，因為在幫助你所愛的人克服抑鬱症方面，你可以扮演一個重要的角色。

請留意，在這章裏，**家人**這個詞也等如**朋友**或**所愛的人**。如果你不是抑鬱症患者的親人，不要將自己排除在外。

首先，你需要對抑鬱症有不同的想法。如果你將它看為反常狀況、衰退或家庭的耻辱，你不能提供多少幫助。不過，如果你明白這黑暗的時候可以對關係帶來幫助，提示出一些需要注意的問題，你便已經踏出了充滿盼望的一步。

易構

你的**構築**是你對經驗和事件的獨特觀點。讓我們修改上面的段落：將所愛的人的抑鬱症**構築**成反常狀況是沒有幫助的；將它**易構**為提示，指出可能需要注意的問題，而且是可以改變的問題，便既有幫助又充滿盼望。正面的構築總是假設有些事情可以做。它假設有些步驟可以實行。

即使家人只尋求關於抑鬱症的準確資料，而不做其他事，那資料也會帶來一個較中性而不負面的構築（參以下的「準確資料」）。它會容許他們以更現實、明智的方法處理那個問題。

有時，易構抑鬱症為生理或基因狀況，可以令家人不會過分認為與自己有關，或者以憤怒或自責作回應。

他們可以將它視為一個醫學狀況，需要恰當的照顧。他們可以嘗試找出處理它的最佳方法。關於抑鬱階段的典型進展的資料，對他們特別有幫助。家人需要明白抑鬱症會隨著時間過去而緩和；它很少是永久的狀況。明白那些與憂鬱症搏鬥的人的認知構架，有助家人了解那些可怕的負面說話不是出自那人的真我，而是那抑鬱症在說話。

長處

有些抑鬱症患者（有時也包括他們的配偶和家人）對他們與人的關係建立了負面的觀感。在憂鬱症的影響下，他們傾向透過黑暗和扭曲的鏡片看世界和其他人。

明智的做法是將焦點轉向長處。這可能並不容易；你可能需要十分努力。要小心，不要老想著過去或集中在問題上。改變主題。所有人、夫婦和家人都擁有對他們有利的條件。關係並非總是悲慘的。你也有過喜樂、彼此的喜悅和快樂。家人一旦現實地看到他們的長處，他們便可以開始用這些長處來解決困難。

準確資料

從一開始，家人便需要有關於抑鬱症的準確資料。不要根據一廂情願的想法易構（「她只需要放假令自己開心一點」，「當他有一個新老闆，他便會好轉」），這是重要的。願望可能不會成真。你需要按有根據的事實、以更充滿盼望的用語，來易構你所愛的人的抑鬱症。

知道抑鬱症怎樣在經驗的四個方面——就是一種生物的行動、思想、關係和生活——影響你家人，這是很重要的。我怎樣強調這點也不為過。缺乏這種理解，沃爾特（Walter）可能以為自己做了一些事引致太太的抑鬱症形成。約萊尼（Jolene）可能哀歎自己在一時憤怒下不加思索便說話，（她認為是）令朋友落入沮喪之中。比利（Billy）可能因為母親經常流眼淚而怪責自己。（家庭必須特別留意，不要讓兒童因為父母的抑鬱症而怪責自己。小小的塔德〔Tad〕可能以為他父親不再愛他，因為相比父親的抑鬱症開始出現之前，父親對他的關注減少。）

如果你還未看完這本書，要這樣做。它有助消滅一些關於抑鬱症的迷思。它提供關於抑鬱症的基本知識：它的成果和癥狀，以及會幫助抑鬱症患者改善他們健康的實際行動。

本地資源可以填補你知識上的一些空隙。詢問你的醫生，帶一連串問題去見你的輔導員或精神科醫生，向一個成功對付抑鬱症的同伴提問。在很多社區裏，你都可以找到給抑鬱症患者和家人的支持小組（有關可能的資源，參第二十二章）。你也可能可以在互聯網找到有用的資料；提供關於抑鬱症的可靠、準確資料的網站，參第二十二章。（正如在任何時候使用互聯網那樣，提防非官方網站和聊天室，它們可能傳播謠言、傳聞和假設，將這些當為事實。）

提出問題和取得資料，可以幫助家人以較不負面的角度看抑鬱症。或許你患有抑鬱症的愛人需要得到以特定方式給予他的理解或支持，但沒有精力或不知道怎樣告訴你。你所學到的，可以有助你將你的行動和可能犯下的錯誤，從抑鬱症本身所產生的問題分別出來。

離婚的威脅

離婚和離婚的威脅，往往在配偶患抑鬱症的關係中出現。即使雙方都不提「離婚」這兩個字，它也可能在他們的思想中盤旋，只是沒有説出口。抑鬱症患者可能考慮離婚，因為他們在婚姻中看不見盼望，視離婚為惟一解決方法。配偶可能因為沮喪而考慮離婚；與一個「情緒低落」的人生活了那麼久之後，他們渴求情感支持，可能厭倦了嘗試。這些思想是抑鬱症常見的副產品。不過，不需要因此而離婚。

我不是説婚姻中的困難並不重要。但抑鬱症對婚姻和家庭有巨大的影響，緊記事情可以變得更好是有好處的。

如果抑鬱症患者考慮離婚，要決定那是一個認真的威脅，還是只是那抑鬱症在説話，這對配偶來説是重要的。如果所説的離婚不只是不會實行的短暫威脅，那又怎樣呢？如果你這個抑鬱症患者的配偶，認真考慮結束婚姻，因為與對抗抑鬱症的人一起生活令你筋疲力盡，那又怎樣呢？我懇請你們不要找律師，直到你們接受了幾節婚姻輔導（參第二十一章）。如果即使只是一節輔導，你的配偶也拒絕出席，你便自己去。你可能會發現對你的情況更有盼望的看法，你也可能會學習到一些策略，有助改善抑鬱症和你們的關係。

限制抑鬱症的影響

容易亂發脾氣的孩子可能令全家人都小心翼翼，避免不愉快的災難性事件發生（「我們不能那樣做，雅各〔Jacob〕會大發脾氣！」）。有抑鬱症患者的家庭也有同樣的互動方式。一切都圍繞著那抑鬱的情緒。沒有正常的家庭生活可言。

你必須盡一切努力確保抑鬱症的癥狀沒有主宰你的家庭。這並不表示要剝削你那沮喪的親人的控制權；只是你拒絕容許家庭的活動和決定以一個人的憂鬱黑洞為中心。為了這個目的，檢討家庭的日常功能，並決定使用一些方法，盡可能不受干擾地繼續實行這些功能。

舉行家庭聚會是帶來正常家庭生活外觀的一個有用方法。夫婦或家庭每星期聚會一次（如果需要的話，更頻密一點）討論生活的基本任務，並就重要的事情開放地溝通。這是打破抑鬱症對一個系統的控制的寶貴第一步。它對同房或同事都有用。在這些聚會中，你可以定下清楚的界線，將憂鬱症對家庭的福祉的影響減到最低。

「愉快」綜合症

「愉快些吧！看光明的一面！你會發現事情會好轉！」抑鬱症患者經常聽到這些話。有些人甚至引用聖經，保證（例如）「萬事都互相效力，叫愛上帝的人得益處」（羅八 28）。

鼓勵人要愉快，這種治療方法在以前、現在和將來都沒有效。要遠離這個陷阱，並確保抑鬱症患者的朋友和同伴也這樣做。

如果龍尼（Ronnie）決定在沮喪中打滾，便由得他。如果貝姬（Becky）想抑鬱，那是她的選擇。要記得這基本規則：**如果無效， 便不要再做**。如果樂於助人的挪威人用你不明白、抑揚頓挫的語言嘗試指示你的路向，他重複三次有沒有用？大聲一點又怎樣？當然沒有用！他需要停止說話，畫一幅地圖給你。

數百年，或許數千年以來，家人和朋友嘗試說服憂鬱症患者脫離抑鬱，但都失敗了。如果這樣沒有用，不會有用，不可能有用，是時候做一些不同的事情了。[1] 不過，如果你關心的人想停止抑鬱——一再這樣說——你便大可以著手盡你所能幫助他。

權力差別

將婚姻中的權力平衡想像為蹺蹺板。它可能平均或者向某方面傾斜，但如果其中一人比另一人重（或輕）很多，它便完全不能運作。抑鬱將重量改變，破壞夫妻關係裏的權力平衡。

很多患抑鬱症的人都已沒有力量，他們的精神和身體能量都很少。當你在這缺乏能量的狀態之上，加上我們西方以男性為重的權力結構，你便可以看到抑鬱的妻子特別難提出問題，以及在婚姻中維持自己的權力。她可能壓抑自己的感受，放棄自己在關係中的權利。她丈夫懷著好意想照顧她，卻可能不知不覺地接管了她的日常責任，為她作決定，從而增強無能力的影響。這也在妻子性格更強，憂鬱的丈夫習慣跟隨她帶領的關係中發生。

當一個人抑鬱時，丈夫和妻子之間的權力平衡是一個十分重要的問題。為甚麼？因為失去權力和控制能力，可以令人的自尊心更弱小，更難採取行動對抗抑鬱症。

如果你與抑鬱症患者一起生活，你需要問你自己，你有沒有（因為最仁慈的原因）接掌你家人的權力。如果有，你可以怎樣恢復權力的平衡？這樣做有時在短期內會令事情更艱難，但長遠來說，卻是應付這憂鬱的時期和防止或緩和將來復發所必須的。

社交技巧

費利西婭（Felicia）不是故意不禮貌的。她在過去幾年曾於幾段時間陷入抑鬱，好像很多和她一樣情況的人，她需要學習或重新學習一些社交技巧。她喪失了說「請你」和「謝謝」的習慣。有人對她說話時，她往往不說話——不回答問題，不回應一句愉快的「早晨」。她會走過一道門，讓它在她後面的人面前關上。

抑鬱症患者有時逃避社交活動和別人。他們很少主動開展新關係。他們並非在社交上無能。（費利西婭**不是**故意不禮貌的。）他們只是沒有精力在社交中表現得有禮貌，最終他們失去這習慣。他們忘記了人們期望他們怎樣行動。將來顯得暗淡，花很多精力在與別人的關係上似乎沒有用。這些人可以重新接受訓練，學習他們缺乏的社交技巧，從中得益。

且慢！如果你抑鬱的家人沒有要求你幫助他們學習這些社交禮儀，不要主動幫助他們。否則他們很可能將你的幫助看為批評或抱怨。無論你所愛的人有沒有要求幫助，較明智的做法可能是找一個中立的人、牧者、心理治療師或個人教練幫助他。

溝通

有時與抑鬱症搏鬥的人似乎有兩種溝通風格：不適當和不存在。夫婦其中一人患抑鬱症的婚姻裏，往往缺乏溝通或積極解決問題的方法。他們偶然會以憤怒的言語鬥爭中斷這缺失，接著是更加抑制的情感。[2] 怒氣的爆發引致無望的感覺產生，特別是隨後沒有溝通的時段，令大家沒有機會解決分歧。

由於在家庭中，抑鬱症會令家人彼此疏離，重建坦誠、正面的溝通是向前走的重要一步。最初，這可能並不容易：如果你的配偶煩躁和負面，溝通並不會有樂趣。

夫婦雙方都需要找方法更有效地溝通。如果第一步是視乎你，那又怎樣呢？要記得，這必須是共同合作的。今晚宣佈你們兩人會在下星期六早上開始舉行家庭聚會，這是沒有好處的。

最初，你們可能同意每星期有幾次**分享的時間**，每次十到十五分鐘。在最初幾次，你們只會告訴對方自己那天怎樣過——不容許任何評語或批評。這些簡短的分享環節進行得頗為順利的時候，你就可以將談話的題目擴展到沒有爭議性的事情（「請打電話給剪草公司，要求他們更頻密地替我們剪草。」「你的兄弟想我們去機場接他嗎？」）。你們能夠有效地就生命中的中性事件溝通之後，才應該處理關係中的具體困難。你們需要以簡易的步驟進行這事。

無論你們怎樣安排這活動，你們需要問對方的問題是：「我們可以怎樣共同改進我們的溝通？」

解決困難和改變

改進了的溝通會使婚姻困擾中的一些重要問題出現，並可能提供解決的工具，但良好的溝通並不足夠，除非它導致問題得解決。在抑鬱症的情況下，夫婦需要學習和運用更有效地解決問題的技巧。

剛開始的人應該致力商討在關係中幾個有問題的方

面作細微改變。沒有患抑鬱症的你可能認為自己已經盡力為那段關係作出貢獻。你可能感到筋疲力盡，不願意或不能夠付出更多。因此由細小的地方開始是十分重要的；開始時，雙方都需要經驗努力的成果。

重要的是，不要強求重大的努力或巨大的改變。相反，要商討細微、具體的改變，是可以在幾天內，或者最多一星期內便實現的。需時要短，要做的改變需是細微但對關係重要的。最初的商討帶來成功時，你們兩人便可以慶祝你們的成就，繼續處理更大的改變和更重要的事情。

談話

麗莎（Lisa）的丈夫法蘭克（Frank）患了抑鬱症差不多一年。她看自己能找到的、關於這題目的所有資料——書籍、雜誌、報紙上的文章、互聯網。這樣做時，麗莎學會了好些用來分析抑鬱症成因的辭彙。麗莎與法蘭克談論他的問題時，她應該提到這些解釋嗎？她應該告訴他，他的「失敗的恐懼」、「次級收獲」（secondary gains）或「互累症」（codependence）嗎？

我不會建議她這樣做。嘗試管理自己的抑鬱症的人不需要分析和解釋。他們需要學習一些技巧，應付生命中的艱難時間，並找方法實際運用那些技巧。猜測成因不會幫助他們知道應該怎樣做。（我可以怎樣盡快感到好一點？我與別人一起時，怎樣可以更有自信地說話？）

有目的地談話

與你所愛的人談論抑鬱症，不是晚餐桌上的閒談。它有明確的目的：幫助你們兩人易構事件，藉以對困擾你們的情況得出一個有盼望的看法。它鼓勵受苦的人接受真的不能解決的事情，並設計方法改變需要改變的事情。

波爾蒂亞（Portia）已婚，三十多歲，患有抑鬱症，她向一個親密的家人詳細地敍述自己的哀傷。或許這樣講完後她感到好一點，但她真正需要做的是去見醫生，去判斷她有沒有健康問題，是能夠用藥物治療的。波爾蒂亞也需要開始以更正面的方式看她生命中發生的事。無論她喜歡與否，她都需要改變行動的方式——有目的、慈悲和負責地行事。

談話沒有用時

很多懷著好意的親人和朋友，花了很多個小時去聆聽他們所愛的抑鬱症患者說話。這些人同情患者，聽候他們差遣，幫助他們處理雜務——從而（不自覺地）延續他們那憂鬱的被動狀態。如果談話暫時幫助你們兩人感到好一點，但沒有令你的配偶/朋友改變想法或行動，你需要新的策略。即使你是與某人走過情感上劇痛的幽谷，感到好一點只是那真正目標的一個副作用；那真正目標是要刻劃出對將來的清晰遠象，朝那裏走過去。

焦點

你怎樣幫助一心發泄負面情感的人？耶恩（Jen）就是一個不斷談論自己的問題的人。由於我們常犯的錯誤是，一再做最初已經沒有效的事情，她的姊妹達西（Darcy）嘗試重新調校所有這種談話的焦點。達西問：「好吧，但你的生命中有甚麼**不是**抑鬱的？」達西絕不罷休。她稍為追問，促請耶恩找出哪怕是她低落情緒中最微小的例外。

你幫助別人走向充滿盼望的將來時，目標是避免集中在抑鬱的深淵。對準焦點的問題會為解決問題鋪路，以你所愛的人已經做得很好的現存技巧和正面行動為基礎。

向抑鬱的家人提出問題

我不會代你說話。你會希望構想一些問題，令那獨特的困難較容易理解。你會嘗試集中注意你所愛的人的特定長處和資源，對付特定的癥狀。你問的問題會有助結合目標和行動，克服抑鬱症。無論你要為一個詞組如何絞盡腦汁，都要找方法正面地提出問題。用過去時態指困難，現在或將來時態指目標、技巧和解決方法。計劃和練習你提出的問題。假設改變已經發生：「你第一次去見工時，會穿甚麼衣服？」

困難——嘗試找出甚麼即時的難題造成這些困難

你最初發問的問題會探究那人的麻煩是甚麼性質的。如果那人似乎想到自殺，立即採取適當行動。（**現在！**）翻到第十八章提到自殺個案轉介那節。如果你懷疑你所愛的人可能自殺，現在就尋求幫助。這不是獨自應付的時候。一個人毋須抑鬱，都可以有自殺的危機、企圖或行動，但很多抑鬱的人都會有這三種表現。

如果可能有健康問題，你需要帶那個人去見醫生。（我知道有時很難說服固執的成年人去見醫生，但那必定是首要的事情。）

如果你的家人或朋友被遣散、辭退或得不到晉升的機會，所引致的危機可以令人加速陷入抑鬱，你們的談話可以從那裏開始。

無論困難是甚麼或在哪裏，都要找出來。

抑鬱的各方面——找出你所愛的人的抑鬱症標記

知道你所愛的人的抑鬱症特點，主要是行為、生理、認知或人際方面的，會十分寶貴。參考第三章討論的四個癥狀範圍，然後與你所愛的人合作，找出一些最有問題的癥狀，是首先需要改變的。

長處——你的問題所關注的重點

問：**你做得好的事情是甚麼？**抑鬱的人有很多技巧、能力和資源，是他們可能暫時忘記或低估的。鼓勵你所愛的人記起過去良好或成功的經驗。

問：**你在那些正面的狀況下，怎樣有不同的表現？**如果需要，在開始時列出慣常的技巧（例如淋浴或將碗碟放進洗碗碟機），以它們為發展的基礎。

目標和最初的步驟——提出關於開拓將來的問題

問你所愛的人：**你即時的目標是甚麼？**

問你自己：**我可以採取甚麼實際、最初的步驟，去幫助我所愛的人管理這抑鬱症？**

為個人的生命建立長期的遠象是重要的，但這個任務可以十分嚇人。開始時，你需要幫助你抑鬱的家人想出一些現實的目標，或**最初的步驟**，是可以開始行動，並停止陷入更深的抑鬱的（有關解決困難，參第十三和十四章）。

留意隱晦的提示

有些輕微抑鬱的人只需要講述他們的故事和定下目標，他們並不想要或不需要任何進一步協助。對那些癥狀並不嚴重，十分有動力要超越抑鬱症的人，家人和朋友給予他們支持的關心，足以幫助他們渡過他們的憂鬱時期。

不過，要留意有些人永遠不會向家人和朋友說：「我感到抑鬱。」他們可能向醫生抱怨自己背痛或失眠，而不是沮喪。他們可能向婚姻輔導員抱怨說：「我的伴侶對我的需要不敏感」，而不是談及他們的憂鬱。他們可能向牧者訴說他們的罪疚或屬靈掙扎，而不承認那些掙扎是抑鬱症。

如果讀到這裏，你已經知道（或懷疑）你的朋友或配偶或父母或兄弟姊妹或孩子患抑鬱症。你已經留意到潛伏在失眠、麻煩的關係或屬靈問題後面的憂鬱症。如果你所愛的人曾經患抑鬱症，你認出抑鬱症回來的標記。

或許你所愛的人完全沒有要求幫助；很多抑鬱症患者都是這樣。但你（很可能還有其他朋友和家人）留意到這個人的問題。你關心他。你已經預備介入——不是作被動的聆聽者，而是以富建設性的談話，以及朝向解決辦法的尖銳問題介入。下一章會有更多關於幫助抑鬱症患者的內容。

家人和他們所愛、患抑鬱症的那個人，一同忍受痛苦。但透過改進了的溝通和有效地解決困難，並你易構對這個病的理解所帶來的幫助，以及在需要時從專業協助和引導所得的好處，這個你所愛的人和你家庭系統中的所有成員都可以康復過來。你們可以一起面對更有盼望的將來。

行動

與朋友分享。

很多經驗抑鬱症癥狀的人都保持祕密。他們盡力維持良好的外表。但與好朋友或任何你信任的人分享你的低落情緒是有用的。

✓ 現在去打電話。找那人吃午飯，或者今天到你朋友的家裏去。

✓ 不要給朋友太大負擔，但要誠實談及你的感受和你打算做甚麼去應付抑鬱症。或許你的朋友也有過類似經歷。如果你不嘗試便不會知道。

給家人

這一整章都是為你而寫的。

✓ 閱讀這章，如果需要，讀這一章幾次。

✓ 依從其中的提議。

✓ 確保抑鬱症的癥狀沒有影響家庭。

✓ 安排在今天舉行第一次夫婦或家庭會議。

✓ 從小事開始；要記得，不要強求重大的努力或巨大的改變。

✓ 你開始實行的任何改變，都應該是可以在很短時間內進行的。

✓ 你們最初的協商成功時，為你們的成就鼓掌。

✓ 如果你想的話，遲些可以作出更大的改變，以及處理家人關係中更重要的問題。

註釋：

1 H. Stone, *Brief Pastoral Counseling* (Minneapolis, MN: Fortress Press, 1994).

2 S. Prince and N. Jacobson, " A Review and Evaluation of Marital and Family Therapies for Affective Disorders, " *Journal of Marital and Family Therapy* 21 (1995) : 377～401.

17

給整個家庭的幫助

在這一章你會：

✓ 檢視顯示夫婦和家庭輔導對抑鬱症患者**和**家人都有好處的研究。

✓ 明白兒童或青少年患抑鬱症時，家庭治療是十分重要的——我們甚至可以說，這是不可或缺的。

蘭達爾（Randall）總是有點沉默和害羞。從中學開始，他便日夜與電腦為伍。他在高中時與電腦學會的人一起。放學後，他們彼此互發電郵，交換關於精彩網站的資料。他們是書呆子——但他們是那將來的書呆子。他們的影響力甚大。

蘭達爾因他的數位用戶迴路（DSL）連結而自豪。他是他們的小鎮裏其中一個最早有這設備的人。他在房內花很多個小時瀏覽網頁，上聊天室和為學校功課找資料。

現在有些不妥。蘭達爾的電腦開始封塵。他仍然坐在房內，但不再在網上與朋友聊天。一段時間後，學校那些電腦呆子不再找他。他的成績也倒退。

路加（Luke）和安妮特（Annette）很擔心——特別是安妮特。他們的兒子是否病了？他又似乎不是。他是否吸毒？但他們從未見任何這方面的證據。他是否只是變成憂鬱的十六歲少年？路加傾向這樣看。他們從兩個較年長的孩子那裏得知，青少年可以今天快樂，明天卻煩躁。

蘭達爾是否患了抑鬱症？路加和安妮特為此而爭論。安妮特想見輔導員，但路加拒絕：「他只是正在經歷一個階段。」現在，蘭達爾的陰鬱影響了全家人。

你可能很清楚知道，一個人的憂鬱症不是家庭或社會系統的惟一問題。或許婚姻遇到嚴重問題，無論那問題是用激烈的爭論、身體的打鬥、沉默和冷漠的憤怒，還是只是用死寂來表達。整個家庭可能混亂、充滿衝突、有功能障礙或沒有聯繫。

一個人的抑鬱症與嚴重的家庭問題共存時，自我幫助可能不足以帶來醫治。以下的段落會提供一些有用的建議，讓那些不單試圖鼓勵他們所愛、患抑鬱症的人，也改善家人之間的關係。

夫婦和家庭輔導

多年以前，斯特拉（Stella）的丈夫杰克（Jack）鼓勵她為自己的抑鬱症接受心理治療。她從沒有停止。每個星期她都與治療師分享自己的感受。每一節結束時，她都感到好了一點。但回到家裏後卻沒有甚麼改變。兩人的婚姻愈來愈令他們不滿意。杰克當然留意到這個問題，但他們繼續用那治療師。這似乎是**他們至少能夠做的事**。

有時，夫婦或家庭輔導是**家庭能夠做的最好事情**。好像杰克一樣，很多人促請自己所愛、患抑鬱症的人接受治療——但問題是，家庭中每個人都受苦。夫婦或家庭輔導不單可以幫助抑鬱症患者，也可以幫助家庭中沒有抑鬱的成員；他們學習關於這種失調的事情，以及他們可以做甚麼來幫忙，從而令他們有能力恢復家庭的整全。

雖然現在仍不知道是抑鬱症引致關係方面的問題，還是這些問題引致抑鬱症形成，但研究資料顯示，當一個成員患抑鬱症時，夫婦和家庭輔導會帶來好處。好些研究比較配偶有沒有參與心理治療的分別，發覺抑鬱癥狀減少的情況是相若的；不過，配偶參與治療的，在改善整體婚姻和家庭滿足感方面更成功。[1]

人們以前以為需要先治療抑鬱症，然後才處理婚姻的問題。但原來他們是錯的。每當一個抑鬱症患者和一段困難的關係存在，婚姻和家庭輔導是回應抑鬱的較好模式。它對同時改善關係**和**那憂鬱症十分有效。事實上，輔導麻煩的婚姻或家庭，就等如照顧那抑鬱症。第二十一章提供特定的提示，幫助你獲得會帶來正面結果的治療。

當然，婚姻和家庭輔導不是照顧抑鬱症的惟一方法。我在這本書的其他地方已指出，你的家庭需要一個多方面的取向。不過，由於抑鬱症可以一再發生，在你（或許也包括你的孩子）在場下醫治你配偶現時的抑鬱症，不單處理即時的沮喪；它也有助保護和預備你所愛的人應付將來可能出現的復發。

幫助患抑鬱症的兒童和青少年

兒童和青少年患有抑鬱症時，最適宜接受家庭治療。正如成人的憂鬱症，兒童的抑鬱症也有生理、認知、行為和人際面向。不過，由於兒童倚靠成年人，他們的掙扎中那人際的一面尤其容易被察覺。當兒童抑鬱時，家人受苦。父母的關係變得緊張，可能甚至會以離婚告終。

兒童並非最適合去幫助自己。他們不大可能閱讀這本書。父母、監護人、祖父母、教師、牧者、治療師和在他們生命中給予他們支持的其他成年人，需要引導他們走向他們應得、有盼望的將來。

我們不難想像父母的抑鬱症對孩子的影響。抑鬱的父母可能不如平時給孩子那麼多回應。他們也較不可能解決父母和孩子之間的衝突。他們的孩子會更容易患上抑鬱症——特別是如果家庭裏沒有人嘗試介入。在某些情況下，治療父母的抑鬱症有助解決孩子的憂鬱症。

幾個研究人士估計，大約有百分之十的兒童和青少年至少經歷抑鬱症一次。[2]我們很難確定兒童和青少年中的抑鬱事件，因為他們並非經常表現出成年人抑鬱症中常見的低落情緒，也因此不告知幫助者。事實上，青少年的情緒**沒有**波動或並不情緒化，就可能顯示抑鬱症出現。

兒童和青少年往往藉著行動表現他們的抑鬱症。有些人（好像蘭達爾）靜靜地從人和事件中退縮。他們變得憂鬱和煩躁。他們的成績可能退步，可能難以產生精力去上學或參加課外活動。兒童患上抑鬱症也從在學校裏的紀律問題、逃學、犯法、身體疾病和自殺的企圖中表現出來。

要決定十二歲以下的兒童是否抑鬱，或者只是十分害羞，可以是十分困難的（除非那名兒童以前很外向）。對這些孩子來說，自我幫助是不可能的；他們所需要的是諮詢，或得轉介至專門從事家庭輔導和兒童心理學的心理治療師。

青少年更容易顯示出成年人的典型癥狀。他們可能情緒低落、失眠、沒有胃口或飲食失調，以及無望。

即使是不抑鬱的人，青少年階段也是生命中情緒化和脆弱的時期。這一天，青少年可能情緒高漲和興奮；但第二天，他們可能情緒低落、不滿和負面。你怎樣區分自然的情緒低落和真實的抑鬱症？吸毒又怎樣呢？有些毒品產生和抑鬱症相似的癥狀。

青少年是脫離家庭，想變得更獨立的時期。青少年患抑鬱症時，父母可能想保護他們，把他們當作患病的小孩。但即使是憂鬱的青少年，也會想表露他們的自由和獨立性，而他們的父母需要容許他們這樣。

不過，作父母的必須仍然是父母。他們可以與孩子交涉，在必須的界限和現實的自由之間尋找正確的平衡。他們需要緊記那現實，就是這個家庭的獨特情況，以及孩子抑鬱的程度。

如果抑鬱症變得嚴重，負責任的成年人需要採取行動（例如送他們到醫院或阻止他們自殺）。在這些情況下，必須諮詢心理健康方面的專業人員（同樣，參第二十一章）。

如果你關心似乎抑鬱的兒童或青少年，不要因為他們的問題而怪責自己。「我對不起我的孩子」不是有用的哀歎——也很可能不是事實。正如成年人的抑鬱症，專注於可以做的事情是重要的。

如果你在為人父母方面犯了錯，和眾人一樣。將錯誤放下。捕捉那些好事。依照這書的建議，按你孩子的年紀去實行。不要猶疑向外界求助。你親愛的孩子向將來走出細小、正面的步伐時，給予幫助，為每一次成功而高興，並以之為基礎發展。

憂鬱症很少一次只攻擊一個人。它可以將沮喪傳到生命的伴侶、父母、孩子和所有接近受苦者的人，與他們親密的人。重要的是，要明白人不是孤立地生活的。他們在家庭和友誼的系統中生活。一個人受苦時，系統中每個人某程度上都受苦。系統中的成員一起接受輔導時，他們一起運用知識、技巧和有效的方法，幫助他們所愛、患抑鬱症的人時，他們也幫助整個系統重拾整全和健康。

行動

如果你與伴侶的關係不穩定，可能是時候調整一下了。

✓ 向本地的牧者、神父、或信仰上的導師查詢豐富婚姻關係的週末退修或小組聚會。

✓ 查電話簿或向本地心理健康團體查詢，尋找豐富婚姻關係小組。

✓ 以下兩個網頁也可以提供資源：www. bettermarriages.org 或 www.marriageenrichment.org。

✓ 如果你懷疑你的困難是更為嚴重的，見牧者或婚姻輔導員（參第二十二章）。

給家人

如果抑鬱症的影響擴展到家庭，豐富婚姻關係或接受婚姻和家庭輔導，可以是有用的。

✓ 在週末退修時處理婚姻關係，對抑鬱症的癥狀也可能有正面影響。

✓ 如果你為家庭中抑鬱的兒童或青少年擔憂，應該去見家庭醫生。還有，所有家人接受家庭輔導也十分有用。

✓ 家庭系統的成員一起接受輔導時，有助整個系統重拾整全和健康。

註釋：

1 U. S. Department of Health and Human Services, *Depression in Primary Care: Vol. 2: Treatment of Major Depression* (Clinical Practice Guideline No. 5, 1993), 79.

2 A. E. Kazdin, "Childhood Depression," in *Treatment of Childhood Disorders*, ed E. J. Mash, and R. A. Barkley (New York: Guilford Press, 1989), 495～511.

第三部分

對抑鬱症的幫助

18

怎樣拯救生命：防止自殺

在這一章你會：

✓ 檢視一些關於自殺的不實迷思。

✓ 細看自殺的警號和可能的介入方式。

✓ 關注對可以顯示嚴重自殺危機的因素的重要討論。（這不是核對清單，只是引導人聆聽和留意致命危險的警號。）

✓ 緊記要認真看待**所有**自殺的意念——處理即使只是一點點的自殺思想的基本規則。

✓ 明白由於抑鬱症患者的自殺個案十分多，評估風險只是任務的一部分。家人必須**行動**。

阿曼達（Amanda）關心她的弟弟肖恩（Sean）。他的婚姻失敗了，他的工作出現危機，他明顯感到抑鬱。肖恩獨居。長達一個月，阿曼達每晚都打電話給他，看他的情況，並聆聽他說一會兒話。但在過去一星期，肖恩似乎避開她。他以簡短的「我很好」來打發她的問題。阿曼達告訴丈夫，她不相信她弟弟很好。他是否正計劃自殺？

不要等！

你是否擔心你所愛的人可能會自殺？**如果是的話，是時候採取行動了**。不要拖延，聯絡危機熱線或防止自殺中心。或者打電話給醫生或其他健康方面的專業人員。不要因為怕尷尬而不去採取必須的行動——如果你認為需要的話——阻止對暫時和可以治療的情況，作出永久和可悲的解決辦法。

自殺，即使談及自殺，都是突然和刺激的。事實上，我寧願不寫這一章，因為我不想嚇怕你。不過，面對與自殺有關的恐懼，最好的方法是明白它。要將事實與虛構分開。

在下文的方格中，我列出了一些關於自殺的不實迷思。檢視了這些常見的錯誤觀念後，我們會細看抑鬱的警號和可能的介入方式，並列出一些可以幫助你處理這種危機的資源。

永遠不要低估抑鬱症患者希望逃避痛苦的慾望。嚴重憂鬱的痛苦是那麼強烈，以致很多受苦的人——特別是那些中度或嚴重抑鬱的人——認為自殺是惟一得到解脫的方法。**抑鬱的人中有四分三會考慮自殺**。超過百分之六十自殺的人患有抑鬱症。[1] 如果你或你認識的人患抑鬱症，你必須確定自殺的危機是否存在。如果有任何自殺的迹象出現，必須立即採取適當的行動。總要緊記，絕望和失去盼望可以帶來致命的後果。

現在你知道為甚麼我需要寫這章了。

關於自殺的常見迷思

以下的話不一定是真的：

✓ 如果有人想自殺，你做甚麼也沒有用。

✓ 人們自殺前不會發出任何警告。

✓ 最好不要和抑鬱症患者談及自殺，因為你可能令他們想到這樣做。

✓ 談及自殺的人永遠不會這樣做。他們可能只是想引人注意。

✓ 年長的人永不自殺。

✓ 年青的人永不自殺。

✓ 只有患嚴重精神病的人才會自殺。

✓ 自殺的人不想別人幫助。

✓ 想自殺的人在他們的餘生中都會想自殺。

✓ 每個自殺事件都是可以阻止的。

評估危險

以下因素可以顯示自殺危機極高。[2]它們並非包括所有因素。**它們不是要作為核對清單，只是引導人聆聽和留意致命危險的警號**。

年齡和性別

那個威脅要自殺的人是男人還是女人？年長、年青還是中年？嘗試自殺的女性比男性多，但超過一半完成自殺的人是男性。自殺的威脅隨著年齡增加，特別是在男性中。差不多七十歲的男人，比十六歲少女的自殺可能性高四至五倍。不過，**你必須十分認真地看待所有關於自殺的暗示或談論**。人不是統計數字。

危機

那個人最近有沒有經歷離婚、孩子或配偶死亡、失去工作，或者令他或她衰弱的疾病？由損失或即將造成的損去所引致的危機，往往帶來極大的自殺威脅。如果痛苦十分強烈，而那人又有特定的自殺計劃，家人或朋友需要積極介入。

意義和宗教

強烈的宗教信念和定期參與宗教團體，能夠為人提供情感支持，也是一種反對自殺的社會約束。與任何宗教團體或信念系統都沒有聯繫，不感到生命有意義的人，較少阻止他或她自殺的攔阻。同樣，這只是統計數字；有時甚至十分虔誠的人也會自殺。

特定情況

家人需要留意以下這些複雜的因素，例如近期有人過身或離婚，失業，精神病，酗酒或濫用物品，即將被拘捕，或是罪行或醜聞被揭露，不尋常並不為社會接受的性活動，和家庭中有自殺的歷史（父母、兄弟姊妹、兒女、配偶或好朋友）。所有這些情況都會大大增加自殺的可能。

資源

即使有家人和朋友圍繞，你愛的人也可能感到孤單，可能認為沒有人關心他。你需要找出可以在危機中幫忙的人——朋友、親戚、教會會友、同事等。如果你關心的人似乎想自殺和不活動，通知兩三個可以提供協助的人這自殺的可能，讓他們可以積極向你所愛的人傳達關心。

生活方式

生活方式相對穩定的人——包括有一段持續的工作歷史，長期的婚姻和家庭關係，過去不曾自殺的——有某程度對抗自殺的保護。

顯示不穩定的因素包括上癮、不斷轉換職業（婚姻、愛人或住所等）、精神病和經常有解決不了的危機。慢性（重複、持續）的自殺威脅只在性格不穩定的人中間出現。急性（嚴重、一次）的自殺舉動在穩定和不穩定的人中間都會出現。兩者都有潛在的致命危險。

談及自殺

很多抑鬱的人都談及自殺，但並非總是以很多話來談論。有時他們的話得不到注意，直到變得太遲。家人必須聆聽類似這樣的話：「我厭倦了嘗試」，「不再值得生存下去」，「沒有出路」，「沒有我，你和孩子會更好」，或甚至「我一直在想，我應該給你這些電話號碼，以免有任何事情發生在我身上」。

自殺行為

考慮自殺的人不單用言語表達，也實行出來。他們可以整理自己的事情，高聲説出他們想知道以不同方式死去是怎樣的，立新遺囑，將喜歡的物件送給別人，買槍，與家人談及怎樣處置個人財物等等。尋找顯示那人存著自殺念頭的隱晦、非言語警號。它們和直接的言語威脅同樣重要。任何這些舉動都應該得到認真對待，特別是如果它們是新的行為。

自殺計劃

如果你所愛的人定下一個自殺計劃，你可能不會知道。(參以下「談論它」一節。)顯示這樣的計劃存在的任何迹象——特別是詳細、有特定行動，並涉及高度致命的方法，例如開槍或從高處跳下——是顯示即將自殺的最危險警號。

你可能看見一些字條。那人可能談及那計劃是個假設(「如果我要自殺，我會……」)。其他顯示那人正在製定(或確定)自殺計劃的提示，可能是立遺囑，將珍貴的私人物品送給別人，或突然改變正常的日程。

溝通

那人有沒有停止與別人溝通？這可能顯示無望和更大可能會自殺。我認識一名女士，她的前夫傷殘、憤怒和十分抑鬱。當他的情緒突然高漲時，她認為去他家裏替他做一點家務是安全的。可悲的是，他只是**似乎**安靜點，因為他已決定結束自己的生命。她到達他家裏時，他殺死她和自己。

如果你關心的人不再談及他們的沮喪，不再告訴你他們的困難，那不一定表示他們好轉。那可能表示他或她作了致命的決定，只是等候合適的時機。要尋求幫助。

健康問題

垂死和嚴重病患的人可能受到自殺吸引，覺得那是逃避痛苦和苦難的一種方法。家人應該查明一個可能自殺的人是否患（或害怕）嚴重的疾病，例如癌症，即將接受或最近接受了手術，或有慢性疾病。

這一切迹象都需要認真看待，但——**除了詳細和致命的計劃外**——沒有一樣迹象本身一定是危險的。重要的是盡可能收集資料；向輔導員、醫生、牧者或危機電話熱線尋求建議；並評估整體情況，看致命的模式是否已製定。

家人必須行動

評估風險只是任務的一部分。家人必須行動。抑鬱症患者自殺的事件十分多。總要認為抑鬱的人可能考慮自殺。

如果那人沒有家人或親密的朋友，又怎麼辦呢？如果你只是關心他或她的鄰居或同事，又怎麼辦呢？請當自己是家人來行動。你可以幫助拯救一個人的生命。

認真看待所有關於自殺的意念

這是處理即使只是一點點的自殺思想的基本規則。抑鬱的人說：「我厭倦了嘗試」或類似的話時，家人可能以為：「啊，這只是他的負面思想」，「她只是嘗試引人注意」，或「只是說說而已」。當然，那可能只是說說而已——但你怎知道？忽略警號，即使似乎只是偶然提及或不重要的，可以是可悲的錯誤。

談論它

問對方：「你是否正考慮自殺？」

不要等你所愛的人提出這話題，不要顧左右而言他。討論自殺會鼓勵人們這樣做，這不是事實；坦白和十分詳細地談及它，比忽略它好得多。它容許家人決定怎樣回應。

能夠查明自殺只是不確定的威脅，還是已定下實行計劃的具體決心，是有用處的。心裏想著以下問題：

☐ 計劃有多具體？

☐ 方法有多致命？

☐ 用來執行計劃的工具，準備得怎樣？

很明顯，槍比藥丸更致命。一整瓶巴比妥酸鹽（barbiturates）比一些亞士匹靈更快和更肯定會致命。找出你所愛的人有沒有在互聯網尋找自殺的方法，也是有用的。

現在就行動，如果那人花了時間詳細考慮怎樣自殺，已經有計劃，選了一個致命的方法，能夠取得自殺的工具。自殺的可能性實際上可以十分大。

人們考慮自殺時，他們的家人和朋友往往忽略或不理會他們提及自殺，或許是因為考慮這些話叫人太痛苦。但抑鬱的人需要人，與他們談論他們自殺的思想。

自殺這個觀念是否使你感到不安？你是否不願意談論它？那麼將你所愛的人轉介給醫生、輔導員、牧者，或甚至另一個朋友或家人，是能夠進行艱難的談話的。如果對那風險有疑問，即使是最微小的，都轉介給合資格的專業人士處理。（例如致電予危機或防止自殺熱線。如果有疑問，致電九一一。）

預防步驟

如果自殺的可能性高，家人需要處理所有武器和危險藥物。這包括鋒利的廚房刀和剃刀、處方的藥物，以及好像 NyQuil 的成藥。將他們從屋裏拿走。如果那是必須的藥物，將它們帶在身邊或鎖起來。

人們有嚴重自殺傾向時，不應讓他們獨自一人，即使幾分鐘也不能。在自殺危機極大期間，家人或朋友需要二十四小時陪著他們。這樣的危機通常維持幾小時或幾天。如果不可能任何時間都有人陪伴他們，而你又十分擔心，通知警方或本地有精神科設備的醫院。

晚上的自殺電話

零晨三時，電話響起來。你七十歲、喪妻的父親打電話給你，他很沮喪。他似乎喝了酒。他說：「我不能再繼續下去。」你以前聽過他這樣說，但他的情緒以及他於這時間來電，令你擔心。

你擔心是對的。人們在晚上別人入睡時可能感到更沮喪、恐懼和無望。家人需要預先計劃晚間接到自殺電話的可能性。例如：將那人留在電話旁邊。如果你有手提電話及固網電話，用另一個電話找人幫助——如果你認為他或她已經服了藥，手裏拿著槍等等，致電九一一。如果你不是住在他或她附近，打電話給那人的鄰居，有人有生命危險時，無論任何時間，不要猶疑，立即打電話。如果需要，找同屋去打電話。

不要因為尷尬而放棄。如果你的汽車正在懸崖邊上，你會因為不小心駕駛而感到羞耻，拒絕接受幫助嗎？

現在就尋求幫助！

如果抑鬱的人似乎真的有可能自殺，你必須更主動地介入。以下是一些選擇：

□ 聯絡那人的精神科醫生或輔導員。

□ 帶那人到毋須預約的精神科危機中心，很多較大的醫院都有這個部門。

□ 找警察。家人或朋友不應該因這樣做而感到害怕或羞恥；這是警察的工作。有時這是惟一方法，去確保暫時放棄生命的人的安全。

□ 如果那人已經傷害自己或服了藥，立即致電九一一。如果可能出現身體暴力（physical violence）、使用藥物或酒精，或者那裏有槍械，也要立即致電九一一。自殺的抑鬱症患者拒絕任何人——家人、朋友、輔導員或牧者——的幫忙，這並非不常見，而緊急危機組或警方需要接管情況。

最終，家人必須盡一切可能阻止抑鬱的人自殺。如果最壞的事情真的發生，盡你所能去做，你可以知道你做了所有能夠做的事。

我剛開始自己的事業時，我在一間防止自殺中心工作，知道很多被阻止去自殺的人事後都表示慶幸自己獲救。你可能聽過這句話：**自殺是一個對暫時的問題的永久解決辦法**。那是真的。無論困難多麼艱巨，明天都有辦法應付。

行動

如果你的抑鬱症情況很差，你感到自己想自

殺，與別人——家人或朋友——簽訂一份「自殺合約」是好的。你也可以在專業人士幫助下這樣做，例如神職人員、心理治療師或支持小組組長。在合約內你承諾，如果你有自殺念頭，便聯絡那個人（或者如果找不到那個人，便聯絡本地的危機熱線）。你承諾不會採取行動傷害自己，直到至少找到人和你談論這事。希望你永遠不需要運用那張合約，但有總比沒有好。

給家人

防止自殺的責任落在家人和朋友身上。

✓ 這一整章是為家人而寫的。細心讀這章。然後再重讀。認真看待它。

✓ 列出緊急時你可以找的資源清單。在每個電話旁邊放一份，也放一份在錢包內。

✓ 永不要因怕尷尬而不採取激烈的行動，如果你懷疑需要這樣做，去阻止以這永久和可悲的辦法，解決一個暫時和可以治療的情況。

註釋：

1 U. S. Department of Health and Human Services, *Depression in Primary Care: Vol. 1: Detection and Diagnosis*（Clinical Practice Guideline No. 5, 1993）, 9.

2 N. Farberow, S. Heilig, and R. Litman, *Techniques in Crisis Intervention: A Training Manual*（Los Angeles, CA: Suicide Prevention Center, Inc, 1968）. H. Stone, *Crisis Counseling,* 3rd ed., revised（Minneapolis, MN: Fortress Press, 2008）.

19

孤寂：抑鬱症和靈性

在這一章你會：

- ✓ 比較抑鬱症和人們在生命旅程中遇到的屬靈掙扎。
- ✓ 發現屬靈掙扎不是很久以前的遺物，也不是密契主義者和修道士獨有的領域。
- ✓ 發現事實上屬靈掙扎和心理學所指的重抑鬱症相似。
- ✓ 認識教會歷史上幾個和抑鬱症相似的屬靈掙扎，例如「靈魂的黑夜」及其他。

> 耶和華啊，你忘記我要到幾時呢？要到永遠嗎？
> 你掩面不顧我要到幾時呢？
> 我心裏籌算，終日愁苦，要到幾時呢？
> （詩十三1～2）

想像一下希伯來文聖經的詩人坐在安靜、私人的空間寫這些話。是否有點熟悉？他的哀歎是否和你經驗過的相似？詩人是否患有憂鬱症？受苦是聖經裏重複出現的主題。看約伯——或許是所有人類文學中關於苦難最不容置疑的象徵——有甚麼話說：

我為何不出母胎而死？為何不出母腹絕氣？

我未曾吃飯，就發出歎息；

我唉哼的聲音湧出如水。

因我所恐懼的臨到我身；

我所懼怕的迎我而來。

我不得安逸，不得平靜，

也不得安息，卻有患難來到。

（伯三 11、24～26）

我們看過抑鬱怎樣干擾重要的關係。對宗教人士來說，抑鬱干擾他們與神（不論他們以甚麼名字稱呼他們的神祇）的關係。人們感到神缺席時，他們有疑惑時，宗教禮儀和聚會失去意義時，他們的經驗和抑鬱症的病癥十分相似。

我想到克雷格（Craig），他是一間小規模印刷公司的東主。在他三十六歲時的一月，克雷格告訴我：「我以前喜歡我的工作，喜歡我的太太和孩子，喜歡我的主。現在我早上不想去工作，晚上不想回家，不想上教堂。」他以前每天早晚都禱告。現在他已經很少祈禱。

克雷格知道出了點問題。他知道工作或家庭不會一直都一帆風順，但他從沒有預期會離上帝這麼遠，心靈會這樣冰冷和枯乾。他告訴我：「我找不到上帝。」

思想憂鬱和屬靈孤寂的經驗，可以為有信仰的人帶來深度和意義。歷世歷代以來，敬虔的人都寫到關於絕望和抑鬱的事情。我們可以從他們的著作和經驗明白抑鬱症的屬靈影響。我們也可以學習別人克服它的方法。

以下的歷史例子來自基督教傳統。大部分宗教都有同樣的故事；我欠缺那知識去寫關於那些宗教的事情，我會留在我熟悉的領域。如果你不是信奉基督教的，我促請你檢視自己的傳統，尋找與抑鬱症的比較。在你的宗教中尋找向你的抑鬱症說話的智慧。

正午的鬼魔

在土耳其中部，有一個像月球表面一樣崎嶇不平的地方，名叫加帕多西亞（Cappadocia）。奇形怪狀的火山凝灰岩從乾燥的小山升起。凝灰岩石中曾是居住的地方、教堂、修道院、甚至旅館——有很多是今天仍然使用的。在這古怪的景色，或許在其中一個從大石挖成的房間，本都的聖伊華紐斯（St. Evagrius of Pontius）在公元三四五年開始自己的生活。

伊華紐斯（也稱為伊華紐阿〔Evagrian〕）是個十分有天分的思想家。當時在教會，有天分的人會得到財富和權力。年青時他受到神學家聖貴格利（St. Gregory the Theologian）庇蔭，被帶到君士坦丁堡（Constantinople；現在的伊斯坦布爾〔Istanbul〕）。這個帝國的城市必定令這個來自鄉間的青年著了迷。在那裏，伊華紐斯成為主教的助手和顧問，有相當的影響力。

在君士坦丁堡，伊華紐斯變得驕傲和自大。他與一個官員的妻子有染，被迫逃亡，避開她丈夫的憤怒。他逃到耶路撒冷，在那裏得到熱誠的歡迎，但卻再惹上麻煩。

很明顯，伊華紐斯是頗為貪心的人。他也是十分極端的人。他的貪婪令他兩度陷入情緒和身體的崩潰；於是他在餘生致力克己。

在生命的最後十五年，伊華紐斯和一羣修士一起，在距離亞歷山太（Alexandria）五十里的埃及曠野裏的茅屋生活。君士坦丁堡及耶路撒冷的喧鬧和感官刺激，跟貧困的曠野生活一定形成強烈的對比。伊華紐斯看到很多修士落入和抑鬱症十分相似的狀況中。他形容那是**正午的鬼魔**：

> 正午的鬼魔令太陽顯得倦怠和不活動，彷彿一天有五十小時。然後他令修士不斷望向窗外，迫修士走出屋外，凝視太陽，看距離第九小時還有多遠，然後周圍看，看這裏和那裏，看有沒有弟兄在附近。而且，鬼魔令他討厭那個地方，討厭生命本身，討厭他雙手的工作，令他以為自己失去弟兄的愛，而沒有任何東西安慰他。[1]

漠然

初期的沙漠修士稱正午鬼魔為「漠然」（*accidie*；也稱為 *acedia, accidia* 或 *akedia*）。這個詞很難翻譯，是一種屬靈的倦怠、懶惰、一種枯乾——伊華紐斯形容為與試探、沉悶、疲倦和難以集中精神或專注的搏鬥。根據伊華紐斯的描述，我們看到抑鬱症的所有面貌：修士經歷心理的緩慢和疲乏、扭曲的思想、呆滯的行為，和與上帝及其他修士關係破裂。

或許詩人也認識這種乾枯：

> 上帝啊，你是我的上帝，
> 我要切切地尋求你；
> 在乾旱疲乏無水之地，我渴想你；

我的心切慕你。

（詩六十三1）

漠然以前是，現在仍然能夠被視為一種憂鬱症的形式，深刻影響個人與上帝的關係。它肯定與抑鬱症相似。你在克雷格的靈性枯乾中看到漠然嗎？你在自己的經驗中看到它嗎？

沒有決定性的證據證明，伊華紐斯自己受正午鬼魔之苦。不過，因他身為屬靈顧問的職責，他關心年青的修士，他們與這懶惰和倦怠的搏鬥。他建議他們「小心留意」它對他們思想和感情的影響。

靈魂的枯乾

我們怎樣克服這靈魂的死寂枯乾？伊華紐斯的建議是過有紀律和自省的生活。他服事別人，這樣便很可能能夠防止自己的心落入屬靈的倦怠。

十六世紀的密契主義者、伊華紐斯的追隨者迦賢努（Cassian）說，漠然引致「疲累和飢餓，令人感到疲倦，彷彿走了很遠路，或者完成了十分困難的工作，或者好像完全禁食了兩三天而筋疲力盡」！[2] 他提議以體力勞動、堅持和忍耐作為解決方法。

大貴格利（Gregory the Great）主張「屬靈的喜樂」。根據貴格利：「沮喪最好的治療是察覺到恩典的可能，養成對上帝的善意和最終的祝福的信心」。[3]

在抑鬱中，克雷格覺得不可能感受到屬靈喜樂。但他得到鼓勵，因為知道自己的正午鬼魔是很多敬虔人的經驗。克雷格需要迦賢努的處方：堅持和忍耐。他回復固定的禱告和靈修時間。他接受「走過場」是沒有問題的，上帝繼續在他裏面工作，即使他感覺不到。

漠然不是新經驗，它也不是古代遺留下來的。歷代以來，有信仰的人都繼續遇到這屬靈的枯乾，給它不同的名稱，以及不同的亮光。

靈魂的黑夜

很多關於靈性的歷史著作都提到黑夜。聖十架約翰（St. John of the Cross）在《靈魂的黑夜》（*The Dark Night of the Soul*）一書中提到屬靈的孤寂。你感到脆弱，明白你的有限。你渴望與那他者聯繫，但卻看不到有多少回應。

對基督徒來說，靈魂的黑夜並不等同抑鬱症。它是信仰旅程的一部分。這個旅程的意象長久以來都是宗教經驗的比喻。歷代以來，數以十億計的人經歷朝聖之旅——去耶路撒冷、亞西西（Assisi）、麥加（Mecca）、恆河（Ganges River）、墓窟（Catacombs）、瓜達盧佩（Nuestra Señore de Guadalupe）、富士山（Mount Fuji）、大馬士革的大清真寺（Great Mosque of Damascus）、亞拉臘山（Mt. Ararat）、坎特伯里（Canterbury）、伯利恆（Bethlehem）、盧爾德（Lourdes）和數以千計其他地方——出於責任、敬虔或渴望得醫治。

似乎是信仰的終結的靈性孤寂，實際上是旅程上中性、或許是無可避免的一站。最終它可以成為盼望和力量的來源。靈魂的黑夜早已進入宗教旅程；可能證明一名初信者失敗的原因，似乎是成熟的宗教人士在朝上帝走時最後的錘煉。

出生時稱為葉皮若望（Juan de Yepes）的聖十架約翰，出於需要而開始過服事別人的生活。約翰只有七歲時，父親便去世，家人很貧窮。約翰在收容麻疹病人的醫院擔任護理員，在空閒時間學習，在十三歲時進入耶穌會大學，在二十一歲時（1563 年）成為加爾默羅會（Carmelite）修士。

加爾默羅會是托鉢或乞食的修會，但約翰希望有更大的苦行。他一生渴望完全簡樸，這會不會是他對付自己靈魂的黑夜的一種方式？

無論是甚麼原因，約翰和他朋友德蘭（Teresa；現在稱為阿維拉的聖德蘭〔St. Teresa of Avila〕）對加爾默羅會展開改革，努力不懈地追求絕對貧窮和脫離世界。他們甚至放棄穿鞋。他們的信念是，只有藉著一無所有和無欲無求，我們才可以經歷真正的和平及與上帝合一。只有這樣，上帝的光才可以照進他們靈魂的黑夜。

屬靈掙扎

在靈魂的黑夜，有時受苦的人看不見多少盼望。有時正午變成黑夜，漠然那寒冷的枯乾變成完全的絕望。我讀基督徒密契主義者的著作時，我懷疑靈魂的黑夜到底是不常見，還是與我們自己的屬靈掙扎完全不同的。

我相信每個嚴重抑鬱的人——無論有沒有宗教信仰——的痛苦都絕對是屬靈的。信仰和盼望是一個錢幣的兩面。嚴重抑鬱的絕望是消失盼望的黑夜。

不過，正如梅頓（Thomas Merton）寫道：「聖潔並不包含受苦。它甚至不是直接由受苦產生，因為很多人受苦變成魔鬼而不是聖徒」。[4] 約翰、德蘭和伊華紐斯的道路，不是每個人都要走的。嚴厲的克己不是醫治抑鬱症的方法。受苦可能產生忍耐，忍耐可能產生盼望，但受苦本身不是好的。

易構黑暗

用抑鬱症的用語，我們從十架約翰和阿維拉的德蘭可以得到的信息是，受苦是人類狀況的標記。在靈魂的黑夜，我們感到上帝缺席。我想到耶穌在十字架上的話：「我的上帝，我的上帝，為甚麼離棄我？」(太二十七 46)

這種完全缺乏聯繫，一定和抑鬱症最低潮的時期相似。伊華紐斯、約翰和德蘭怎樣在受苦中找到(或幫助別人找到)意義？**藉著接受它**。藉著看到上帝可以在他們最空虛的狀況中向他們說話。

我們同意苦難本身不是好的。但它存在；你也十分清楚。藉著視孤寂為屬靈的啟蒙和成長的機會，你可以以充滿盼望、靠向將來的詞語將它易構——如果不是現在，或許在將來某個時間，憂鬱的烏雲過去時。

挑戰

有時屬靈孤寂的經驗不單是枯乾或無望，也是攻擊。馬丁路德(Martin Luther)，十六世紀的德國修士，後來成為促成基督教宗教改革的主要人物，他用「挑戰」(*anfechtungen*)這個詞表達這種不斷攻擊的感覺。

馬丁路德的生命始於現代時期的開始。好像伊華紐斯一樣，他天分十分高。路德在重視嚴謹學術的文化中輕易取得博士學位，在威登堡(Wittenberg)成為受尊敬的大學教授。（後來，在瓦爾特堡〔Wartburg Castle〕受保護期間，他在短短十一天將新約聖經由希臘語翻譯成德語，對標準書寫德語作出重大的貢獻。）

路德是虔誠的信徒，最初尋求在教會裏面推行改革。但他對自己的信念不會退縮或妥協。（我太太說她會喜歡成為路德的朋友，但肯定不想成為他的敵人。）在沃木斯（Diet of Worms）受審時，他被要求撤回他的改革宣言，但他拒絕屈服。

教會將路德驅逐，宣佈剝奪他的法律權益；任何人都可以殺他而不用害怕會受到懲罰。但他得到一個德國王子的保護（這王子或許和與《奪寶奇兵》〔*Indiana Jones*〕相似的冒險行徑有關——他將路德「綁架」，在瓦爾特堡保護他，直到情況平靜下來）。路德也得到廣泛支持。更正教徒大批出現，不能逆轉；隨著更正教教會在德國增長，路德能夠相對安全地生活，用他身為神學家、教師、譯者、作家、音樂家、牧者和調停人的豐富恩賜，直到六十五歲去世為止。

路德也與正午的鬼魔搏鬥。在他一生中，他都和強烈的憂鬱搏鬥。他寫道：「我受侵犯超過一次，被帶到絕望的深淵和幽谷，以致我希望自己從未受造為人。」[5] 留意他稱他的抑鬱症為侵犯。路德的抑鬱症對他所理解的基督教信仰十分重要。

受悲哀攻擊

像“accidie”，“*anfechtungen*”這詞沒準確的英語對應。它的字面意思是「被攻打」。它說明一種絕望、懷疑、疑惑和孤單的經驗。按字面意思是，你被悲哀攻擊。

透過他的搏鬥，路德相信這屬靈悲哀的攻擊令我們看到，我們需要慈愛的上帝。絕望令我們跪下。從絕望的深處，我們明白我們需要上帝。路德自己的憂鬱經驗幫助他看到自己遠離上帝，和需要上帝持久的愛。

同樣，我們的朋友克雷格明白，他不能勉強溫暖和親密的感覺在自己與上帝的關係裏出現。他屬靈枯乾的時間教導他，他本質上是個人，就是與上帝分離的，他可以信任上帝的應許和同在，無論他在情感上是否感到親密。

解決方法

對這些屬靈悲哀，我們有甚麼解決方法？路德提出了幾種。

還擊和站穩。

路德勸抑鬱的人必定不能讓絕望勝過他們，要以整個人對抗抑鬱的思想和衝動：在擊退這黑暗的幽谷時，「面對你的思想時要咬緊牙關，為了上帝的緣故，要比最固執的農民更固執、倔強和執拗」。[6]

不要讓抑鬱掌權。為自己站立，還擊，積極與它搏鬥。將抑鬱理解為屬靈攻擊可以幫助你積極地看你自己的角色。抵抗是人對攻擊的自然反應。

某方面來說，克雷格這樣做的方法是，固執地拒絕讓他的屬靈枯乾令他脫離他的靈修生活。他站穩。最終他再次感到上帝的愛的溫暖，以及那基本的關係的情感深度。

保持活躍。

還擊並不足夠。我們看路德的生命和他的話，學習他怎樣勝過抑鬱，並找到快樂的時間。他讓人們圍繞自己；路德的好客是著名的。他在音樂中表達他的悲哀和盼望。他為他相信的事業而努力。

服事。

或許最重要的是，路德服事別人。在更正教羣體中，他不懈地在互相攻擊的不同派別之間調停。身為牧者，他關心他的會友。路德是一個了不起的例子，他為別人的需要付出時間和精力，作為對抗憂鬱症的解藥和防護。你專注於別人或其他東西而不是自己時，便可以恰當地看自己的困難。

尋求喜樂。

路德給那些被悲哀攻擊的人的另一個建議是：享受上帝創造的成果。要快樂，「同時是內在地於基督裏面，以及外在地於祂的恩賜和生命的美好事物中……祂為此提供祂的恩賜——即我們可以運用它們，並高興，而我們可以永永遠遠讚美、愛和感謝上帝」。[7]

與朋友外出。細味你所有的。歡笑，講故事，歌唱，玩遊戲，去看戲劇，享受一頓美食，扭開音響跳舞。

路德自己需要學習這經驗。關於他的抑鬱症，他寫到他以前的生命都在「憂鬱和靈的抑鬱中度過，〔但〕現接受喜樂和快樂在任何時候出現——不，去找尋它們」。[8]

路德在這裏強調被絕望勝過的人的積極回應。**尋找**喜樂和快樂。不要等它出現。路德明白，對所有人類來說，快樂在短暫的時間出現。當快樂出現（雖然短暫）時，好好享受它。全面享受它。

路德勸人必須以任何可能的方式，對抗抑鬱和絕望的折磨。盡你所能忍受你的抑鬱，不要容許它統治你。嘲笑它；拒絕那麼認真地看待它，以致它令你意志薄弱，直到你不能移動。還擊。

在上帝裏面有盼望。

最後，根據路德，有信仰的人被悲哀攻擊時，最重要的回應是以信仰為基礎的回應。抑鬱不完全是壞事；你認出事情不應該是那樣。路德相信，盼望在於基督裏面，祂在走向十字架的旅程中經歷沮喪和孤寂。聆聽路德所寫的一首詩歌的這些歌詞：

願上帝將祂的恩典賜給我們，
以祝福的豐富供應我們，
願祂臉上的光明
引導我們到永恆的生命
讓我們認識祂拯救的健康，
祂仁慈的旨意和快樂……
（路德會公禱書〔*Lutheran Book of Worship*〕，335）

置身於似乎無休止的憂鬱和孤獨，缺乏盼望，或缺乏對一個積極的將來的任何感覺，路德會勸你信任仁慈的上帝，祂應許與我們同在，大大賜福我們。無論你有甚麼**感覺**，都要緊抓盼望的源頭。

多個世紀以前，沒有抗抑鬱藥物或現代心理治療的好處，有信仰的人不單應付絕望；他們也關心別人。但屬靈掙扎不是久遠過去的遺物，也不是密契主義者和修會的成員所獨有的領域。事實上，它們和心理學所說的抑鬱症相似。如果你嘗過抑鬱的苦味，我鼓勵你思想你的經驗怎樣與這些屬靈掙扎相似。

下一章會討論你可以怎樣重新評估你的價值觀，並發現你生命的意義和目的。總括來說，這些是屬靈模塑的任務。受苦並不好，但卻可以從中產生好處。你的屬靈枯乾、黑暗或悲哀，可以影響和督促你堅持、抵抗和**行動**。懷著信心，邁向目標明確的將來的溫暖和光明吧。

行動

採取一種對醫治的屬靈取向。

✓ 思想這章對屬靈孤寂的描述，並思考你自己的經驗有多相似/不相似。你可能想在日記或記事簿中寫下筆記。

✓ 思考你的屬靈生命可以怎樣在你勝過抑鬱的過程中加添你的力量。

✓ 在你的日記或記事簿中，寫下你最重要的五個屬靈長處或資源（例如禱告、點蠟燭和默想、閱讀屬靈書、幫助別人、宗教音樂等）。

✓ 思考你可以怎樣更多倚靠這些各種資源。

✓ 在今天，至少運用這些屬靈長處或資源的其中一樣。

給家人

與患抑鬱症的人一起生活產生屬靈上的影響。

✓ 閱讀這章對屬靈孤寂的描述，在你自己的經驗中找相似之處。

✓ 列出你在應付這屬靈掙扎的過程中，你的屬靈生命可以加添你力量的一些方法。

✓ 在你的記事簿中，寫下你最重要的五個屬靈資源（例如禱告、默想、聖經、服事別人等），以及你可以怎樣更倚靠這各種資源。

✓ 今天，至少運用這些屬靈資源中的其中一種。

✓ 有沒有積極的方法，讓你可以與你所愛、患抑鬱症的人分享靈性？

註釋：

1 S. Wenzel, *The Sin of Sloth: Acedia in Medieval Thought and Literature* (Chapel Hill, NC: University of North Carolina Press, 1967) , 5.

2 M. L. Bringle, *Despair: Sickness or Sin? Hopelessness and Healing in the Christian Life* (Nashville, TN: Abingdon Press, 1990) , 57.

3 Bringle, *Despair*, 60.

4 C. B. Luce, ed., *Saints for Now* (New York: Sheed & Ward, 1952) , 254.

5 E. Gritsch and R. Jenson, *Lutheranism: The Theological Movement and Its Confessional Writings* (Philadelphia, PA: Fortress Press, 1976) , 153.

6 M. Luther, *Letters of Spiritual Counsel*, ed. and trans. T. Tappert (Philadelphia, PA: Westminster Press, 1955) , 90.

7 Luther, *Letters of Spiritual Counsel*, 93.

8 Bringle, *Despair*, 70～71.

20

醫治的靈：價值觀和目的可以打敗抑鬱症

在這一章你會：

- ✓ 發現一些方法，是價值觀可以藉此促進健康的——但也發現一些方法，是你的一些價值觀可以助長及支持抑鬱症的。
- ✓ 檢視價值觀和目的可以怎樣給你一種生命是值得活下去的感覺。
- ✓ 學習生命中有兩種意義或目的，是可以對抑鬱症患者有好處的：**終極的**，指你的宗教信念，你的生命哲學，以及你的核心價值觀，是推動你或推動你的家庭很多代的；和**次終極的**，那些我們十分重視的事物，給我們滿足、興奮、快樂及和平、提供**每天的目的**，幫助我們經過艱難部分的。

在生命中，你最珍惜甚麼？

你是否珍惜成就？成功？財政保障？美麗的家？苗條的身材？友誼？美味的食物？誠信？殷勤？得到別人羨慕？幫助別人？大自然？音樂？藝術？危險？沒有痛苦地生活？自由做自己想做的事？權力或權威以管理別

人？禮貌？性歡愉？快樂，就是這樣？清潔？教育？旅行？幽默？足球？

你是否珍惜完美？你是否對自己所做的每個任務，都給自己定下高得不可能達到的標準？你是否珍惜豐富的屬靈生命或與上帝的關係？

價值觀的重要性

很多人假設我們的價值觀要不是與生俱來的，就是由父母在早年傳給我們的，所以是一生都固定下來。**價值觀**這個詞本身在政治、社會和宗教領域流傳，彷彿每個人都知道它的意思。我們有家庭價值觀、屬靈價值觀、基督教價值觀、教育價值觀、羣體價值觀、金錢價值觀。質疑或挑戰特定的宗教、社會或種族羣體的價值觀，或者質疑某個特定家庭或個人的價值觀，已經變得有點政治不正確。

事實上，隨著我們的生命展開，我們的價值觀也改變。經驗、學習、哀傷和喜樂都模塑我們認為甚麼有價值和沒有價值。

價值觀受到審查和評估。在有些情況下，羣體價值觀可以比個人價值觀更重要。例如：一個學生的家庭鼓勵以打架和報復作為處理衝突的方法，學校應該怎樣對待這個學生？一個關於文化敏銳度的工作坊的講員曾經告訴一羣教育工作者，他們不應該挑戰父母的價值觀。但教師提出，身為文明社會的代表，我們需要教導兒童以和平方式解決衝突的這種羣體價值觀。

價值觀可以影響健康或疾病。你的一些價值觀可能助長你的抑鬱症。可惜很多人從不刻意找出他們的生命中有價值的東西，因此他們作出重要的決定而不知道為甚麼。他們失去焦點。他們往往因為一時衝動、一個希望或一個身體或情感的催迫，而阻礙自己所看重的價值觀。

評估你的價值觀

知道你在生命中珍惜甚麼，會幫助你以兩個重要的方式控制你的抑鬱症。首先，你可以發現甚麼價值觀需要被建立，甚麼價值觀令你很難有好的感覺。第二，你能夠開始將不健康價值觀變為健康價值觀的過程，在思想、身體和靈性方面培育和建立你。

現在列出一張清單。以任何你認為有價值或重要的事情開始，不需嘗試排優先次序。你的一些價值觀可能是重要的，另一些可能比較不重要，但將它們全都寫下。

在每個項目之間留下多些空位，用來寫補充和筆記。寫幾分鐘，放下筆記簿，每隔大約一小時便回來，直到你認為你得到一張頗為完整的個人價值觀清單。如果需要的話，花一兩天做這個練習。

然後以批判的眼光閱讀那份清單。問問題：

- □ 這些真的是我的價值觀嗎，還是我感到我**應該**珍惜它們？
- □ 這是重要的價值觀嗎？它對我的存有是必不可少的嗎？
- □ 我很可能可以不要甚麼價值觀？
- □ 這些價值觀來自哪裏？父母？學校？宗教？政治信念？
- □ 我的價值觀幫助還是傷害我？它們對其他人有甚麼影響？
- □ 我的價值觀是否給我意義和目的的感覺，給我在地上存在的理由？那目的是甚麼？

□ 這些價值觀有沒有使我和我周圍的人的生命變得更好？它們有沒有為所有人帶來更大的好處？
□ 我有沒有積極地以這些價值觀生活？

查明你最珍惜的是甚麼的其中一個方法是，從反方向找出你的價值觀。列出花去你大部分時間的活動：工作、學校、教會、高爾夫球、看電視、賺錢、與配偶和孩子一起的時間、慈善服務等等。時間顯示委身。你委身於甚麼？那些就是你的價值觀。你的金錢去了哪裏？那些也是你的價值觀。

繼續列出這份清單。經過一段時間（一個星期或以上），加上批注。在旁邊寫你所做的特定事情，是支持某個特定價值觀的。也留意你做了的事，是與你一個或更多價值觀有衝突的，或者是你自己的價值觀互相衝突的。

你可能發現你可以刪除清單上一些項目。這些項目可以放在「會是好的」清單，但不是你自己的核心價值觀。你也幾乎肯定，你會加上其他價值觀。

經過一個星期細心觀察你實際所做的事情，以及它們的結果後，你會準備好思考甚麼價值觀令你難以過滿意的生活。你也會發現那些使你生命變得更好的核心價值觀。例如：譬如說你珍惜成就、卓越或財政上的成功。如果你被裁員或在尋找新工作方面有困難，或者發現別人能夠把工作做得比你更好，會有甚麼事情發生？或者你是十分重視獨立、自足的人。這價值觀有沒有令你在真正需要幫助時難以向別人求助，找別人給你安慰、友誼、支持，或只是歡笑和樂趣？

認出有害的價值觀

以下是一些要留意的警號。去到極端時，它們可能引致抑鬱症形成。

完美。

沒有人是完美的，對嗎？但你仍然感到被迫追求完美。要不是在嘗試時令自己筋疲力盡，就是放棄再嘗試（而不是接受平庸或——倒抽一口氣！——失敗的可能）。兩種反應都可以引致抑鬱症或令它更糟，無論是透過筋疲力盡或厭倦、令人窒息、對世界感到厭煩的沉悶。

成就。

奇怪的是（正如在完美的情況），過分重視成就可能引致懶散。事情變得很糟，你交上惡運，你的目標被一或多個危機干擾，你感到害怕，因為你只完成了很少事情。或者你拖延，每天因為將事情拖到明天而責備自己。你一旦重新評估或重新安排成就的重要性，你可能發現**存有**（being）和**做**（doing）的價值。

選擇坐在沙發上看日落而不是執行任務。決定輕拍小狗而不是為籌款的巡行樂隊焗一打餡餅。中午在公園野餐而不是在辦公桌吞下一份三明治。

降低（而不是取消）以成就作為所珍惜的價值觀，也可以令你定下更現實和彈性的目標。當有事情出錯時，你不會感到自己失敗了。危機過去時，你可以回到軌道，不會有很多不必要的罪疚感將你向後拉。

不要誤會我：我在整本書都說，保持活躍和嘗試實現目標，走向將來的遠象，對於對抗抑鬱症是合適和需要的。但珍惜成就到一個地步，以致永遠不能達到那標準卻是不好的。

很多其他常見的價值觀，如果推到極端，都令人難以應付抑鬱症。細看以下的清單，思考如果這些價值觀（本身是好的）被推到極端時，會有甚麼事情發生：

□ 獨立
□ 自由做你想做的事
□ 快樂
□ 幫助和拯救
□ 工作
□ 良好的外表
□ 財富
□ 與朋友一起
□ 獨自一人
□ 閱讀
□ 爭取充足睡眠
□ 為兒童而獻身
□ 感到安全
□ 控制一切

要緊記，我們的行事方式並非經常與我們的價值觀一致；例如：一個重視良好外表的女性可能會留在家裏，「放鬆自己」，而不是在公眾地方出現，不及她以前那樣漂亮。

如果你想一想，幾乎任何不平衡的價值觀都可以影響你的精神、身體或靈性的健康。

終極和次終極目的

早上是甚麼令你起牀？甚麼令你感到生命是有價值

的？你為甚麼目標而努力？你想糾正甚麼錯誤？

我相信每個人都需要感到生命有目的和意義。這對抑鬱的人尤其真實。如果他們對目的只有模糊的感覺，憂鬱症患者很可能視生命為更多的無盡痛苦，就是他們到目前為止所忍受的。

與心理學相比，意義、目的和價值觀總是與宗教和哲學領域的關聯更大。但無論甚麼為你提供意義和重要性，它的核心都是你怎樣經驗生命。基於你在生命中珍惜甚麼，你決定你會和不會做甚麼。

價值觀直接聯繫到抑鬱症。如果你的生命有目的，而那些目的令你做沒有用的行動，它們可以引致或加深抑鬱症的狀況。那麼你需要重新評估和改變你的價值觀和意義系統。

生命中的終極目的

生命中有兩種意義或目的：終極和次終極。生命中的**終極**意義，指你的宗教信念，你的人生哲學，推動你或你家庭很多代的核心價值。（**終極**的另一個意思是「最終」。）那是令你為了政治事業而努力，嘗試糾正社會不公義，捐一大部分家庭收入給一個事業的原因。人們會為了終極價值觀而犧牲，有時甚至犧牲自己的生命。

我們每個人都需要一些力量或目的，幫助我們理解周圍的世界。這對那些與抑鬱症搏鬥的人尤其真實。如果你對目的沒有清楚的感覺，很容易會聆聽自己抑鬱的思想，認為生命沒有意義。你可能相信世界上只有你扭曲了、負面的世界觀。為甚麼自殺在抑鬱症患者中更普遍？沒有生存的目的和理由，感覺不到將來會更好，自殺開始顯得合理。

你人生的目的可以幫助你度過艱難的日子。事實上，如果你相信忍受痛苦（每個人生自然和不可避免的部分）是重要的，因為你背後有目的和意義，那麼苦難（無論多麼不快樂）便配合你對人生旅程的理解。你視苦難——甚至是好像抑鬱症等情感上的苦難——是更大的圖畫的一部分。生命有目的，即使在痛苦中。

生命的次終極意義

生命的次終極意義是那些你十分珍惜的事物和活動，給你滿足、興奮、快樂及和平。（**次終極**的另一個意思是「倒數第二」。）它們刺激你，或者深深地滿足你。晚飯後與孩子玩耍，令你沉醉的嗜好（例如收集和修復古董收音機——我個人的其中一個次終極價值觀），擁抱配偶或孫兒、宗教活動、體育、音樂、藝術、賽車、編織、焗麵包。如果你在環境許可下儘量做這些事，它們便很可能是你的次終極價值觀。

我們每個人都需要期待一些事情。或許次終極意義並不模塑我們的整個存在，但它為**每一天**提供**目的**。它幫助我們經過艱難的部分。

你早上初次起牀，檢視你那天會做甚麼時，最期望甚麼？甚麼是你急不及待要回家做的？還是工作最能夠推動你？對大部分患抑鬱症的人來說，答案是「沒有任何東西」。如果那是你的答案，你有工作要做。你需要找一些刺激你，或給你快樂、享受和滿足的事情。

那事情很少從大門走進來，跳到你面前。起來吧，電視迷！你必須探討好些不同的選擇。保持你的選擇是開放的。嘗試幾種活動。不斷嘗試，直到你找到滿足你的事情。我們每人都需要期望一些東西。

阿爾（Al）的太太將他拉到我辦公室時，他已經抑鬱了很多個月。他不是個自願的參與者。我問他甚麼推動他或給他活力時，他的答案是：「該死的一樣也沒有！」那時，他太太插嘴說他所做的只是回家看電視，直到他在躺椅睡著。

我問阿爾在電視看甚麼；他說：「大部分節目。」我追問。他想了幾秒，然後說他喜歡看「速度台」（Speed Channel）。我們談了一會賽車。我告訴他我以前參加房車賽，阿爾變得更有生氣。我問他：「如果你喜歡賽車，有沒有一些與賽車有關的事情是你想參與的？」他想了一會，然後記得他有些工作上的同事在附近的跑道幫助一隊修車隊。他懷疑他們是否需要幫忙：「但我可以問他們會否接受幫助。至少這樣可以讓我走出門口。」他的朋友很樂意接納他。之後，阿爾一星期有幾晚都有地方可去，也可以享受星期五晚的賽車的刺激。

如果阿爾發覺他們不想或不需要他幫忙，或者他不喜歡在賽車上工作，那又怎樣呢？如果他與這些人相處不來，那又怎樣呢？他需要考慮其他可能——或許其他嗜好——或者義務工作，或者幫助他兒子的小型聯賽（Little League）球隊，或者任何有點可能性的事情……然後**付諸行動**。

學到生命的質素，所有人都需要一些次終極意義，但這對那些受困於抑鬱症的人尤其重要。騎馬或作足球教練有助支持你低落的時間，在憂鬱症出現時提供某程度的滿足。

抑鬱的人需要探討他們生命中的終極和次終極目的，不單是要從中找出意義，也是要在艱難的時候來到時得幫助去忍受。

你重視甚麼？你人生的目的是甚麼？

在第十九章，我們看到馬丁路德對他信仰的熱誠為他的人生提供終極目的。他也有很多次終極意義。他是有天分的音樂家和作曲家；他的很多聖詩今天仍然有人唱。他重視團契、美味的食物（和啤酒！）、殷勤款待、生動的談話、他太太凱特（Kate）和他們的孩子。

你可以好像路德曾經做過的那樣，將墨水瓶拋向惡魔。你可以對抗抑鬱。**但要勝過你黑暗的情緒，便要完全進入生命中**。那是要移動，採取行動，做一些重要的事，將自己獻給別人。藉著將你的行動連結到你珍惜的價值觀，你會裝備自己控制和擊敗抑鬱症。

行動

評估你的價值觀。

✓ 在這本書的頁邊或者一張白紙上，寫下你聽到「價值觀」這個詞時最先想到的事情。

✓ 接著翻去這章的頁301至304，依照那裏的指示評估你的價值系統。

✓ 這個練習會令你更清楚你珍惜甚麼，以及你最好從何入手調整你的價值觀。

✓ 健康和真實的價值觀是屬於你的，不屬於別人。它們幫助而不是傷害你；它們提供意義，使你的生命變得更好。你靠它們而活。

給家人

不要放棄你最珍惜的東西。

✓ 我促請你檢視你的終極和次終極價值觀，留意你在照顧你所愛、患抑鬱症的那個人時，並沒有忘記或忽略它們。

✓ 依照頁301至304的描述評估你的價值觀或許有幫助。特別是如果你懷疑你的價值觀偏離了正路時，便要這樣做。你可能正經歷必要的道路去作出糾正，或者你可能不知道甚麼對你是**真正**重要的。

✓ 每天早上，檢視你的清單。決定至少一個行動，是你那天會實行，藉以支持你最高的價值觀的。不要讓自己或自己最珍惜的事情，迷失在憂鬱症患者傳播的灰暗中。

21

找幫助

在這一章你會：

- ✓ 明白有時除了這書的自我幫助以外，你可能需要額外幫助，並明白這並不表示你失敗。
- ✓ 學習哪些警號表示你需要尋求這書以外的幫助。
- ✓ 學習怎樣找好的輔導員。
- ✓ 開始採取積極的態度，為你所愛、患有抑鬱症的人尋找和轉介社區資源，例如醫生、治療師、牧者、婚姻和家庭輔導員、財務顧問、律師和就業輔導員。

你可以幫助自己脫離抑鬱症

《告別抑鬱》是為幫助你這樣做而寫的。不過有時自助並不足夠。它是有益的，只是並不足夠。

這並不表示你失敗了！尋求外面的幫助是，你採取行動結束抑鬱症的另一個方法。

不要放棄你學到的東西。不要停止做你已經開始的練習和行動步驟。**加上**（不要用來取代）專業人士的幫助，他們可以幫助你從不同的角度看抑鬱症。關鍵是找到合適的人幫助你。**你**必須作出判斷。**你**必須決定行動的方向。**你**要負責克服你的抑鬱症。

怎樣知道你需要幫助

甚麼迹象顯示你需要尋求這書以外的幫助？以下是其中一些：

- □ 譬如說你做了這書提議的好些練習，你的思想有點改變。如果抑鬱症仍然困擾你，你便應該找尋外面的幫助。
- □ 你有沒有發覺自己考慮自殺，或者在想：「有甚麼用？」或「沒有我，人們會更好？」**你現在就需要專業人士幫助——我所指的現在是今天。**
- □ 如果你想到自殺但不能找專業人士幫助，告訴鄰居或朋友。如果都不成功，聯絡你的醫生／牧者／治療師或致電九一一。不要因為這樣做而感到尷尬；九一一隊伍和緊急人員**想你打電話**給他們。沒有事情會令他們感到震驚。
- □ 如果抑鬱干擾你的親密關係（例如與配偶或孩子），除了做這書的建議以外，你應該考慮找外面的幫助。
- □ 或許你不能做這書的練習，因為你沒有精力做任何事。找人幫助你開始吧。不要害羞。（或者感到害羞吧，但總要找人幫助。）
- □ 如果你的抑鬱症狀況很極端，如果它持續了多年都沒有減退，或者你的低落情緒之間有心情愉快的時間（顯示可能是雙極化情緒失調），便需要專業幫助。藥物可能有幫助。見精神科醫生或去有精神科醫生駐診的診所會有用。

怎樣找合適的人幫助

找好的輔導員不一定是容易的事情。我帶著遺憾說這句話，因為你可能沒有太多精力或推動力做這件事。但你需要頗為小心地選擇合適的人，幫助你對付抑鬱症。不是所有輔導都一樣的。

治療可以令事情更糟時

對於自己的抑鬱症，哈拿（Hannah）最討厭的是疲累和愛哭。她甚麼都不想做，早上往往不願意起牀。最微小的困難也令她哭泣。鉛筆筆芯折斷、停電、水龍頭滴水、打翻牛奶。有時完全沒有明顯原因，她也哭泣。

在母親催促下，哈拿開始見心理治療師，那是受尊重的專業人士，她鄰居形容這人為關心、接納人和願意付出的。她覺得這聽起來適合她。

每星期哈拿都向這了不起的輔導員傾訴自己的哀傷。她椅邊總有一盒新的紙巾，她也會使用。她感到被欣賞，得到諒解，有人聆聽，然後回家。

一星期又一星期過去。星期變成月，月變成一年。哈拿每星期有五十分鐘感到好一點，但隨著星期和月份過去，她的抑鬱沒有減退。她發覺除了自己的苦況外，愈來愈難想到其他事情。她停止和孩子説話。她停止煮食。生命似乎不值得活下去。哈拿開始想到自殺。

怎麼會這樣？很多心理治療師都好像哈拿的心理治療師一樣，會聆聽你，與你談話，一週復一週地安慰你，卻看不見盡頭。你可能十分喜歡你的治療師。你和這人談話時可能覺得好一點；你可能在那天整天都感到好一點。

但如果治療主要集中在你的困難、你的感受和你的過去，而你又沒有積極地採取具體步驟向目標和解決方法進發——**無論你在治療時感到多麼好**——它實際上可能令你的抑鬱症更糟。不單是「沒有進步」——而是**更糟**。

沉浸在過去，除了捕捉以前有正面結果，以及可能再次有效的行動外，很少為抑鬱症帶來緩解。它甚至可能令你的抑鬱症更低落、更無望、更深沉。

請相信我。喜歡治療師（他們幾乎肯定是善良、關心人的人）和在治療期間感到良好是誘人和危險的。生命中有些情況裏，支持和聆聽的耳朵是有用的，但抑鬱症**不**一定是這種情況之一。

如果你真的想脫離抑鬱症的深淵，而你發覺自助並不足夠，十分重要的是，你採取具體、積極的行動走向那將來時，找一個會成為你伙伴和引導（而不單是安慰者）的治療師。

一系列治療

歷代以來，幫助者運用了很多不同的照顧和輔導方法，為抑鬱症患者提供幫助。有些是今天仍在使用的。它們包括屬靈導引、精神分析、小組治療、長期治療、短期輔導、藥物、運動和飲食、維他命、草藥治療和更多其他方法。（我們已經安全度過了水蛭、輪流用熱水浴和冷水浴，以及用鎖鏈關押的時代。）

有些做法探討過去，希望人們一旦接受了自己的歷史後，現在便可以更好地發揮功能。其他方法嘗試改變人們怎樣思想，假設更正面、在認知上少點扭曲的思想會產生少一點抑鬱。還有一些方法假設親密關係的改善會減輕抑鬱，於是用特定的婚姻和家庭輔導。那些接受抑鬱的生理基礎的從業員一般處方藥物，或者結合某種心理治療。

甚麼沒有效

美國衞生與公眾服務部（The U.S. Department of Health and Human Services）監控對抑鬱症的研究超過三十五年，檢討了不同的輔導方法，並就它們的有效性提出建議。為家庭醫生預備的指引表示：「對重抑鬱症嚴重階段的長期心理治療的有效性是未知的；因此，不建議以這些治療為第一線治療。」用簡單的說法就是：研究並沒有發現長期治療對抑鬱症有好處，因此不建議這種治療。

甚麼有效

政府的報告提倡「有時間限制，集中在現時的困難，並以解決癥狀而不是改變性格為目標的」輔導，作為抑鬱症的治療。[1]

最有幫助的輔導方法集中在改變思想（認知治療）、改變行動（行為治療）和改變親密關係（人際或婚姻和家庭治療）上。指引建議治療要簡短，並建議使用由家庭醫生或精神科醫生提供的抗抑鬱藥物。[2]

你是否為自己或自己所愛的人尋求專業協助？你配得到最好的幫助。你配得到會運用有效的輔導策略的治療師——那些方法在受控制、科學和最新的研究中顯示有很好的結果。

收集資料

尋找合適的治療師的其中一個方法是，詢問患過抑鬱症並已經痊癒的人的建議。與接受過治療的朋友或他們的家人傾談，了解他們的輔導員怎樣治療他們——以及用了多長時間。問具體的問題，例如：

☐ 甚麼最有幫助？

☐ 花了多長時間？

☐ 要求你做甚麼作為治療的一部分？

☐ 你對抑鬱症有甚麼不同的想法？

問詳細、針對性的問題，而不單是「她好嗎？」。你想要得到康復的最大機會。

如果你不能從有理由會知道的人得到建議，你可以從《黃頁》(*Yellow Pages*)開始或者在網上找名單。你需要一些知識，幫助你在資料中找尋。

《黃頁》的兩個主要標題是「婚姻和家庭輔導員」和「心理治療師」。在我的城市，最長的清單是「心理治療師」，第二長的是「婚姻和家庭輔導員」。精神科醫生大部分歸入「醫生和外科醫生」，雖然有些精神科醫生選擇在「醫學專科指引」中獨立列出。「輔導員」、「牧養輔導員」、「社會工作者」或「持牌專業輔導員」之下，幾乎沒有名單。「心理學家」的名單很短。

要尋找的東西

你在找人幫助你對付抑鬱症時，可能感到很難向治療師提問。你的信心和精力可能似乎不能應付這個任務。如果是這樣的話，影印這幾頁的資歷和問題清單。

將影印本交給一個朋友、同事或家人，是不怕問難回答的問題的。讓這個人為你做研究。然後你們兩人可以傾談——但只有你會作決定。

以下是一些要尋找的正面關鍵詞：

□ 專長是抑鬱症
□ 以解決方法為焦點（也稱為以解決方法為焦點的短期治療）
□ 行為治療
□ 認知治療
□ 有限時間治療
□ 理性情感治療
□ 認知－行為治療
□ 短期治療
□（結合）婚姻和家庭治療

在大部分大城市，你很容易在《黃頁》找到很長的清單或廣告，提供這些資料（特別是「以解決方法為焦點」這幾個字）。即使治療師專門輔導抑鬱症，重要的是，確定那輔導是短期的，並專注於積極解決問題而不是分析。

你總可以在感到好轉後進行分析。現在重要的是做那些令你感到好轉的事情。

時限

首先，你或你的中間人需要打電話給你考慮僱用的治療師。一定要問關於收費、保險和時間安排等問題。但也要問治療師治療抑鬱症的典型時限。你應該期望治療抑鬱症的時限為**少於二十節**。大多數都會**少於十節**。如果答案含糊——「視乎你的情況而定」，沒有顯示你會花在治療上的時限——找其他人。（當然，你自己的情況會決定輔導的具體時限，你的輔導員可能受訓用這些詞語作為風險管理，也可能有道德的原因。不過，如果你是合作和積極的伙伴，二十節是很寬鬆的上限。）

資歷

治療師應該有甚麼學位和資歷？如果你沒有得到具體的建議，而且是在《黃頁》中找輔導員，我建議你先找有輔導學碩士學位或輔導學文學碩士學位的人，或者找社會福利碩士、哲學博士或教育學博士。我建議你避免選基本會做催眠，或使用「精神分析」、「長期」或「心理動力」等字眼的人。如果抑鬱症十分嚴重和長期，我建議你找精神科醫生。

如果你的問題涉及靈性孤寂或其他屬靈問題，與神職人員傾談，或找「牧養輔導員」，如果你城市的《黃頁》有這一欄。自稱為牧養輔導員或基督徒輔導員的治療師可能十分有幫助，特別是如果你的抑鬱涉及意義和價值觀的問題；但要小心檢查這些人的資歷。他們有沒有接受他們自稱能夠做的事情的訓練和督導。正如所有其他治療師一樣，確保他們是有時限和以解決方法為焦點的。

如果你的問題涉及你的配偶和家人，在《黃頁》找「婚姻和家庭輔導員」。

就是這個

不需花很多時間，便可以找到一個輔導員，而他或她治療抑鬱症的方法是與這書提到的相類似，無論那是稱為「以解決方法為焦點」、「短期」、「認知」還是「行為」。如果可能的話，最好知道這個人所照顧的其他抑鬱症患者是否得到緩解。如果是的話，這個治療師可能適合你。

藥物

或許你正在服用抗抑鬱藥物（參第八章）。這不一定是不接受輔導的理由。事實上，抗抑鬱藥物可能給你足夠的「活力」或精力做你需要做的事。不過，你一旦有精力，重要的是改變你的生命，減低抑鬱症的影響，並防止將來復發。因此，你選擇治療師時，要肯定找一個會幫助你立即專注於你能夠做以帶來生命改變的事情的人。那些可能是微小的步驟，但卻是你需要做的。

記得在大部分州份，只有醫生（例如主診醫生或精神科醫生）才能夠為精神或情緒問題處方藥物。**大部分抗抑鬱藥物都由主診醫生處方。**幸運的話，那是你已經認識和信任的人。你的家庭醫生可以決定抗抑鬱藥物對你是否有幫助。

第一節

在第一節，輔導員會問你的癥狀和這些癥狀持續了多久，並會收集一點背景資料。如果有的話，他或她會問你以前抑鬱症發作的經歷，以及抑鬱症對你家庭和工作的影響。你可以發覺事先將這些資料寫在卡紙上，帶在身邊會有幫助。

輔導核對清單

- □ 如果第一或第二節只處理過去，沒有定目標，或許你應該考慮見另一個人。
- □ 如果你接受輔導後沒有感到好轉或變得更積極，你需要找另一個可以幫助你的治療師。
- □ 如果輔導員似乎沒有同情心，或對你不感興趣，嘗試找清單上的另一個人。

想像你有一部古老的汽車，但沒有時間或知識修理它。如果你找的第一間商店不能解決問題，你會因為他們令人印象深刻的資歷或很**友善**而繼續找他們嗎？

治療師和汽車技工不是神。你是顧客，你有權不斷尋找，直到找到專注於替**你的**情況解決問題的人。

最重要的是你積極參與過程，是你決定你的治療會怎樣和在甚麼時限內進行。如果你想輔導在八個星期內完結，告訴你的治療師。說出你願意做甚麼去帶來快速的改變。

家人可以怎樣幫忙

抑鬱症患者的家人需要扮演積極的角色，為他們所愛的人在尋找和轉介社區資源，例如醫生、治療師、牧者、婚姻和家庭輔導員、財務顧問、律師和就業輔導員。例如：他們可能諮詢抑鬱的孩子的老師，或食物服務工人的僱主。

轉介總會考慮到抑鬱症患者的精神和情緒狀況。有些抑鬱症患者會抗拒見任何人。可能需要一些時間（和技巧）才能說服他們見醫生或治療師。

你所愛的人是否患上抑鬱症？要預早做功課。需要外面的幫助時，考慮以下建議和資源：

- □ 明白抑鬱症患者可能不接受轉介。單單考慮去見治療師可能推動這些人改變。不過，少數人只想抱怨自己的情況，而不肯找解決辦法。還有一些人是那麼不活躍和退縮，以致不能忍受與別人談話。
- □ 不肯定轉介到哪裏時，與接受過治療的朋友傾談——最好是接受過抑鬱症治療的朋友。（確保你的朋友在合理的時間內好轉！）或者打電話給本地危機熱線或資料及轉介中心。打電話給以下方格列出的其中一個抑鬱症組織，或者翻查網頁。解釋情況，並取得關於人或機構的準確資料。直接打電話給本地的機構，取得關於輪候、費用和其他相關的資料。
- □ 如果可能的話，找幾個轉介來源，因為在有需要時，其中一些可能會找不到，或者你所愛的人可能不接受你提議的第一個人選。
- □ 作出具體的轉介——不是「我認為你需要見心理治療師」，而是「我想推薦幾個輔導員給你；林德（Lind）醫生對我鄰居有幫助，古多爾（Goodall）醫生的聲譽很好」。
- □ 如果可能，讓抑鬱症患者打轉介電話。提議他或她立即打電話，或者提出接載他或她去第一次會面。
- □ 在建議醫生後總要跟進。例如：你可能第二天查問：「我想知道你今天怎樣，看你安排時間見林德或古多爾醫生方面有沒有困難。」如果對方給你藉口，找其他方法幫忙。讓他或她知道你一兩天後會再查問。

你並不孤單

在黑暗的日子中，毋須獨自應付。如果你因為任何原因，在實行這書的步驟方面有困難，我促請你找專業人士幫助。這樣你至少可以從每星期去見某人，報告你的進展這紀律中得益。

如果你選擇與輔導員合作，不要放棄自我幫助。沒有其他人可以治療你的抑鬱症！無論有沒有治療師的幫助，只有你可以在你自己的生命中採取行動。想像你自己是一個運動員，嘗試改進自己的技術；輔導員是你的個人教練和啦啦隊隊長（不是你的老闆），但你要練習。你充滿盼望的將來，在乎你。

資料和轉介資源

諮詢以下本地和全國轉介資源，尋求幫助及建議。

- ✓ 社會福利署臨牀心理服務，電話（852）23432255。
- ✓ 聯合情緒健康教育中心，電話（852）23493212。
- ✓ 香港家庭福利會，電話（852）25273171。
- ✓ 楊震社會服務家庭健康教育及輔導中心，電話（852）21714111。
- ✓ 香港中華基督教青年會，電話（852）27833360。
- ✓ 基督教服務處，電話（852）27316251。
- ✓ 浸會愛羣社會服務處，電話（852）25724365。
- ✓ 基督教家庭服務中心，電話（852）23180028。
- ✓ 台北市立聯合醫院，電話（886）2-2555-3000。
- ✓ 台灣憂鬱症防治協會，電話（886）2-25817418。
- ✓ 生活調適愛心會，電話（886）2-27593178。
- ✓ 台南市憂鬱症關懷協會，電話（886）6-2362212。
- ✓ 高雄市忘憂草憂鬱防治協會，電話（886）7-7527115。
- ✓ 高雄縣安心會，電話（886）7-3963468。

✓ 肯愛社會服務協會，電話（886）2- 66171885。
✓ 董氏基金會，電話（886）2-27766133#2。

對於資料和轉介，很多其他有質素的來源在本地和全國都可找到。

網頁

以下的網頁提供連結到其他網站的有用連結。**要小心！**互聯網上有很多垃圾。很多商業網站販賣他們與抑鬱症有關的產品。我只嘗試包括合法的網站，是由聯會、負責任的個人或大學建立的。

✓ http://www.swd.gov.hk
香港社會福利署臨牀心理服務，包括臨牀心理服務課資源資料，由臨牀心理學家撰寫的文章，有用的書籍或單張介紹。

✓ http://www.info.gov.hk/elderly
衞生署長者健康服務網站，包括長者健康問題講解及有關資料，提供自我鬆弛及肌肉鬆弛等活動內容，以及相關網站連結。

✓ http://www.ucep.org.hk
聯合情緒健康教育中心，提供心理教育活動、臨牀心理服務，情緒自助教材及研究資料等。

✓ http://www.hkfws.org.hk
香港家庭福利會綜合家庭服務，提供家庭輔導服務、支援服務，協助有需要人士學習維持家庭健康狀況。

✓ http://mental.health.gov.tw/index.asp
台北市政府衛生局社區心理衛生中心，提供市內各中心資料，以及心理評估測驗和網上諮詢區。

✓ http://www.depression.org.tw/
台灣憂鬱症防治協會，包括有關憂鬱症的各種資料，各地諮商機構及醫院資料，書籍推介及研討會資訊。

✓ http://www.veritasmedicine.com/d_index.cfm?did=41&bif=p
關於抑鬱症的基本資料，醫學治療的選擇，抗抑鬱藥物的臨牀試驗，目前的研究等。雖然主要宣揚一種藥物取向的治療，但這個網站有現時重要的資料。你可以登記用電郵接收有關抑鬱症臨牀測試和研究的最新資料。

✓ http://www.depressionalliance.org
以英國為基地，抑鬱症聯盟（Depression Alliance）提供一個網頁，有關於抑鬱症的資料，包括抑鬱症的癥狀；聊天室和網上支持活動；書店和其他資源。

✓ http://www.psycom.net/depression.central.html
一個私人管理網站，抑鬱症中心（Depression Central）提供全面的抑鬱症資料，以及其他跟抑鬱症有關的網頁的有用連結。

✓ http://www.med.nyu.edu/Psych/screens/depres.html
這個網上抑鬱症辨別測試由紐約大學（New York University）資助，包括關於抑鬱症的資料和轉介治療的連結。

✓ http://www.depression-screening.org

有英語和西班牙語。由美國全國精神健康聯會（National Mental Health Association）管理，這個網站包括網上測試，資料連結，教育和宣傳機會。

✓ http://www.depression.org

美國全國抑鬱症基金會（National Foundation for Depressive Illness）的網站，有抑鬱症和治療的基本介紹。

✓ http://www.walkers.org

一個由Walkers in Darkness Inc.主持，關於情緒失調的支持網絡。這個網站包括由會員提供的有用連結，包括很多情緒失調的資料，當中包括抑鬱症。

✓ http://www.authentichappiness.org

這是塞利格曼的網站，他著有《真正快樂》（*Authentic Happiness*）、《學習樂觀》（*Learned Optimism*）和其他關於怎樣更樂觀的書籍。這個網站有一些自我測驗問卷可以做。

行動

讓我再說一次：

你可以幫助自己應付抑鬱症。不過，有時自助並不足夠。它是有益的，但並不足夠。如果你需要額外幫助，那並不表示你失敗。尋求外面的幫助是**你採取行動**結束抑鬱症的另一個方法。這包括專業人士的服務，他們可以幫助你從不同的角度看抑鬱症，就如你所需要的。如果做了這本書的練習三至六個星期後，你的抑鬱症狀況仍然沒有分別，約見心理治療師或精神科醫生，尋求需要的額外幫助。

給家人

你可以為你所愛、患抑鬱症的人找到幫助。

- ✓ 回到這章「家人可以怎樣幫忙」那一節。再讀那一節，並接受它的建議。
- ✓ 積極研究和找出資源，例如醫生、治療師、牧者、婚姻和家庭輔導員、財務顧問、律師和就業顧問。
- ✓ 如果你所愛的人拒絕找外來幫助的想法，將轉介名單放在方便看到的地方。當對方開放和願意時，便可以提供轉介。
- ✓ 如果你所愛的人緊張或猶疑，接載他或她前往，或在會面的頭十分鐘陪伴他或她。（不過，不要代他或她説話。）
- ✓ 如果他或她拒絕任何形式的輔導，自己尋求幫助。你可以和與抑鬱症患者一起生活的朋友或同伴傾談，問甚麼有幫助，甚麼沒有用。
- ✓ 與可以幫助你明白發生甚麼事的親密朋友、牧者或治療師傾談。這樣也可以防止你因為**幫助別人而耗盡**，這是那些與抑鬱症患者一起生活和照顧他們的人會有的危險。

註釋：

1 U. S. Department of Health and Human Services, *Depression in Primary Care: Vol. 2: Treatment of Major Depression*（Clinical Practice Guideline No. 5, 1993）, 4.

2 U. S. Department of Health and Human Services, *Depression in Primary Care*, 37.

22

一生的盼望和快樂

在這一章你會：

✓ 記得抑鬱症並不需要是一種生活方式；它是可以克服的，生命可以再次變得豐富。

✓ 同樣記得Nike的口號：「要付諸行動。」（“Just do it.”）如果你仍未開始，為了你和你周圍的人，**請採取這本書列出的一些行動**——即使那些是微小、似乎不重要、頗為容易的微小步驟。現在就做吧，然後才開始其他事情。在下一分鐘做其中一件事。

我太太和我喜歡一起散步，在任何地方，幾乎是每一處——我們的社區、山路、樹林深處、外國城市的街道。但風濕和以前運動的傷患令我膝蓋支持不住。由於痛楚，我開始走得更慢，走的距離也更短。最後我面對現實：我需要做雙重膝蓋手術。

我不是好病人。我不喜歡接受手術。我寧願去見牙醫。我寧願面對稅局的核數師。相比接受手術，我惟一更討厭的事情是預期自己完全不能走路。不過，一旦手術完成後，我便充滿感激。

接著是康復。在練習走路這既新且舊的技巧時，我想到膝蓋手術和康復好像一個人克服抑鬱症一樣。你不想經歷它。你寧願面對牙醫、稅局的核數師、或許甚至是手術。但感謝良好的研究，有效的自助策略和最近醫藥的發展，征服抑鬱症變得很有可能。我要提醒你，那並不有趣。那是你在生命中不會選擇的，但卻是能夠做到的。你在應付抑鬱症時甚至可能會學到一些新技巧。

是有出路的。自從膝蓋手術康復後，我與太太走過整個大本德國家公園（Big Bend National Park；我們在路上有幸看見山中的獅子和兩隻幼獅）。我們在安達斯（Andes）山攀登了一萬四千尺，經過茂密的森林，到達有陽光之處。我們在樹林中走了很久，一起歡笑，有我們的邊境牧羊犬絲凱（Skye）陪著我們，牠以飛快的速度在灌木叢中追逐真實和想像的松鼠。能夠再次走路實在很好，能夠這樣參與就是樂趣。

同樣，所有不時與抑鬱症搏鬥的人都有盼望。那不一定是有好的膝蓋在公園散步。有時那是十分困難的。但卻是可以實行的。有很多好方法、提示和策略，是你可以用來改進自己的情況的。借用十二步驟的計劃的一句話，這些方法是有效的，「如果你實行它們」。

我現在想告訴你的是，奧普拉的「去吧，女孩」和Nike的「要付諸行動」（即使你不是女孩或運動員）。抑鬱症低潮的痛苦可以是十分悲慘，是任何未經歷過的人都不相信的——但有路從那低處走出來，而你正在那條路上走。

你不會偶然到達。坐著等候直至你好轉，這是沒有用的。你需要行動，一次一小步。有時你好像向前走了兩步，然後又向後倒退一步（甚至兩或三步）。但即使在你最糟的復原日結束時，你仍會比前一天有點進步，因為你**做**了一些事情。單單除去不可避免的一個壞日子已經是一種進步。

所以，為了自己（和你周圍的人），請你採取這書列出的一些行動。或許你已經開始；如果你仍未開始，選一兩個似乎頗為容易的步驟。現在就做。你一旦成功，便加上其他行動。

見醫生進行全身檢查。談及你的低落情緒沒有甚麼可恥——但如果你真的感到尷尬，將一切寫下，拿給醫生看。

想像你所做的是手術後的康復運動。抑鬱的襲擊是手術；現在你應付那後果。康復需要時間。藥物和治療會有幫助。醫生替我的膝蓋做手術後，我去見一個很好的物理治療師，治療對你的抑鬱症狀況也可以帶來幫助。

最重要的事情是，為你的治療想出一個計劃。採取第一步行動。然後繼續下去。你不需要憑空製定你的行動計劃；由這本書的建議開始那個計劃是沒有問題的（再看第十四章）。你在每一小步成功時，便可以調整計劃配合自己。

我知道你做得到。我促請你採取行動。我想你在大本德或安達斯山上走路；換句話說，我想你做你心裏最想做的事。出去買靴子吧。走上山路吧。

附錄一

曾氏憂鬱量表

姓名：______

年齡：______ 性別：______ 日期：______

指示：細心閱讀每句句子。對每句句子，在最能對應你過去兩星期的感覺頻密程度的方格內加上剔號。對第五和第七句，如果你在節食，當你沒有節食那樣回答。

在 20 個項目中，替每個項目選一個回應	沒有或只有少數時間	有時	大部分時間	很大部分時間或所有時間
1.我感到沮喪、憂鬱和憂愁	□	□	□	□
2.我在早上感到最好	□	□	□	□
3.我有時會哭或想哭	□	□	□	□
4.我晚上難以入睡	□	□	□	□
5.我和平常吃得一樣多	□	□	□	□
6.我喜歡看有吸引力的女人/男人，與他們談話和在一起	□	□	□	□
7.我留意到自己體重減輕	□	□	□	□
8.我有便祕的問題	□	□	□	□
9.我的心跳比平時快	□	□	□	□
10.我無緣無故感到疲倦	□	□	□	□
11.我的頭腦和平時一樣清晰	□	□	□	□

在 20 個項目中，替每個項目選一個回應	沒有或只有少數時間	有時	大部分時間	很大部分時間或所有時間
12.我很容易做我平時做的事情	□	□	□	□
13.我感到不安，不能保持安靜	□	□	□	□
14.我對將來感到有盼望	□	□	□	□
15.我比平時更煩躁	□	□	□	□
16.我很容易作決定	□	□	□	□
17.我覺得自己有用，別人需要我	□	□	□	□
18.我的生命頗為圓滿	□	□	□	□
19.我覺得如果我死了，對別人會更好	□	□	□	□
20.我仍然享受我習慣做的事情	□	□	□	□

怎樣使用憂鬱量表

憂鬱量表由二十個項目組成。每個項目都和抑鬱症的一個特定特點有關。二十個項目集合起來，全面勾畫抑鬱症廣為人知的癥狀。在那些話後面有四欄，分別是「沒有或只有少數時間」、「有時」、「大部分時間」、「很大部分時間或所有時間」。

對表格上的每個項目，受導者都要根據它在特定時段內——「在過去兩星期」——與自己感受的關係在合適的方格內加上剔號。雖然有些抑鬱的受導者在口頭上主動提供的資料不多，但如果告訴他們這樣會幫助醫生更了解他們，大部分人都會合作，依所要求的在方格上加剔號。

另一頁的圖表令你能夠根據受導者的量表評分，找出他或她抑鬱症狀學的程度。

藉著使用方格旁邊的數字，找出二十個回應中每一個回應的價值。將分數加起來，得出原始分數。接著用後面的換算表（原始分數對 SDS 指數），在最後一欄底部的方格內寫下那人的 SDS 指數。SDS 指數以操作定義為根據，是「那人有多抑鬱？」的總顯示，並以百分比表達。因此 SDS 得分六十五可以解釋為，依量表量度，那人顯示出百分之六十五的抑鬱程度。

藉著結合幾個研究的結果，SDS 指數可以這樣解釋：

SDS指數	等同臨牀全球印象
50 以下	在正常範圍內，沒有精神機能障礙
50～59	最低到輕度抑鬱
60～69	中度到明顯抑鬱
70 及以上	嚴重到極端抑鬱

這些解釋是基於比較二十到六十四歲的抑鬱和沒有抑鬱的病人，以及抑鬱者和正常人的資料得出。高分本身不是用於診斷，但顯示癥狀存在，可能在臨牀方面具重要性。

在曾氏憂鬱量表的得分

指示：細心閱讀每句句子。對每句句子，在最能對應你過去兩星期的感覺頻密程度的方格內加上剔號。對第五和第七句，如果你在節食，當作你沒有節食那樣回答。

在 20 個項目中，替每個項目選一個回應	沒有或只有少數時間	有時	大部分時間	很大部分時間或所有時間
1.我感到沮喪、憂鬱和憂愁	□ 1	□ 2	□ 3	□ 4
2.我在早上感到最好	□ 4	□ 3	□ 2	□ 1
3.我有時會哭或想哭	□ 1	□ 2	□ 3	□ 4
4.我晚上難以入睡	□ 1	□ 2	□ 3	□ 4
5.我和平常吃得一樣多	□ 4	□ 3	□ 2	□ 1
6.我喜歡看有吸引力的女人/男人，與他們談話和在一起	□ 4	□ 3	□ 2	□ 1
7.我留意到自己體重減輕	□ 1	□ 2	□ 3	□ 4
8.我有便祕的問題	□ 1	□ 2	□ 3	□ 4
9.我的心跳比平時快	□ 1	□ 2	□ 3	□ 4
10.我無緣無故感到疲倦	□ 1	□ 2	□ 3	□ 4
11.我的頭腦和平時一樣清晰	□ 4	□ 3	□ 2	□ 1
12.我很容易做我平時做的事情	□ 4	□ 3	□ 2	□ 1
13.我感到不安，不能保持安靜	□ 1	□ 2	□ 3	□ 4
14.我對將來感到有盼望	□ 4	□ 3	□ 2	□ 1
15.我比平時更煩躁	□ 1	□ 2	□ 3	□ 4
16.我很容易作決定	□ 4	□ 3	□ 2	□ 1
17.我覺得自己有用，別人需要我	□ 4	□ 3	□ 2	□ 1
18.我的生命頗為圓滿	□ 4	□ 3	□ 2	□ 1
19.我覺得如果我死了，對別人會更好	□ 1	□ 2	□ 3	□ 4
20.我仍然享受我習慣做的事情	□ 4	□ 3	□ 2	□ 1
總分（原始分數）__________ SDS 指數__________				

原始分數換算成SDS指數

原始分數	SDS指數	原始分數	SDS指數	原始分數	SDS指數	原始分數	SDS指數	原始分數	SDS指數
20	25	32	40	44	55	56	70	68	85
21	26	33	41	45	56	57	71	69	86
22	28	34	43	46	58	58	73	70	88
23	29	35	44	47	59	59	74	71	89
24	30	36	45	48	60	60	75	72	90
25	31	37	46	49	61	61	76	73	91
26	33	38	48	50	63	62	78	74	92
27	34	39	49	51	64	63	79	75	94
28	35	40	50	52	65	64	80	77	96
29	36	41	51	53	66	65	81	78	98
30	38	42	53	54	68	66	83	79	99
31	39	43	54	55	69	67	84	80	100

幾個研究的結果顯示，在所有精神失調中通常都有一些抑鬱的病狀學存在。病人可能有幾種診斷：頭痛**和**抑鬱、精神分裂**和**抑鬱、糖尿病**和**抑鬱。因此，抑鬱症以外的主要診斷，並不排除病人也有抑鬱症的可能性。如果 SDS 指數高於五十，病人除了接受初步診斷的治療外，也可能需要接受抑鬱症治療。

承蒙允許在這書使用曾氏憂鬱量表。免費量表可以派發給幫助者。請聯絡：

Eli Lilly and Company

Lilly Corporate Center

U.S. Neuroscience, Constituency Relations

Drop Code 1047

Indianapolis, IN 46285

傳真：(317) 277-2387

附錄二

書籍推介及參考

Catherine Carrigan：《戰勝憂鬱症：自助人助的38則檢核問題和行動方案》。趙曼如譯。台北：遠流，2001。

李明琳：《認識青少年抑鬱症》。香港：浸會愛羣社會服務處家屬資源及服務中心，2003。

李德誠：《產前產後防抑鬱》。香港：星島，2006。

李耀全：《解開抑鬱》。香港：突破，2006。

周詩韻：《擁抱抑鬱．產後抑鬱症問答錦囊》。香港：循道衛理楊震社會服務處家庭健康教育及輔導中心，2003。

青山醫院老人精神科：《老年抑鬱症問答篇》。香港：青山醫院精神健康學院，2005。

青山醫院：《戰勝抑鬱》。香港：明窗，2002。

香港大學香港賽馬會防止自殺研究中心編：《破解抑鬱：中年人"應變手冊"》。香港：香港大學香港賽馬會防止自殺研究中心，2004。

孫瑋孜：《當孩子解憂抗鬱的好夥伴：戰勝青少年憂鬱症的實用策略》。劉慧玉譯。台北：遠流，2008。

郭育志：《與憂鬱共舞》。台北：智庫，2004。

陳善養、奧伯格：《妥善處理抑鬱症》。明朗兒譯。香港：基道，2006。

麥麗娥編：《「同覓有情天」長者抑鬱預防及支援計劃經驗總結集》。香港：循道衛理楊震社會服務處長者服務部，2004。

葉錦成：《青少年憂鬱情緒：理解與介入》。香港：香港青年協會，2004。

廣梅芳編：《憂鬱心靈地圖：如何與憂鬱症共處》。台北：張老師，2001。

蕭宏展：《躍出深淵：抑鬱症的成因與治療》。香港：突破，2000。

蘿拉．艾普斯坦．羅森、哈維亞．法蘭西斯可．阿瑪多：《當所愛的人有憂鬱症：照顧他，也照顧好自己》。魏嘉瑩譯。台北：張老師，2003。

Bringle, M. L. *Despair: Sickness or Sin? Hopelessness and Healing in the Christian Life*. Nashville, TN: Abingdon Press, 1990. 甚為出色

的作品，將抑鬱症與宗教經驗中的沮喪連繫起來。

Burns, D. *Feeling Good: New Mood Therapy*. New York: Morrow, 1980. 內容紮實、可讀的作品，集中於改變思想方法，就是處理抑鬱症的其中一個成因。備有習作練習，幫助讀者改變負面抑鬱思想。

Golant, M. & Golant, S. K. *What to Do When Someone You Love Is Depressed*. New York: Henry Holt, 1996. 幫助家人和朋友的少數作品之一，讓他們知道當所愛的人患抑鬱症，他們可以做甚麼。

Hauck, P. *Overcoming Depression*. Philadelphia, PA: Westminster Press, 1976. 對於筆者以往一些做法，負面地過濾了別人的說話和做法，以及種植於筆者心中的抑鬱經歷的種子，這書幫助筆者處理。

Seligman, M. *Authentic Happiness*. New York: Free Press, 2004. 兩本Seligman的作品提及樂觀是可以學習的，亦建議令人減少負面想法及更樂觀的方法。

_____. *Learned Optimism*. New York: Free Press, 1998. 包括 *Authentic Happiness* 的一些有關內容的範疇，佳作。

Stone, H. W. *Depression and Hope*. Minneapolis, MN: Fortress Press, 1998. 筆者於書中提及宗教專業人士可以如何向抑鬱的人提供輔導。

U. S. Department of Health and Human Services. *Depression in Primary Care: Vol. 1: Detection and Diagnosis*. 以及 *Depression in Primary Care: Vol. 2: Treatment of Major Depression*. Clinical Practice Guideline No. 5, 1993. 這兩本書提供由醫生給予的豐富資料，關於抑鬱症的成因與治療。可以從美國政府當局購買。

Yapko, M. D. *Hand-Me-Down Blues*. New York: Golden Books, 1999. 我覺得 Michael Yapko 的所有書籍都很實用。這書是為與抑鬱症搏鬥者的家人和朋友而寫的。

_____. *When Living Hurts: Directives for Treating Depression*. New York: Brunner/Mazel, 1994. 這本 Yapko 的作品雖基本上為醫護人員而寫，但包括治療抑鬱症的各種方法。

參考書目

American Psychiatric Association（APA）. “Practice Guidelines for Major Depressive Disorder in Adults.” *American Journal of Psychiatry* 150（1993）: 4, 1～26.

_____. *Diagnostic and Statistical Manual of Mental Disorders*, 4th ed., rev. Washington, DC: American Psychiatric Association, 1994.

Agatston, A. *The South Beach Diet*. New York: Rodale Press, 2003.

Antonuccio, D. O., W. G. Danton, and G. Y. DeNelsky. “Psychotherapy

Versus Medication for Depression: Challenging the Conventional Wisdom With Data." *Professional Psychology: Research and Practice* 26 (1995): 6, 574～585.

Assagioli, R. *Psychosythesis*. New York: Hobbs, Dorman & Company, 1965.

Bandler, R., and J. Grinder. *Frogs Into Princes*. Moab, UT: People Press, 1979.

Bateson, G. *Steps to an Ecology of Mind*. Northvale, NJ: Jason Aronson, 1987.

Beach, S. R. H., and G. M. Nelson. "Pursuing Research on Major Psychopathology from a Contextual Perspective: The Example of Depression and Marital Discord." in *Family Research*, Vol. 2, 227～260. Edited by G. Brody, and I. E. Sigel. Hillsdale, NJ: Lawrence Erlbaum, 1990.

_____. E. E. Sandeen, & K. D. O'Leary. "A Randomized Clinical Trial of Inpatient Family Intervention: V. Results for Affective Disorders." *Journal of Affective Disorder*, Vol. 18 (1990): 17～28.

Beck, A. T. *Depression*. New York: Harper and Row, 1967.

_____. G. Brown, R. A. Steer, J. I. Eidelson, and J. H. Riskind. *Cognitive Therapy of Depression*. New York: Guilford Press, 1979.

Breggin, P. and G. R. Breggin. *Talking Back to Prozac*. New York: St. Martin's Press, 1994.

Bringle, M. L. *Despair: Sickness or Sin? Hopelessness and Healing in the Christian Life*. Nashville, TN: Abingdon Press, 1990.

_____. "Soul-Dye and Salt: Integrating Spiritual and Medical Understandings of Depression." *Journal of Pastoral Care* 40: (1996): 329～340.

Brown, G. W., and T. O. Harris. *Social Origins of Depression: A Study of Psychiatric Disorder in Women*. New York: Free Press , 1978.

Burns, D. *Feeling Good: New Mood Therapy*. New York: Morrow, 1980.

Casey, M. *Sacred Reading*. Liguori, MO: Triumph Books, 1995.

Cowley, G. "The Culture of Prozac." *Newsweek* (Feb.7, 1994): 41～42.

Dayringer, R. *Dealing with Depression*. New York: The Haworth Press, 1995.

Diener, E., R. Emmons, and S. Griffin. "The Satisfaction with Life Scale." *Journal of Personality Assessment* 49 (1985): 71～75.

de Shazer, S. Keys To Solution In Brief Therapy. New York: W. W. Norton, 1985.

_____. *Clues: Investigating Solutions in Brief Therapy*. New York: W. W. Norton, 1988.

DeBattista, C., and A. Schatzberg. "Somatic Therapy." in *Treating Depression*, 153 ~ 181. Edited by I. Glick. San Francisco, CA: Jossey-Bass, 1995.

DeRosis, H. and V. Pellegrina. *The Book of Hope*. New York: McMillan, 1976.

Ellis, A. & R. Harper. *A New Guide to Rational Living*. North Hollywood, CA: Wilshire Press, 1976.

Farberow, N., S. Heilig, and R. Litman. *Techniques in Crisis Intervention: A Training Manual*. Los Angeles, CA: Suicide Prevention Center, Inc, 1968.

Fawcett, J. "The Morbidity and Mortality of Clinical Depression." *International Clinical Psychopharmacology* 8 (1993) : 217 ~ 220.

Field, T., B. Healy, S. Goldstein, and M. Guthertz. " Behavior-State Matching and Synchrony in Mother-Infant Interactions of Non-depressed Versus Depressed Dyads." *Developmental Psychology* 26 (1990) : 7 ~ 14.

Frankl, V. *Man's Search for Meaning*. New York: Washington Square Press, 1963.

Gordon, D., D. Burge, C. Hammen, C. Adrian, C. Jaenicke, and D. Hiroto. "Observations of Interactions of Depressed Women with Their Children." *American Journal of Psychiatry* 146 (1989) : 50 ~ 55.

Gove, W. R., M. Hughes, and C. B. Style. "Does Marriage Have Positive Effects on the Psychological Well-Being of an Individual?" *Journal of Health and Social Behavior* 24 (1983) : 122 ~ 131.

Gritsch, E. and R. Jenson. *Lutheranism: The Theological Movement and Its Confessional Writings*. Philadelphia, PA: Fortress Press, 1976.

Hamilton, M. " A Rating Scale for Depression." *Journal of Neurology, Neurosurgery, and Psychiatry* 23 (1969) : 56 ~ 62.

Hassler, J. *A Green Journey*. New York: Ballatine Books, 1985.

Hauck, P. *Overcoming Depression*. Philadelphia, PA: Westminster Press, 1976.

Hollon, S., R. DeRubeis, and M. Seligman. "Cognitive Therapy and the Prevention of Depression." *Applied and Preventive Psychology* 1 (1992) : 89 ~ 95.

Ilfeld, F. W. "Current Social Stressors and Symptoms of Depression." *American Journal of Psychiatry* 134 (1977) : 161 ~ 166.

Kabot-Zinn, J. *Full Catastrophe Living*. London: Piatkus Books, 2001.

Kazdin, A. E. "Childhood Depression." in *Treatment of Childhood Disorders*, 495 ~ 511. Edited by E. J. Mash, and R. A. Barkley. New York: Guilford Press, 1989.

Keitner, G. I., I. W. Miller, N. B. Epstein, and D. S. Bishop. "The Functioning in Families of Patients with Major Depression." *International Journal of Family Psychiatry* 7 (1986) :11 ~ 16.

Loftus, J. A. "Some Relationships Between Spiritual Desolation as Defined in the First Week of the Spiritual Exercises of Ignatius Loyola and Clinical Depression as Presented in Contemporary Psychological Theories." Doctoral dissertation, Boston University, 1983.

Lowen, Alexander. *Depression and the Body*. Baltimore: Penguin, 1973.

Luce, C. B., ed. *Saints for Now*. New York: Sheed & Ward, 1952

Luther, M. *Letters of Spiritual Counsel*. Edited and translated by T. Tappert. Philadelphia, PA: Westminster Press, 1955.

Madanes, C. *Behind the One-Way Mirror*. San Francisco, CA: Jossey-Bass, 1984.

Neuger, C. C. "Women's Depression: Lives at Risk" in *Women in Travail and Transition*, 146 ~ 161. Edited by M. Glaz and J. S. Moessner, Minneapolis, MN: Fortress Press, 1991.

Palmer, P. "Action and Insight: An Interview with Parker Palmer." *The Christian Century*, (March 22 ~ 29, 1995) : 326 ~ 329.

Potter, W., M. Rudorfer, and H. Manji. "The Pharmacologic Treatment of Depression." *The New England Journal of Medicine*. Vol 325: 9 (Aug. 29, 1991) : 633 ~ 642.

Prince, S. and N. Jacobson. "A Review and Evaluation of Marital and Family Therapies for Affective Disorders." *Journal of Marital and Family Therapy* 21 (1995) : 377 ~ 401.

Radke-Yarrow, M., E. Nottlemann, B. Belmont, and J. D. Welsh. "Affective Interactions of Depressed and Non-depressed Mothers." *Journal of Abnormal Child Psychology* 21 (1993) : 683 ~ 695.

Raskin, A., J. Schulterbrandt, N. Reatig, & J. J. McKeon. "Differential Response to Chlorpromazine, Imipramine, and Placebo: A Study of Sub-Groups of Hospitalized Depressed Patients." *Archives of General Psychiatry* 23 (2) (1970) : 164 ~ 173.

Regier, D., W. E. Narron, D.S. Rae, R. W. Manderscheid, B. Z. Locke, &

F. K. Goodwin. “The de facto US Mental and Addictive Disorders Service System.” *Archives of General Psychiatry* 50 (1993) : 85 ~ 94.

Seligman, M. “Fall into Helplessness.” *PsychologyToday* 7 (1973) : 43 ~ 48.

_____. “Depression and Learned Helplessness.” in *The Psychology of Depression: Contemporary Theory and Research*, 144 ~ 161. Edited by R. Friedman and M. Katz. Washington, DC: Winston, 1974.

_____. “Learned Helplessness.” in *Depression: Concepts, Controversies, and Some New Facts*, second edition, 64 ~ 72. Hillsdale, NJ: Erlbaum, 1983.

Stone, H. W. *Crisis Counseling*, 3rd edition, revised. Minneapolis, MN: Fortress Press, 2008.

_____. *Brief Pastoral Counseling*. Minneapolis, MN: Fortress Press, 1994.

_____. *Depression and Hope*. Minneapolis, MN: Fortress Press, 1998.

_____, and J. Duke. *How to Think Theologically*. Minneapolis, MN: Fortress Press, 2006.

Tellenbach, H. *Melancholy*. Pittsburgh, PA: Duquesne University Press, 1980.

U. S. Department of Health and Human Services. *Depression in Primary Care: Vol. 1: Detection and Diagnosis*. Clinical Practice Guideline No. 5, 1993.

_____. *Depression in Primary Care: Vol. 2: Treatment of Major Depression*. Clinical Practice Guideline No. 5, 1993.

Weiner-Davis, M., S. de Shazer, and W. J. Gingerich. “Building on Pretreatment Changes to Construct the Therapeutic Solution: An Exploratory Study.” *Journal of Marital and Family Therapy*, 13 (4) (1987) : 359 ~ 363.

Weissman, M. M. “Advances in Psychiatric Epidemiology: Rates and Risks for Major Depression.” *American Journal of Public Health* 77 (1987) : 445 ~ 451.

_____. and G. L. Klerman. “Sex Differences in the Epidemiology of Depression.” *Archives of General Psychiatry* 34 (1985) : 98 ~ 111.

Wenzel, S. *The Sin of Sloth: Acedia in Medieval Thought and Literature*. Chapel Hill, NC: University of North Carolina Press, 1967.

Wilson, T. D. *Stranger to Ourselves: Discovering the Adaptive Unconscious*. Belknap Press, 2002.

Yapko, M. D. *Free Yourself from Depression*. Emmaus, PA: Rodale Press , 1992.

_____. *Hand-Me-Down Blues*. New York: Golden Books, 1999.

_____. *When Living Hurts: Directives for Treating Depression*. New York: Brunner/Mazel, 1994.

_____. " Listening to Prozac...But Talking to Clients: Brief Methods for Treating Depression. " Speech, San Antonio, TX, Our Lady of the Lake University, September 14, 1996.

Zung, W. W. " A Self-Rating Depression Scale. " *Archives of General Psychiatry* 23 (1965) : 63 ~ 70.

Caring 系列　實踐信仰的關懷　共度人生的起伏

妥善處理自殺個案
Suicide: Pastoral Responses
洛倫・湯森（Loren L. Townsend）著／鄧英偉 譯／HK$68

危而不亂——與病人及親屬面對倫理困境
Caring for Those in Crisis: Facing Ethical Dilemmas with Patients and Families
肯尼斯・莫特拉姆（Kenneth P. Mottram）著／
黃東英 譯／HK$73

妥善處理抑鬱症
Coping with Depression
陳善養（Siang-Yang Tan）、奧伯格（John Ortberg）著／
明朗兒 譯／HK$48

怎能饒恕——策略性牧養輔導
Understanding and Facilitating Forgiveness
羅伯特・哈維（Robert W. Harvey）、貝內爾（David G. Benner）著
陳永財 譯／HK$68

策略性牧養輔導——一個短期有系統的模式
Strategic Pastoral Counseling: A Short-Term Structured Model
貝內爾（David G. Benner）著／陳永財 譯／HK$68

與癡呆症共舞——給患者與照顧者的分享及指引
Dancing with Dementia: My Story of Living Positively with Dementia
克莉絲汀・伯頓（Christine Bryden）著／陳永財 譯／HK$78

癌病中的盼望——怎樣幫助癌症患者
Counseling People with Cancer
珍・艾特雷-康頓（Jann Aldredge-Clanton）著／
羅燕明 譯／HK$78

讀者意見表

緊扣時代　服事教會

以文字傳揚基督真道

衷心多謝你購買本社書籍。本社一直致力以出版事工服事教會，幫助信徒扎根於神的話語，促進靈命增長。為使我們的出版更能滿足你的需要，請填寫下列各項資料，並寄回或傳真予本社。

所購書籍：________________

本書最吸引你的地方：
□作者　□適切性　□文筆　□設計　□實用性
□其他：________________

購買本書地點：
□基道書樓　□基督教書店　□非基督教書店

性別：□男　□女　職業：________________

信仰：□基督徒　□非基督徒

年齡：□ 16 歲或以下　□ 17～25 歲　□ 26～35 歲
□ 36～55 歲　□ 56 歲或以上

學歷：□中三或以下　□中五　□預科
□大學　□研究院

□我欲更多了解基道出版社的事工及考慮支持，請寄給我下列資料：
□機構簡介　□新書資料　□基道會員通訊
□《基道文字事工通訊》

姓名：________________電話：________________

地址：________________

____

傳真：________________電子郵件：________________

其他意見：________________

____

多謝賜教！

基道出版社

意見表可以傳真（2687-0281）或直接郵寄以下地址：
香港沙田火炭坳背灣街26號富騰工業中心1011室
基道出版社編輯部收